LA PROIE
est le trois cent quatre-vingt-dix-septième livre
publié par Les éditions JCL inc.

Catalogage avant publication de Bibliothèque et Archives
nationales du Québec et Bibliothèque et Archives Canada

Ayotte, Martine, 1961-

La proie

(Collection Victime)

Autobiographie.

ISBN 978-2-89431-397-8

1. Ayotte, Martine, 1961-   . 2. Victimes d'inceste - Québec
(Province) - Biographies. 3. Enfants victimes d'abus sexuels
devenus adultes - Québec (Province) - Biographies. I. Titre. II.
Collection.

HV6570.9.C3A96 2008   362.76'4092   C2008-941917-0

© **Les éditions JCL inc., 2008**
Édition originale : octobre 2008
Première réimpression : novembre 2008

LA PROIE

Collection VICTIME

Les éditions JCL inc., 2008
930, rue Jacques-Cartier Est, CHICOUTIMI (Québec) G7H 7K9
Tél. : (418) 696-0536 – Téléc. : (418) 696-3132 – www.jcl.qc.ca
ISBN 978-2-89431-397-8

MARTINE AYOTTE

LA PROIE

Témoignage

LES ÉDITIONS JCL

AVERTISSEMENT

Ce récit est véridique. Les événements relatés dans cet ouvrage sont reconstitués à partir des souvenirs de la victime.

Pour des raisons évidentes, quelques noms ont été changés afin de préserver l'anonymat des personnes impliquées.

Nous reconnaissons l'aide financière du gouvernement du Canada par l'entremise du Programme d'aide au développement de l'industrie de l'édition (PADIÉ) pour nos activités d'édition. Nous bénéficions également du soutien de la SODEC et, enfin, nous tenons à remercier le Conseil des Arts du Canada pour l'aide accordée à notre programme de publication.

Gouvernement du Québec – Programme de crédit d'impôt pour l'édition de livres – Gestion SODEC

Table des matières

DEUXIÈME PARTIE – **La poursuite judiciaire**

TROISIÈME PARTIE – **Le procès**

QUATRIÈME PARTIE – **Le jugement**

CINQUIÈME PARTIE – **Épilogue**

Présentation

La publication de ce livre représente pour moi l'aboutissement d'un projet que je caresse depuis de nombreuses années. Comme vous pourrez vous en faire une idée dans les pages qui suivent, la prévention de la violence faite aux enfants me préoccupe beaucoup et je crois avoir dans ce domaine une mission à accomplir, en raison précisément de tout ce que j'ai vécu. Je souhaite que cet ouvrage apporte consolation et courage aux victimes et qu'il soit ainsi un premier jalon dans la réalisation de mes objectifs.

Au cours des procédures judiciaires qui m'ont opposée à mon agresseur, j'ai reçu de nombreux commentaires à l'effet que mes écrits avaient permis à bien des égards d'éclairer ma cause et de la faire avancer plus rapidement. Je crois donc que la présente publication pourra aider les personnes qui interviennent auprès des victimes d'agressions, telles que les policiers, les juges, les procureurs et le personnel du Centre d'aide aux victimes d'actes criminels.

L'histoire que vous allez lire est authentique. C'est mon histoire, c'est ma vie, c'est mon combat pour la survie. Chaque parole, chaque mot, chaque paragraphe reflète mes émotions, mes pensées, mes souffrances et mes espoirs. Vous allez vivre avec moi mon enfance de violence, d'abus physiques et psychologiques. J'ignore encore comment il se fait qu'après tant de souffrances je sois toujours vivante. Mais je le suis et j'espère, en racontant ce que j'ai vécu, transmettre un message d'espoir: l'espoir qu'il existe un monde meilleur, même sur cette terre.

J'ai été victime d'inceste durant de nombreuses années, et la violence des paroles et des actes m'ont laissé un héritage de souffrances et de peurs. Aujourd'hui, cependant, j'ai décidé de grandir à travers mes blessures. C'est pourquoi, dans ce livre, vous pourrez également côtoyer le processus de ma guérison.

Dans la préparation de cet ouvrage, j'ai, dans toute la mesure du possible, présenté les faits et les événements dans leur ordre chronologique. Tout n'a pu être dit, bien entendu, principalement au sujet des agressions: une énumération par trop répétitive n'aurait pas manqué d'ennuyer. Je n'ai pas voulu écrire une autobiographie détaillée, mais plutôt m'attacher à un seul sujet, celui de l'inceste, à travers les multiples péripéties qui m'ont permis, pour mon malheur, de le connaître à fond. Mais j'ai scrupuleusement décrit les principaux faits, ceux qui ont été les plus marquants ou qui ont déterminé un tournant plus ou moins décisif.

Le lecteur pourra aussi se faire une idée des sentiments qui habitent la victime au moment où elle subit la violence, et aussi alors qu'elle entreprend et poursuit les démarches en vue de reprendre sa vie en main et d'obtenir justice. Encore qu'obtenir justice soit un mot bien prétentieux, en l'occurrence. L'enfance et la dignité dont on m'a spoliée ne me seront jamais rendues. Il serait plus exact de dire qu'il est possible d'obtenir que justice soit faite.

Cette histoire est la mienne mais elle est malheureusement l'histoire de nombreux enfants, dans notre entourage et à travers le monde. C'est peut-être vous ou une personne que vous connaissez. Mon message en est cependant un d'amour et d'optimisme. Que Dieu protège tous ces enfants et les conduise vers une vie plus sereine. Je suis en mesure de dire qu'ils le méritent doublement.

Martine Ayotte

Prologue

« Au nom de la loi, je vous arrête... »

Il est midi. Les cloches de l'église Saint-Joseph retentissent sur toute la ville. Il sera arrêté cet après-midi.

Je tourne le regard vers la fenêtre; le soleil m'éblouit, mais je vois à l'horizon les nuages qui se rassemblent. Avant la fin de la journée, il y aura de l'orage.

Le dernier coup résonne. Des larmes glissent le long de mes joues. L'heure de sa condamnation est arrivée; la fin de la mienne commence. Je pourrai enfin respirer cet air de liberté qui m'a tant manqué. Bientôt, le cauchemar sera terminé.

Je quitterai la longue et douloureuse hibernation où je survis depuis mon enfance pour renaître enfin. Interminable moment d'attente: 42 ans de prison qui s'achèvent enfin. La vie reprendra son cours, mais le soleil ne brillera plus jamais de la même façon pour moi. Que vais-je faire? Que deviendrai-je? Je n'en sais rien. Mais bientôt on me remettra les clés de ma cellule et c'est à moi, à moi seule qu'il appartiendra de déterminer si ma résurrection est possible.

Dans la cour, je vois mon mari et mes enfants qui me tendent la main. Je vois mes amis. Je vois la vie.

«Sèche tes larmes et va. La porte s'ouvre devant toi. Va et répands la bonne nouvelle. Tu es ressuscitée d'entre les morts. Va et aide tes semblables à faire de même. »

Il y a bien longtemps que je n'ai vu le soleil, les fleurs, les oiseaux et ceux que j'aime. Noyée dans mon mal d'être, j'étais sourde, insensible et aveugle à tout ce qui m'entourait. Et voilà que je vais reprendre contact avec la réalité, que je vais redécouvrir le monde. Je suis émerveillée comme une enfant.

J'entends des pas dans le corridor. On vient me chercher. L'heure a sonné. Une dernière fois, je dois raconter mon histoire avant que la sentence ne soit prononcée.

Une dernière fois?

Non! Il n'y aura plus jamais de dernière fois.

PREMIÈRE PARTIE

L'interminable cauchemar

1

Éphémère innocence

Je suis née dans un village éloigné et très isolé nommé Rapide-Deux. C'était une toute petite agglomération dont les maisons, construites sur un plateau non loin de la rivière Outaouais, en Abitibi, étaient destinées à loger les familles des employés de la centrale hydroélectrique. Tout autour, c'était la forêt. Des montagnes bordaient l'horizon sur trois côtés. À l'extrême sud, il y avait une falaise qui surplombait la rivière, là où avait été construit le barrage. La vue était magnifique et les couchers de soleil, d'une grande beauté.

Déjà, lorsque j'étais petite fille, ce village était superbe à mes yeux. Pour une enfant, la vie y était très agréable. À cause de la géométrie des lieux, le terrain de jeu était immense. Les enfants étaient soumis à peu de restrictions : ils n'avaient pas le droit de s'aventurer sur le barrage ou de sortir du village sans la permission des parents, mais ils avaient le droit de monter sur le Calvaire, la plus haute des montagnes qui entouraient le village et sur laquelle une grande croix avait été érigée par les villageois. Au dire de certains, cette croix avait pour fonction de protéger le village, notamment contre les feux de forêt, certes l'élément le plus menaçant sur ce territoire densément boisé.

Comme tous les autres enfants, j'eus bientôt le droit de m'aventurer dans cet espace presque illimité. Dès que je fus capable de marcher, en fait. D'abord, on m'interdit de trop m'éloigner, mais, à mesure que je grandissais en taille et en autonomie, mon territoire s'étendait.

Ma première préoccupation consista à découvrir mon univers. Il y avait une quinzaine de maisons. Une église, une école et un centre communautaire occupaient un même édifice au centre du village. Il y avait également un restaurant-hôtel pour les célibataires, un dispensaire où logeait une gentille infirmière, une maison pour les enseignantes et une épicerie, une sorte de magasin général plutôt, où l'on trouvait de tout : de la nourriture, bien entendu, mais également des vêtements, des outils, et que sais-je encore. Pour la sécurité des enfants, les voitures n'étaient pas autorisées à circuler dans le hameau. Une voie de contournement avait été construite où chaque résidant avait son garage. On y trouvait également un très grand atelier de menuiserie et une bâtisse destinée à la réparation des camions de la compagnie.

J'appris très tôt, à l'instar des autres petits de mon entourage, qu'il existait un Dieu que tout le monde appelait Seigneur, et que ce Dieu était très important et surtout très puissant. Je ne savais pas exactement qui il était, ni pourquoi il était aussi important, mais on m'avait enseigné avec insistance qu'il fallait prier. Maman m'a appris toutes les prières. On était au début des années 1960. Ce Dieu était un Dieu d'amour, mais également un Dieu vengeur qui ne manquait pas de punir les enfants s'ils étaient méchants. Je compris qu'il fallait craindre la colère de Dieu, mais sans très bien savoir pourquoi.

Un Dieu qu'on ne voyait pas, qu'on n'entendait

pas, c'était là une abstraction qui me paraissait bien mystérieuse, compte tenu de mon jeune âge. J'ignorais où il habitait: dans le village il n'y avait pas de maison pour lui, si ce n'est l'église, comme on me le disait; mais, dans l'église, il n'y avait pas de lit, pas de salle de bain pour se laver et surtout pas de cuisine pour faire à manger.

On m'expliqua que l'église était un lieu de prière pour parler directement avec Dieu et que le curé venait tous les dimanches au village pour célébrer la messe. Ma grand-mère me dit que Dieu ne vivait pas dans l'église. Décidément c'était très difficile à comprendre.

— Mais où vit-il, grand-maman?

— Il vit au paradis et c'est là que les enfants et les adultes iront le rejoindre s'ils sont gentils.

— Mais, le paradis, c'est où, grand-maman?

— C'est au ciel, me répondit-elle, en pointant du doigt l'espace au-dessus de sa tête.

— Et quand le rejoint-on, si on est gentil?

— Lorsqu'on meurt.

Lorsqu'on meurt... Mais qu'est-ce que c'est que la mort? Bof! Après tout, pourquoi chercher à avoir toutes les réponses immédiatement. Le monde est grand et il fallait le découvrir. Je m'y attarderais plus tard. L'essentiel était qu'il fallait être gentil si on voulait aller au paradis. Et même si je ne savais pas exactement ce qu'était ce lieu, j'avais compris que ce devait être un endroit merveilleux et qu'il valait mieux, après la mort, aller là que d'aller... je ne savais trop où. Je faisais donc de mon mieux pour être gentille avec mes parents, ma sœur, mon frère, mes amis et toutes les personnes que je rencontrais.

Mais ça n'allait pas toujours de soi. Il m'arrivait de me chicaner ou de désobéir un peu, même si je m'appliquais. J'y mettais pourtant de réels efforts. Déjà, j'éprouvais la difficulté de la perfection et la nécessité de constamment travailler à m'améliorer.

Il n'en reste pas moins que la foi, dès mon âge le plus tendre, a pris une place considérable dans ma vie. Je m'astreignis très tôt à faire ma prière chaque soir à genoux près de mon lit. Je n'y manquais jamais. Bien sûr, avec le temps, ma foi s'est transformée, mais elle a toujours continué de m'accompagner dans mon cheminement. J'y ai constamment trouvé refuge à mesure que les épreuves se sont accumulées.

Le Seigneur devint mon confident. Ce fut toujours en m'adressant à lui que je surmontai finalement tous les obstacles dont ma route fut abondamment parsemée. Sans doute ne me répondait-il pas, mais il m'écoutait dans les moments où j'avais le plus besoin de m'épancher. À de nombreuses occasions, ma foi m'a sauvée, pour paraphraser les paroles du Nouveau Testament, et j'y demeure très attachée encore aujourd'hui.

2

L'ombre sinistre

Au début, ma prière était toujours sensiblement la même : un *Notre Père* et trois *Je vous salue, Marie*. Mais un jour, alors que je n'avais pas encore trois ans, mon oraison prit une forme fort différente.

« Bonjour, Seigneur,

« La vie ne me semble plus la même depuis quelque temps. J'ai l'impression d'avoir perdu mon innocence, de ne plus être tout à coup l'enfant spontanée et insouciante que j'étais encore il y a peu. Je ne sais même plus ce que c'est que d'être une enfant et d'avoir le droit de jouer sans devoir payer tout ce que l'on fait. Je ne sais plus ce que c'est que d'avoir un cadeau sans devoir le payer. Je ne sais plus qui je suis ni où je vais. La détresse m'envahit et m'ensevelit. Je me sens perdue.

« Une nuit, un monstre s'est glissé dans mon lit, un monstre affreusement laid, qui fait très mal. C'est drôle, il avait l'odeur de papa et une robe de chambre bleue comme la sienne. Une ombre est entrée dans notre chambre à ma sœur, Lorette, et à moi. Sur le moment je n'ai pas eu peur : je croyais connaître cette ombre. Elle s'est dirigée vers le lit de ma grande sœur, a levé les couvertures... puis a dirigé son regard vers moi. Mon lit est placé dans l'autre coin de la chambre. Je m'étais fait une petite tente avec mes couvertures en les appuyant sur les barreaux qui sont là pour m'empêcher de tomber. C'est que, vois-tu, je ne suis pas tellement grande; j'ai à peine deux ou trois ans. Tu sais, je viens juste de perdre ma couchette; c'est désormais mon frère, Anthonin, qui a un an de moins que moi, qui dormira dedans.

« L'ombre a bien vu que je ne dormais pas. Elle a alors remis en place les couvertures de Lorette et s'est dirigée vers moi. La robe de chambre de l'ombre était grande ouverte et on pouvait voir sa nudité. C'était un homme, Seigneur! Il a alors dit: "Pousse-toi!" Et le cauchemar a commencé. J'ai honte! Je ne sais pas pourquoi, mais je sais que ce n'est pas bien. Et je sais que cela fait très mal. J'ai beau pleurer et la supplier d'arrêter, l'ombre ne semble pas entendre. Et cette odeur qui me lève le cœur! Et ces râles qui me font peur! Cette étrange petite gelée gluante et collante qui me reste entre les jambes et qui me donne l'impression que j'ai uriné dans mon lit.

« Qu'est-ce qui m'arrive? Je suis malheureuse, terriblement malheureuse. Pourquoi cela m'arrive-t-il? L'ombre, Seigneur, c'est papa qui vient désormais dans mon lit presque chaque soir. C'est papa qui me détruit un peu plus chaque nuit. Qui me vole mon enfance, mon innocence, ma joie, ma liberté. Qui m'enchaîne toujours un peu plus dans une prison de mensonges.

« Il m'a dit que j'irais en enfer pour ce que j'ai fait. Il m'a dit que tu ne m'aimais pas et que tu ne m'aimerais jamais. Il m'a dit que si je parlais j'irais plus rapidement en enfer. Il m'a menacée. Est-ce que c'est normal? Dis-moi, qu'est-ce que j'ai fait pour que tu me haïsses autant? Qu'est-ce que je dois faire pour me racheter? D'après la description que papa m'a faite de l'enfer, j'ai vraiment peur d'y aller. Est-ce possible pour moi d'éviter ton châtiment? Dis-moi comment faire, s'il te plaît! Je serai douce, sage et obéissante. »

Je venais de découvrir l'autre endroit où on va lorsqu'on meurt et qu'on ne mérite pas d'aller au paradis: c'est l'enfer. L'enfer où on brûle toute l'éternité, où la souffrance est tellement grande que rien sur terre ne pourrait s'y comparer. Je pensai que cela devait faire terriblement mal, car la souffrance que j'endurais chaque nuit me paraissait insupportable. Il ne me restait qu'une seule solution: essayer d'être encore plus sage et plus gentille pour éviter d'être châtiée. Mais il me semblait décidément que je n'y arrivais pas, car la douleur augmentait d'une nuit à l'autre.

3

Non! Pas le rouge!

Tous mes efforts pour être sage et gentille, toutes mes exhortations au ciel n'avaient aucun effet. Mon papa continuait de me châtier presque chaque nuit, et le mal qu'il me causait ne cessait d'augmenter, jusqu'au jour où...

« Seigneur, cette nuit, la douleur a été plus intense. »

Je m'étais inventé un système de couleurs, comme les feux de circulation, pour mieux supporter la souffrance. Vert voulait dire que cela ne faisait pas trop mal. Jaune, que c'était très douloureux et qu'il fallait que j'essaie de me déplacer pour passer à la couleur verte.

Mais, cette nuit-là, je n'y arrivais pas. « Non, je n'y arrive pas. Non, pas le rouge, pas la couleur rouge. Je serai sage. Promis! Non! Pas le rouge! » Le rouge, c'était la couleur de l'insupportable, la couleur où j'avais l'impression que mon corps se séparait en deux. La couleur où je croyais que j'allais mourir. Oui, c'est ça, j'allais mourir et aller en enfer. Je pleurais, je suppliais, mais il ne voulait rien entendre.

« Peut-être que toi, il t'écoutera, Seigneur. Qu'est-ce que j'ai fait pour mériter un tel châtiment? Il me semble que le supplice dure de plus en plus longtemps à mesure que les nuits se succèdent. »

Mon cœur s'accélérait, je me disais que j'allais perdre connaissance. Enfin, mon bourreau s'est arrêté et est reparti. Mon corps était toujours vivant. Je respirais encore, mais mon âme était vide et se mourait. J'avais peur et j'avais mal!

Toute cette journée-là, je n'ai pas été capable de m'asseoir pour manger. J'avais beau essayer de prendre mille et une positions pour rester assise, j'étais incapable de tenir en place. Rouge de honte, j'ai commencé à manger debout. Maman m'a dit assez sèchement de m'asseoir convenablement à table. J'ai de nouveau essayé. Je me suis assise tout au bord de la chaise, mais la douleur était insupportable. J'ai été obligée de me relever. Maman m'a alors demandé pourquoi je refusais de m'asseoir comme il faut. Je n'ai pas pu lui répondre. Je ne trouvais pas les mots, bien sûr, et je rougissais rien qu'à l'idée de raconter mes misères, mais, surtout, j'étais terrifiée. Et j'étais incapable de regarder papa, de faire face à la menace contenue dans son regard.

Maman s'est finalement mise en colère. Elle s'est levée pour venir se poster derrière moi et, mettant ses mains sur mes épaules, elle a appuyé afin de me forcer à m'asseoir. J'ai résisté. Elle y a mis toute sa force. J'ai jeté un regard suppliant vers mon père pour qu'il me vienne en aide et là, j'ai vu son expression. Il souriait! Du sourire de la satisfaction. Son regard disait: «Tu es à moi, je peux faire ce que je veux de toi. Tu ne peux rien contre moi.»

J'ai compris et j'ai lâché prise. Je me suis assise. La douleur m'a fait monter les larmes aux yeux. Je n'étais donc qu'un objet que l'on peut blesser ou détruire à merci, et non pas une enfant, une personne humaine! Impossible d'échapper à mon sort, puisque j'étais coincée de tous les côtés. Non seulement la honte m'enfermait-elle dans le silence, mais mon tortionnaire trouvait encore le moyen de sourire à la vue du malheur auquel il me condamnait. J'avais tiré la mauvaise carte et, pour moi, la partie était perdue d'avance. Même ma dignité était irrémédiablement compromise. Je n'avais plus qu'à abandonner toute résistance, du moins aux yeux de mon entourage.

À compter de ce jour, je suis devenue pour tous la menteuse, la manipulatrice, la vilaine petite fille et le souffre-douleur de toute la famille. Je n'avais plus le courage de me défendre et on eût dit que mon attitude attirait sur moi la persécution.

Pourtant, je savais bien, moi, que je n'étais pas menteuse, ni manipulatrice. Et je ne comprenais vraiment pas bien quelle faute j'avais pu commettre pour que toute rédemption me soit ainsi refusée. «Seigneur, je ne sais pas comment te le demander, mais encore une fois je te supplie de me pardonner d'être la vilaine fille que je suis. Dis-moi ce que je dois faire pour éviter ta colère. Papa dit que c'est toi qui l'envoies pour me punir. Il dit que ce n'est pas de sa faute, mais de la mienne. Il a réussi à convaincre maman que je suis une menteuse, qu'il est le plus merveilleux des papas et qu'il prendra bien soin de moi. Et je connais trop bien la nature de ses soins! Ma parole ne compte plus, inutile même d'essayer de me défendre.»

Je m'adressais à Dieu tous les jours, en plus de faire mes prières du soir. Il était devenu mon confident de tous les instants, mon seul confident, en fait, puisque je ne pouvais plus compter sur personne d'autre pour me soutenir. Dans ma tête, je lui parlais presque tout le temps.

Cependant, le jour, je me consolais tant bien que mal en explorant toujours un peu plus le merveilleux site auquel tous les enfants du village avaient accès.

Nous disposions heureusement d'une marge de liberté considérable. Tous, nous nous adonnions à de nombreuses activités extérieures et chacun exploitait à son maximum le monde magique de l'imagination des enfants.

4

L'heure du bain

Papa ne tenait que trop bien la promesse qu'il avait faite à maman. Il s'occupait de moi le plus souvent possible, à sa façon, bien entendu. Que maman se repose sur lui des soins de mon hygiène et de mon éducation multipliait les occasions où je me retrouvais seule avec lui, pour mon plus grand malheur.

C'était notamment lui qui, la plupart du temps, me donnait mon bain. Mais, étonnamment, pour procéder à ma toilette, l'eau n'était pas nécessaire. C'est qu'il avait inventé un nouveau jeu, c'est-à-dire une nouvelle façon de me torturer. Il m'ordonnait de me pencher par-dessus la baignoire et de déposer mes mains dans le fond. Je n'y arrivais pas. Je n'étais pas assez grande pour toucher en même temps le fond de la baignoire avec mes mains et le plancher avec mes pieds! La première fois, j'ai bien essayé de le lui expliquer, mais il n'a rien voulu entendre. Il m'a fait basculer brutalement par-dessus la baignoire et la couleur rouge est apparue immédiatement.

Il a encore une fois fait pénétrer son pénis dans mon petit vagin, en m'assurant que, dans cette position, ça devrait me faire moins mal. Pour ma part, je n'ai pas trouvé cela moins pénible, au contraire. En plus de ressentir la douleur aiguë qui me déchirait les entrailles, je devais supporter mon poids avec mes mains pour éviter de me cogner la tête au fond de la baignoire. Sous ses assauts, mes bras cédaient, et mon père, fou de rage, me replaçait brutalement en me disant que je devais cesser de bouger si je voulais que cela dure moins longtemps.

Chose certaine, chaque fois qu'il recommençait ce manège, le temps me paraissait très long. Je ressentais toute l'humiliation, toute l'indignité de cette situation où j'étais exposée sans défense aucune aux fantaisies lubriques de mon géniteur, sans même la possibilité de chercher une position moins douloureuse.

Mais, au-delà de la honte, c'était la colère qui montait en moi, une colère aussi spontanée qu'irrépressible, qui m'envahissait en dépit de ma volonté, une colère plus forte que ma jeune raison. J'avais entendu, bien sûr, de la part des hommes du village, quelques jurons bien sentis, de vrais gros mots peu respectueux pour les choses saintes et qui ne tenaient certes pas bien dans la bouche d'une petite fille d'âge préscolaire. Au paroxysme de la douleur, de la peur de mourir et de la rage, je ne pouvais m'empêcher de les enfiler dans ma tête, pour qualifier celui que je traitais de « vieux cochon ». Oui, je jurais, je sacrais tout bas.

Ensuite, j'étais scandalisée de mes propres pensées. J'en demandais pardon au Seigneur avec insistance. Je promettais de ne plus recommencer, de me résigner à mon sort. J'avais le sentiment d'avoir aggravé mes prétendus manquements et d'avoir ainsi prolongé le châtiment qu'il me faudrait encore subir. Car mon père ne manquait jamais de me répéter que sa conduite n'avait pour but que de me faire expier mes fautes.

Pourtant, je commençais à voir là un curieux paradoxe. Comment mon père pouvait-il savoir ça?

Lorsque, moi, je m'adressais au Seigneur, jamais il ne me répondait. Pourquoi lui parlait-il, à lui. Encore un mystère de plus!

En ayant terminé avec moi, papa m'enjoignait: « Lave-toi, et fais ça vite. » Moi, je me disais, en dépit de mes bonnes résolutions: « Dieu! qu'il m'écœure, avec cet air de satisfaction qu'il a chaque fois qu'il a fini ses cochonneries! »

J'aurais bien aimé que les journées soient plus longues et que les nuits ne reviennent jamais. Si j'avais pu, je serais restée dehors tout le temps. Je me disais souvent que, si je n'entrais pas dans la maison, peut-être que je ne serais plus punie. Mais la nuit arrive toujours, qu'on le veuille ou non, et il me fallait bien rentrer en même temps que les autres. Nous, les enfants, nous obéissions tous à peu près à la même consigne. Il y avait comme un couvre-feu, une heure pour le dodo.

Je ne savais que faire pour ne pas provoquer mon papa. J'épuisais les ressources de mon imagination, mais sans aucun résultat.

Ce rituel du bain fait partie des premières agressions que j'ai subies. Il avait commencé alors que j'avais deux ans, un âge que j'estime d'après certains de mes souvenirs et des événements précis dont ma mère a témoigné lors du procès. Au début, mon père frottait son pénis sur mes parties génitales, par-derrière. Mais j'étais si petite que c'est davantage moi qu'il agitait contre son sexe. Bientôt, ses abus avaient pris un tour plus grave, plus douloureux, aussi.

Il m'arrivait tout de même de temps en temps d'avoir la chance de prendre mon bain toute seule, dans de l'eau propre, et non pas souillée de sperme. Mais, une fois, alors que j'avais quatre ans, j'ai oublié mon pyjama dans ma chambre. J'ai demandé à maman si elle voulait bien aller me le chercher. Elle a refusé : cela m'apprendrait. Elle m'a ordonné de sortir de la salle de bain et de me rendre à ma chambre, ce qui impliquait que je devais passer devant mon père, dans le salon. Par la porte entrebâillée, je voyais très bien son sourire de satisfaction qui m'écœurait tant. Il n'était pas question que j'expose de mon propre chef ma nudité devant lui. J'ai négocié et négocié, mais ma mère ne voulait pas céder. « Sors de la salle de bain immédiatement! » m'a-t-elle dit. J'ai encore hésité, mais, manifestement, je n'avais pas le choix.

Je savais que papa ferait quelque chose pour m'importuner, mais quoi? Je me suis emmaillotée tant bien que mal dans la petite serviette que j'avais et j'ai quitté la salle de bain à la course. Mon père m'attendait de pied ferme dans le salon. Il a tiré la serviette et je me suis retrouvée toute nue devant lui. Son regard en disait long sur ce qui m'attendait durant la nuit. Malgré mon jeune âge, je savais déjà lire la convoitise inavouable dans les yeux des adultes. On perd vite son innocence et sa naïveté quand on a perdu sa virginité à trois ans. On reconnaît les signes qui disent les intentions.

Il a éclaté de rire. Je me suis sentie avilie, profondément rabaissée et amoindrie, petit objet qui pimente le désir coupable avant d'être réduit au rôle de jouet, d'instrument de sordides assouvissements.

J'ai passé une fort mauvaise nuit et j'ai vomi. Je vomissais souvent la nuit, maintenant, et chaque fois c'était mon père qui venait. Il ramassait patiemment tout ce que j'avais mis sur le plancher avant de venir chercher sa récompense dans mon lit. Je devais payer, me disait-il, pour ce qu'il faisait pour moi; c'était normal. Et maman ne venait pas parce que j'étais méchante. C'était à lui que revenait la tâche de me corriger.

Rien à faire, j'étais enchaînée. J'étais découragée. J'aurais voulu tout faire pour disparaître, mais on aurait dit que je faisais tout pour être remarquée. Voilà que je vomissais régulièrement, surtout la nuit; cela obligeait maman à faire beaucoup plus de lavage et à faire bouillir l'eau pour sa petite fille si souvent malade. Mon père, lui, semblait content: il avait désormais un prétexte tout trouvé pour gravir les marches qui le séparaient de son jouet préféré.

Quant à moi, je n'avais plus qu'à me résigner. Je n'aurais plus mes nuits à moi, mais au moins il me resterait mes journées.

5

L'appel vain de la patinoire

Un soir, je suis allée à la patinoire du village. C'était une patinoire extérieure tout éclairée et vraiment bien entretenue. Lorsque j'y suis arrivée, ma mère patinait avec mon frère. Il était si petit qu'il ne savait pas encore patiner seul. Elle le tenait avec amour par les bras et le faisait glisser doucement. Ma mère était grande et tellement mince. J'étais là, assise sur un banc de neige à la regarder. Je la trouvais si belle que je serais restée là toute la nuit à l'admirer. Ses mouvements étaient gracieux. Elle portait un pantalon moulant qui montrait ses belles jambes, elle avait des patins blancs, un petit manteau de laine, un bonnet et de belles mitaines.

Soudain, elle s'est adressée à moi: «Tu viens patiner avec nous?» Il ne m'en a pas fallu plus pour que je me dirige au pas de course vers la maison où je suis entrée en coup de vent pour aller chercher mes patins. Papa était là, seul, assis dans la cuisine. J'ai eu un moment d'hésitation. J'entre ou je ressors? J'avais trop le goût d'aller patiner avec ma mère. J'ai pensé que je n'avais qu'à passer et à repasser en courant avec mes patins. Il n'aurait pas le temps de réagir.

Tout à coup, au moment où la confiance me revenait, il m'a demandé où j'allais d'un pas aussi pressé. Il avait senti mon hésitation et je vis s'afficher sur son visage le sourire du chasseur qui traque sa proie, ce sourire assuré que je connaissais si bien. Je lui ai répondu sans reprendre mon souffle que j'allais chercher mes patins pour retourner patiner avec maman et Anthonin. Mais un sentiment de peur et d'inquiétude m'envahissait. J'hésitais à repasser devant lui. Je me suis dit que je n'avais qu'à courir plus vite vers la sortie.

Lorsque je suis repassée dans la cuisine, mes patins solidement enroulés autour du cou, papa m'a attrapée par le bras en disant : « Attends une minute, toi. » Il m'a couchée sur le plancher froid de la cuisine. Trop pressé de prendre son plaisir, il ne s'est pas donné la peine de me débarrasser de mes patins, ni même de mon manteau, de ma tuque et de mes mitaines. Et il m'a fait mal. Même si j'en avais eu la possibilité, je n'aurais pas pu dire à quel point il me faisait mal à chaque fois.

Les lumières de la cuisine étaient toutes allumées et la pièce était éclairée comme en plein jour. N'importe qui aurait pu arriver à l'improviste. Cela n'avait pas l'air de le déranger. J'avais hâte qu'il en finisse pour aller bien vite retrouver ma mère. En outre, je me disais qu'il y aurait au moins un avantage à cet assaut impromptu : il ne viendrait pas cette nuit dans ma chambre.

Je ne suis pas allée patiner. Ma mère est revenue trop tôt, pas assez cependant pour m'éviter la souffrance. Lorsqu'elle est entrée, j'étais assise sur une chaise de la cuisine, pendant qu'une fois de plus ce liquide dégoûtant tachait ma petite culotte. J'avais toujours mon manteau, ma tuque, mes mitaines et mes petits patins autour du cou. Ma mère m'a regardée en m'interrogeant : « Tu n'es pas venue ? » Une grande tristesse m'a alors envahie.

Sans dire un mot, sans même verser une larme, je me suis levée et je suis allée ranger mes patins. Lui, il avait encore le regard d'un homme satisfait et il avait toujours ce sourire cynique que j'apprenais de plus en plus à haïr. Je me sentais sale, laide et sans importance. Je n'étais rien qu'un jouet qu'on manipulait physiquement et psychologiquement. J'apprenais aussi à me haïr. Oui, j'apprenais à haïr beaucoup, et toutes choses.

Et, pour couronner le tout, je m'étais encore trompée. Il est revenu durant la nuit.

À partir de ce soir-là, j'ai visité régulièrement les planchers; il les a tous essayés, je crois. Et je n'ai plus connu la paix ni le jour ni la nuit. J'étais indiscutablement son jouet. Quand trouverais-je le repos? Quand trouverais-je un endroit qu'il ne connût pas et où il ne pourrait pas me toucher?

6

L'angoisse pour tout partage

Il n'y avait plus de repos pour moi. J'étais pire qu'une bête traquée. Chaque situation, chaque pièce, chaque endroit devenait menaçant, et ma souffrance éclatait inopinément en tout lieu. Il n'existait pour moi aucun refuge où me reposer de l'anxiété. J'étais épuisée, complètement vidée, tendue. J'avais peur de tout et de rien. Je sentais comme une menace constante planer au-dessus de ma tête. Tout ce que je pouvais faire, c'était d'essayer de prévoir ce qui pouvait se passer et comment cela pouvait se passer afin de diminuer les risques d'y laisser ma peau.

Car, dans ma tête, c'était de cela qu'il s'agissait: j'étais menacée de mort. Papa m'avait d'ailleurs dit clairement qu'il n'hésiterait pas à m'éliminer si j'essayais de parler. Il m'avait également fait sentir par ses gestes qu'il était très capable de me supprimer. Avec le temps et à mesure que je grandirais, je me dirais que ce n'était là qu'intimidation pour s'assurer de mon silence. Il y avait certainement de cela. Mais, à deux reprises, j'aurais l'occasion d'éprouver à quel point ma vie tenait à peu de chose entre ses mains. Mais n'anticipons pas.

En attendant, il lui arrivait de préparer des mises en scène fort convaincantes pour bien me faire comprendre ses propos. Durant l'été de mes quatre ans, il m'emmena faire une balade en voiture. Ce n'était pas la première fois qu'il m'emmenait ainsi, seule avec lui. Je savais ce qui m'attendait, mais je n'avais aucun moyen d'échapper à son emprise. Je savais que j'irais de force visiter la banquette arrière pour lui permettre de se soulager. Cette fois, ce fut un peu différent, toutefois. Et je compris que j'étais vraiment peu de chose et qu'il lui serait facile de me faire disparaître si je devenais menaçante. Je me sentis abandonnée et je compris la signification profonde de ce mot.

Il a emprunté un petit chemin forestier que je ne connaissais pas. Une terreur sourde me tenaillait. Chaque fois qu'il quittait la route principale pour emprunter un sentier isolé et peu fréquenté, c'était toujours pour les mêmes raisons. Il a coupé le moteur au milieu de nulle part et m'a dit de descendre. C'était nouveau. Habituellement il m'ordonnait d'aller sur la banquette arrière et d'enlever ma culotte. Il est lui-même descendu de la voiture et, debout près de la portière ouverte côté conducteur, il m'a dit de me rendre derrière le véhicule. Il m'a dit : « Regarde bien ce qui va t'arriver si jamais tu parles. » Il est monté dans la voiture, a fermé la portière et est reparti sans moi.

Tout de suite, j'ai été gagnée par la panique. Je ne savais ni où nous étions ni comment retourner à la maison. J'ai couru derrière l'auto en hurlant et en pleurant. Il roulait lentement, mais trop vite cependant pour que je puisse le rattraper. À bout de souffle, je me suis arrêtée. L'auto poursuivit sa route et s'éloigna encore. Mon inquiétude grandissait au même rythme.

Soudain, il s'est arrêté et m'a crié en allongeant le cou par la fenêtre : « As-tu bien compris? » Oui, j'avais très bien compris le message. « Alors, viens-t'en, pis dépêche-toi!» C'est à la course que j'ai regagné la voiture. Je me suis assise à côté de lui. Avec un regard mauvais, il m'a dit : «Non, tu t'assis derrière.» Pendant un long moment, il m'a fixée par le biais du rétroviseur, les yeux pleins de colère. En moi montait cette angoisse profonde qui m'était familière. Je savais ce qui allait arriver et je l'appréhendais. L'attente m'a semblé éternelle. Il est finalement venu me rejoindre.

C'est en silence que nous avons repris ensuite le chemin de la maison. Je savais qu'il était capable de m'abandonner n'importe où. J'avais compris que, plus je grandirais, plus mon père deviendrait dangereux pour moi. Je savais que la peur hanterait désormais mes jours et mes nuits, la peur de mourir, la peur qu'il me tue froidement.

7

Tu ne dois pas jouer au docteur!

Les journées et les nuits se succédèrent, toujours pareilles. La violence et la souffrance étaient mon lot quotidien. Le Seigneur était mon seul interlocuteur et je lui parlais dès que mes yeux s'ouvraient le matin, jusqu'à ce que je réussisse à les fermer le soir. Les nuits devenaient de plus en plus difficiles et mon sommeil était hanté par la peur et la honte. Je ne savais même plus ce que le mot dormir voulait dire. Pour moi, il était synonyme de douleur. Le repos, je ne savais plus ce que c'était et je traînais sans cesse une grande fatigue. Tout ce que je souhaitais, c'était de pouvoir m'endormir pour toujours.

Mais vint pourtant un jour où je ne sentis plus rien. J'avais l'impression d'être devenue la spectatrice de mes souffrances. C'était comme dans un rêve. Je ne m'en inquiétai pas trop. J'avais enfin trouvé un moyen de moins sentir la douleur physique: c'était de m'évader dans un autre monde, lorsque mon père arrivait.

À cette époque-là, j'ai été presque malgré moi à l'origine d'un petit scandale survenu dans la cour de l'école et qui a ajouté encore à mon désarroi. Je jouais à courir autour de l'édifice avec ma sœur et des amies. Il y avait là deux adolescents qui nous harcelaient à chaque fois que nous passions à tour de rôle devant eux. Ils nous proposaient de jouer au docteur avec eux.

Papa aussi me disait parfois qu'il jouait au docteur avec moi. Je n'étais plus naïve depuis longtemps; je savais très bien ce qu'ils voulaient, mais il était hors de question que ma sœur subisse ce que je subissais, comme il était exclu que j'aille avec quiconque aussi loin qu'avec papa. Ce qu'ils voulaient, c'était voir nos fesses. Eh bien, ils allaient être servis! J'ai baissé ma petite culotte et je leur ai montré mon derrière, en accompagnant mon geste d'une grimace. Ce fut rapide comme l'éclair. L'instant d'après, j'avais remonté mon sous-vêtement, et ce que j'avais espéré est arrivé: les adolescents sont repartis au pas de course.

Je ne sais comment maman a appris l'affaire, mais elle m'en a parlé en me donnant un bain dans l'évier de la cuisine. Elle n'était pas très contente, je le devinais à son ton réprobateur. Hé! quoi, je n'avais fait que ce que papa m'avait montré! Bien entendu, je ne pouvais rien dire. En fait, je n'avais pas vraiment envie de discuter de ce sujet avec elle et je suis demeurée muette. Je sentais surtout qu'elle était démunie et qu'elle ne savait pas trop quoi dire ni quoi faire.

Papa, lui, a très bien su et, cette nuit-là, il m'a fait comprendre que je ne devais plus jouer au docteur. Évidemment, je trouvais ses mises en garde parfaitement incohérentes et plus ou moins crédibles. Pourquoi, lui, recommençait-il tout le temps?

Ses assauts, moi, j'étais loin de les considérer comme un jeu et surtout je n'avais pas du tout l'impression de m'amuser. Dans toute cette béchamel, je n'arrivais plus à distinguer ce qui était bien de ce qui était mal. Et ma crainte du châtiment en était décuplée.

8

Marie la réprouvée

Vint enfin le premier jour d'école. Je n'avais que quatre ans encore, mais j'aurais cinq ans dans quelques semaines, puisque je suis née le 18 septembre. J'avais donc l'âge légal. Comme il n'y avait pas de classe de maternelle, je commençai tout de suite ma première année.

Je connaissais déjà bien Suzie, une petite fille du village qui avait le même âge que moi. Nous avions rapidement fraternisé et elle était devenue ma meilleure amie. Nous commençâmes l'école en même temps et nous nous retrouvâmes dans la même classe. L'école nous rapprocha un peu plus et nous devînmes rapidement inséparables. J'étais très contente d'avoir une amie bien à moi.

Je sentais que j'étais différente des autres enfants; je savais beaucoup plus de choses que la majorité d'entre eux sur le monde des adultes. Je connaissais très bien notamment la signification des mots trahison, rejet, abandon, humiliation et injustice. Sans compter tout le reste... Pourtant, même si je me sentais différente, même si je l'étais très certainement, il n'y avait pas de réticence ni d'obstacle dans mes relations avec mes compagnons. Je m'étais même rapidement et facilement intégrée. Il faut dire que le village était si petit que les enfants n'avaient pas vraiment les moyens de rejeter ceux qui étaient différents. Si, pourtant. L'une de nos compagnes n'était acceptée par le groupe que difficilement.

Marie était une petite Indienne magnifiquement belle. Elle avait des yeux très noirs en amande, de longs cheveux noirs et une peau foncée. Elle n'était pas beaucoup aimée parce qu'elle était différente, mais surtout parce qu'elle était indienne. Ce seul vocable mettait en œuvre toute une panoplie de préjugés. Comme dans les films westerns à sensation, les Indiens étaient des personnes mauvaises qu'il ne fallait pas côtoyer. Je dois admettre à ma grande honte que je partageais ces croyances et que j'agissais comme les autres enfants. Pendant ce temps, Marie souffrait de ne pouvoir se faire des amies.

La famille de Marie était très pauvre. Un jour, je me rendis chez elle avec papa pour apporter du linge et de la nourriture à ses parents. La famille indienne vivait dans une très petite maison située à l'extérieur du village. Lorsque j'entrai dans la cuisine, Marie était là. Elle se tenait debout et me fixait intensément : pas un sourire, pas un mot, seulement un regard perçant qui scrutait minutieusement l'intérieur de mon âme. Je sentis un grand malaise m'envahir et je cherchai à fuir les yeux de la petite Indienne sans toutefois y arriver.

Je pris conscience de la bassesse de mes agissements et de ceux de mes compagnons d'école, en me demandant si c'était là la raison qui poussait Marie à me regarder avec autant d'insistance. Soudain, je compris que Marie savait, Marie savait tout et semblait capable de lire jusqu'au plus profond de ma conscience. Elle connaissait le drame de ma jeune vie.

Je ne suis plus jamais retournée chez Marie, mais, à

l'école, je ne fus plus jamais la même. Bien sûr, je ne pouvais devenir l'amie de l'Indienne, malgré le désir que j'en avais, car les impératifs tacites des classes sociales l'interdisaient. En outre, je vivais suffisamment de rejet à la maison; je ne voulais surtout pas connaître le même sort à l'école. Le mieux était le silence. Mais je pouvais au moins éviter d'imiter les autres qui agissaient méchamment avec la petite Indienne. Et je pouvais demander pardon à Dieu et à Marie dans mes prières, chaque nuit.

Un témoignage éclairant

L'école était un milieu agréable et privilégié. Comme il n'y avait pas beaucoup d'enfants au village, il n'y avait que deux classes. La première accueillait les enfants de la première à la sixième année, alors que la seconde regroupait les enfants de la septième à la deuxième année du secondaire. Passé ce niveau, aucun service scolaire n'était disponible sur place, et les enfants devaient aller étudier à Rouyn-Noranda où ils devenaient pensionnaires durant toute la saison scolaire.

Pour moi, mon école était magique et mon institutrice, merveilleuse. Dès la première année, j'apprenais des choses réservées aux enfants de la sixième année. J'avais une grande soif d'apprendre et, comme il y avait plusieurs divisions dans la même classe, lorsque la maîtresse enseignait aux plus vieux, j'écoutais attentivement.

Un beau jour, j'eus mon premier vrai cours de religion. Soudain tout devint plus clair. Je savais maintenant pourquoi Dieu était si puissant et si important. C'était lui qui avait créé la terre, les animaux, les plantes, les hommes, l'univers. C'était vraiment quelqu'un de tout-puissant. J'appris qu'il était le père de tous les hommes et que c'était pour cela qu'il avait le droit de les punir lorsqu'ils étaient mauvais. Malgré tout, je ne comprenais pas quelle faute j'avais bien pu commettre pour provoquer autant sa colère. Au moins, je savais qui il était, pourquoi il y avait un paradis et comment ce paradis avait été créé. Je compris également que Jésus, le fils de Dieu, avait beaucoup souffert, mais que lui, lorsqu'il était mort, il était allé rejoindre son Père dans le ciel.

Le ciel n'était pas pour moi, je le croyais fermement. Mon papa à moi me répétait souvent que j'irais en enfer. Pourtant, la maîtresse expliquait que Dieu était amour et qu'il avait le pouvoir de pardonner nos péchés. Tout n'était donc pas perdu et il y avait des possibilités de se racheter. Je comptais bien en trouver le moyen.

Au cours d'une belle journée ensoleillée d'été, j'entrai dans la maison pour aller chercher quelque chose dans ma chambre. Pour accéder à cette pièce, je devais passer dans le salon et emprunter l'escalier proche d'une des portes s'ouvrant sur l'extérieur de la maison que personne n'utilisait jamais. Je me demandais bien pourquoi, mais je savais que maman ne voulait pas que je frappe à cette porte, donnant sur le salon, lorsque j'allais chercher une amie. Elle me disait qu'elle était réservée pour les occasions spéciales. Quelles occasions spéciales? Je n'avais jamais vu personne l'emprunter.

Ce jour-là, lorsque je passai dans le salon, le téléviseur était allumé et l'on y diffusait l'émission préférée de ma mère, *Femme d'aujourd'hui*. Comme l'appareil était en noir et blanc, il m'était impossible de déterminer la couleur de la robe que portait l'animatrice. Par contre, il m'était facile de déduire d'après les niveaux de gris qu'elle portait une robe chasuble et qu'elle avait les cheveux longs et blonds ramassés en un immense chignon sur sa tête.

Le sujet abordé piqua ma curiosité au moment où je passais. Je m'immobilisai et écoutai attentivement. L'animatrice interrogeait une jeune femme qui, manifestement, n'avait pas eu la vie facile. Je crus comprendre qu'elle avait été très malheureuse et que son papa lui avait fait subir de vilaines choses qui l'avaient conduite à consommer beaucoup de drogue et à se prostituer. Je ne savais pas, à cinq ou six ans, ce qu'était la drogue ou la prostitution, mais je compris que cela rend très malheureux.

L'information entra comme par un coup de masse dans ma tête de petite fille. Je ne voulais pas devenir comme cette pauvre femme, je ne voulais pas sombrer aussi bas. Je savais qu'elle avait vécu la même chose que moi lorsqu'elle était petite et que le défi pour éviter de dégringoler était très grand. Cela me tortura l'âme durant plusieurs nuits. Jamais je n'ai su si ce que j'avais vu et entendu était vrai. Mais ça n'avait pas d'importance. Je savais maintenant ce que je ne voulais pas devenir, tout en ignorant ce que je voulais être.

Et puis, je me disais que Dieu me verrait peut-être d'un meilleur œil si j'arrivais à éviter la déchéance. Ma motivation à m'en sortir s'en trouva multipliée par dix et je priai très fort pour obtenir la force de ne pas sombrer. Beaucoup de questions se bousculaient dans ma tête, pourtant. D'autre part, les atrocités de mon père ne faisaient qu'augmenter au fur et à mesure que je grandissais. Mais je devais tenir, garder courage et ne pas désespérer. Les réponses à mes questions, me disais-je, viendraient avec le temps, et les sévices finiraient bien un jour par prendre fin, même si je ne voyais guère par quelle miraculeuse intervention.

Des sévices sans fin répétés

Je continuais de grandir. Même que je grandissais plutôt rapidement. J'aurais très bien pu m'occuper seule de ma toilette, mais papa aimait toujours autant me donner mon bain... J'étais maintenant capable de mettre mes mains dans le fond de la baignoire tout en gardant les pieds sur le plancher. Mais on aurait dit qu'il préférait quand je ne touchais pas terre, allez savoir pourquoi. Désormais, chaque fois qu'il me poussait, ma tête heurtait le fond de la baignoire et mes pieds ne touchaient plus le sol. Chacun de ses va-et-vient propulsait ma tête dans tous les sens dans le fond de la baignoire. Je ne sentais plus le mal entre mes cuisses, mon attention étant monopolisée totalement par la douleur à la tête et au cou que provoquait chacun de ses mouvements. C'était en vain que j'essayais de me protéger. Son poids et sa force avaient facilement raison de toute ma résistance.

J'étais complètement épuisée. Je ne connaissais jamais de repos. Je sentais que mon corps était à bout de force et que mon âme s'éteignait.

Un piège inattendu

Un matin d'été, papa m'invita à venir en visite à la centrale hydroélectrique. Cela arrivait occasion-nellement et je me plaisais beaucoup à observer les poissons qu'on gardait dans un petit bassin et à prendre quelques ménés pour aller pêcher. Le barrage, en effet, était équipé d'une passe à poissons, une sorte de chute d'eau en forme de glissoire qui fonctionnait en permanence en dépit du niveau de la rivière. Mais comme certains poissons, comme les ménés, étaient trop fragiles pour emprunter cette route sans danger, ils étaient retenus par une grille dans un bassin, avant d'être remis de l'autre côté du barrage sans risque pour eux. Ce bassin avait environ un demi-mètre de largeur sur un demi-mètre de profondeur et il faisait toute la largeur du barrage.

Jamais papa ne me touchait lorsqu'il m'amenait au barrage; sans doute avait-il peur de se faire surprendre par son patron dont le bureau se trouvait en haut d'un escalier, ou par un autre homme du village venu chercher des ménés pour aller à la pêche.

Lorsque je franchis la porte, je sentis une vague d'angoisse m'envahir. Même si le bruit des turbines était assourdissant, je trouvais l'endroit beaucoup trop calme; on aurait dit que la centrale était déserte, et c'était sans doute le cas. Mon père afficha le sourire de satisfaction que je lui connaissais bien et me fit visiter les bassins au pas de course. Il semblait drôlement pressé.

— Papa, on s'en va, veux-tu?

— Non, on visite. Tu voulais visiter, on visite! me répondit-il en accélérant encore le pas.

La visite dura de ce fait beaucoup moins longtemps que d'habitude. Ouf! Enfin, elle était terminée, ce dont j'avais tout lieu de me réjouir. Nous n'avions rencontré personne et je ne pensais qu'à une seule chose: sortir au plus vite de la centrale et retourner au village. Mon père se dirigea le premier vers la porte donnant sur l'extérieur. Soudain, il s'arrêta et dit:

— Mais tu n'as jamais visité le bureau de monsieur Lavoie?

— Non, mais je ne tiens pas à visiter ce bureau! Je veux partir!

— Ben non, voyons, cela ne prendra que quelques minutes. Viens, je vais te montrer. Tu vas voir, cela va être très amusant.

— Je ne pense pas, dis-je, en me dirigeant vers la porte.

Papa avait toujours ce même sourire de satisfaction. Les battements de mon petit cœur s'accélérèrent. Il fallait sortir, et au plus vite. Je refusai l'invitation et une vive discussion s'ensuivit. Il finit par me dire que, si je voulais sortir, je devais d'abord visiter le bureau.

— Tu me promets que tu ne me feras rien? demandai-je.

— Bien sûr, que je te le promets. Que veux-tu que je te fasse dans le bureau de mon patron? Il pourrait arriver à n'importe quel moment. Allez, viens. Il n'y a pas de problème.

Ce disant, il me bousculait en me poussant vers les escaliers. Je résistais encore, mais décidément il n'y avait pas d'issue possible. Il était beaucoup plus fort que moi et tous mes efforts pour me libérer ne servaient à rien. Je gravis les marches à contrecœur. Une fois parvenue en haut, je ne voulus pas franchir le seuil. Mon père passa devant moi et entra dans le bureau en souriant. Il avait l'air joyeux, beaucoup trop joyeux. La menace planait. Tous mes sens étaient aiguisés. Il me fallait fuir. Papa dut sentir ma détermination, car il se retourna et m'intima l'ordre d'entrer. Comme je continuais de refuser, il m'empoigna et me bouscula vers le bureau.

—Tu m'avais promis!

—Je t'ai promis, mais j'ai changé d'idée.

—Je ne veux pas, je ne veux pas! dis-je en me débattant.

Rien à faire. Malgré mes protestations et mes efforts pour lui échapper, il m'étendit sur le coin du bureau. Comme il devait me retenir en même temps qu'il s'affairait à baisser ma culotte, il lui fut plus difficile de parvenir à ses fins. Il y parvint pourtant. Prise de panique, je continuais à me débattre avec l'énergie du désespoir. Mais je ne faisais vraiment pas le poids.

—Tu as dit que monsieur Lavoie pouvait arriver à n'importe quel moment. Papa, je t'en prie, arrête, monsieur Lavoie pourrait arriver!

Et l'argument tomba comme une épée qui me transperça l'âme et le cœur.

—Ne t'en fais pas, si monsieur Lavoie vient, je lui proposerai de t'enfiler à son tour. Tu sais, il le fait lui aussi avec sa fille, et je suis certain qu'il serait content de t'avoir un peu, pour changer. Si tu ne veux pas que je te laisse avec lui, tu as intérêt à faire ce que je te dis.

Je cessai de me débattre. Je me sentais comme un morceau de viande que l'on dépèce pour le vendre au marché. J'étais du steak haché exposé bien en vue à l'étalage de l'épicerie. Pas de problème, n'importe qui pouvait m'utiliser à sa guise pour assouvir ses bas instincts.

Mon père se soulagea et me remit le morceau de papier-mouchoir qu'il avait utilisé pour s'essuyer. Au moment où je remettais de l'ordre dans mes vêtements, j'entendis la porte de la centrale s'ouvrir. Mon père dit :

— Tiens, voilà monsieur Lavoie.

Tout devint noir. Je ne me souviens même pas d'être ressortie de la centrale. Je ne me souviens pas si monsieur Lavoie m'a touchée. La dernière chose que je me rappelle de cette visite, c'est le sourire de mon père qui en disait trop long sur ce qu'il était capable de faire pour me détruire complètement.

Vraiment, les projets les plus innocents m'étaient interdits. Les plaisirs les plus anodins se retournaient toujours contre moi, et mon père faisait tout pour que mes moindres initiatives se transforment en cauche-mar. Je regrettais d'avoir accepté d'aller visiter le barrage. Je croyais y être à l'abri de ses agissements. Il m'avait promis de ne pas me toucher et je l'avais cru. Jamais ce n'était arrivé à la centrale, mais il faut croire que ce n'était pas là une garantie. Chaque fois que, dans ma naïveté d'enfant, je cherchais à faire confiance, à pardonner comme le commandait le Seigneur, je me faisais avoir.

Pour mettre un comble à mon anxiété et à mon sentiment de culpabilité, mon père n'arrêtait pas de me dire que c'était de ma faute s'il se comportait ainsi. Comme si je voulais le provoquer. Quelle folie! Me suffisait-il d'exister pour inspirer des gestes aussi déplorables? J'aurais voulu disparaître! Même mes propres arguments se retournaient invariablement contre moi.

Dans l'escalade de la violence, mon père venait d'ajouter un palier : il était prêt à me donner au premier venu pour acheter mon silence. Je ne valais pas plus que ça : un peu de silence.

Et les prières que j'adressais à Dieu étaient désespérées : « Dis-moi, Seigneur, est-ce que ce sont tous les papas qui font ça à leur petite fille? Est-ce qu'ils ont le droit, selon tes préceptes et tes commandements? Je veux que tout cela s'arrête. Comment dois-je m'y prendre? Souvent, je rêve de vengeance, mais la maîtresse dit que ce n'est pas bien de se venger. J'essaie d'aimer papa comme tu le commandes, mais ça ne m'avance à rien, puisque je n'arrive pas à me faire aimer de lui, même un petit peu, même à peine assez pour que tout cela s'arrête. Tout ce que je veux, c'est être une enfant, juste une enfant avec un papa et une maman qui l'aiment et la protègent... Que dois-je faire? »

Et je promettais avec véhémence de ne jamais faire souffrir quiconque comme on me faisait souffrir, moi.

12

Aveugle, incrédule ou complice?

J'avais cinq ou six ans. Un matin, maman me réveilla très tôt. Elle avait résolu de m'amener à Rouyn rencontrer un pédiatre, je ne sais trop pour quelle raison précise. Trouvait-elle que j'avais mauvaise mine? La chose est bien possible, étant donné le manque de sommeil dont je souffrais continuellement et l'angoisse qui me poursuivait jour et nuit.

Le médecin nous a fait entrer dans son bureau privé. Il y avait juste derrière lui une autre pièce meublée d'un drôle de petit lit avec comme des bras métalliques placés de chaque côté. Après un bref échange, le médecin me demanda de passer dans cette pièce. Il me dit de retirer mes sous-vêtements et de m'étendre sur le petit lit. Je fus prise de panique et les battements de mon cœur s'accélérèrent. Allait-il me faire subir les mêmes traitements que mon père? J'eus un mouvement de recul, mais je sentis, au regard de ma mère, que je n'avais pas le choix. Et puis, après tout, la présence de ma mère dans le bureau était rassurante. Le pédiatre ne pouvait rien me faire tant qu'elle demeurait dans la pièce juste à côté et que seul un rideau nous séparait.

Je m'allongeai et le médecin me fit mettre les pieds sur les espèces de bras. J'étais très mal à l'aise, ainsi, les jambes écartées et le sexe bien en évidence. Mais l'examen fut vite terminé, à mon grand soulagement. Le médecin eut un air triste et me pria de me rhabiller et d'aller dans la salle d'attente pendant qu'il parlerait avec maman.

Je m'assis tout près de la porte du bureau, espérant attraper quelques bribes de la conversation. Mais le lieu était bien insonorisé. Une fois de plus, un sentiment de honte m'envahit. Mon cœur se mit à battre encore plus vite. Il savait ce qui se passait et il allait le dire à maman. J'aurais dû me réjouir, mais mes sentiments demeuraient confus. J'étais tiraillée entre la joie d'être enfin libérée et l'appréhension des éventuelles conséquences.

Je ne sus jamais rien de l'échange, mais j'étais certaine que le médecin avait vu et qu'il savait. Maman est sortie en trombe du bureau. Selon toute évidence, elle était très en colère. Sans un regard vers moi, elle a dit: «Viens-t'en; on s'en va!» Je n'ai plus jamais revu ce médecin.

Le déménagement

Une des choses que j'aimais par-dessus tout, c'était de faire un pique-nique sur la falaise en regardant le soleil se coucher sur la rivière. La vue était impressionnante, le bruit des chutes, apaisant. Malgré toutes mes souffrances, j'aimais profondément notre village.

Mais, un beau matin de 1969, mon père et ma mère nous annoncèrent qu'ils déménageaient. J'étais prise au dépourvu. Tout comme mon frère et ma sœur, je n'avais jamais envisagé de vivre ailleurs qu'au village. Nous y étions nés et nous avions l'impression que nous y demeurerions toujours. Pour ma part, je n'avais que sept ans et je n'avais jamais imaginé que nous puissions vivre ailleurs. Mes parents nous expliquèrent que la centrale hydroélectrique était maintenant automatisée et que le village disparaissait définitivement. Toutes les maisons seraient déplacées durant l'été. Ma famille serait la dernière à partir, mon père ayant eu l'important mandat de gérer la fermeture du village.

Je quittai donc avec toute ma famille à la fin de l'été pour habiter un appartement dans la grande ville de Rouyn. J'allais y fréquenter une nouvelle école, à quelques rues de notre résidence. Maman allait recommencer à enseigner au secondaire. C'était beaucoup de changements en peu de temps. Petite consolation :

ma meilleure amie, Suzie, allait occuper avec sa famille le logement du premier étage. Je me sentais, de cette façon, beaucoup moins seule.

Notre nouvel appartement était plutôt petit par rapport à la maison que nous avions quittée. Les gens de la ville ne nous ressemblaient pas beaucoup. Les enfants avaient tendance à dire et à faire des choses qui étaient formellement interdites au village. Le contact avec cette réalité du monde a été un véritable choc culturel pour nous qui n'avions connu qu'une toute petite agglomération ressemblant beaucoup plus à la campagne qu'à la ville. À Rouyn, tout était différent : il y avait beaucoup de monde, des voitures partout et un couvre-feu. Lorsque la sirène retentissait, tous les enfants devaient être dans leur cour. La sûreté municipale patrouillait les rues et ramenait à la maison les enfants qui y circulaient encore.

Chaque fois que la sirène retentissait, elle suscitait en moi une panique intérieure. À Rapide-Deux, la sirène hurlait lorsqu'il y avait un accident à la centrale ou un incendie, ou encore lorsque quelque événement exigeait la mobilisation du plus grand nombre possible. Les enfants avaient pour consigne de retourner rapidement à la maison quand ils l'entendaient et tous savaient que la situation était grave. Un jour, la sirène s'était déclenchée au milieu d'un après-midi d'été. Un enfant s'était perdu en forêt. Les hommes étaient montés de la centrale et avaient entrepris une battue. Le garçonnet avait été retrouvé quelques heures plus tard. Il avait eu la sagesse de se réfugier sous un arbre et d'attendre les secours.

À toutes fins utiles, c'était la première fois que j'entrais en contact avec la ville. Les quelques rares visites que j'avais effectuées auparavant à Rouyn pour accéder à des services précis ne pouvaient guère compter comme familiarisation. Autrement, lorsque je quittais le village, c'était pour visiter ma grand-mère maternelle qui demeurait à Duparquet ou le frère de mon père qui habitait Beaudry. Ma conception de la réalité, en cette fin des années 1960, était fortement biaisée. Je croyais que les gens de Rapide-Deux étaient privilégiés parce qu'ils avaient des équipements modernes dans la maison comme un téléphone sur table ou l'eau qui coulait du robinet sur demande.

Par rapport à ce dont on disposait dans certains territoires, c'était effectivement un luxe appréciable. Chez le frère de mon père, on obtenait l'eau en actionnant une pompe à bras installée dans la cuisine, et le téléphone était à cornet! Tous les résidants du rang étaient branchés sur une seule et même ligne téléphonique. Une combinaison de sonneries courtes et longues propre à chaque maison identifiait la destination de l'appel et, lorsqu'on voulait téléphoner, c'était le nombre de tours de manivelle qui déterminait l'endroit qu'on souhaitait atteindre. Pour joindre Rouyn, il fallait passer par la standardiste.

Naturellement, la ville de Rouyn était beaucoup plus évoluée. Elle n'en était pas moins immense et effrayante.

Ma nouvelle chambre était très petite par rapport à celle que j'occupais à Rapide-Deux. Il m'était impossible d'avoir mon propre lit; je partageais donc le lit double de ma sœur. Le bureau que nous avions en commun était au pied du lit. D'emblée, je songeai non sans me réjouir qu'il serait désormais plus difficile pour mon père de venir dans mon lit, puisque je le partageais déjà avec ma sœur. Une fois de plus, je m'étais trompée. Le déménagement et l'exiguïté de l'appartement furent loin d'avoir pour effet de freiner les ardeurs sexuelles de mon agresseur.

- 14 -

Le lapin bleu

J'avais été très malade et j'avais vomi toute la nuit. Le matin, j'étais tellement épuisée que ma mère jugea bon de ne pas m'envoyer à l'école. J'en fus soulagée : je me demandais bien comment j'aurais fait pour m'y rendre tant j'avais sommeil. Mais voilà que papa annonce qu'il restera lui aussi à la maison parce qu'il ne se sent pas bien. Sur le coup, malgré mon état d'épuisement, je tentai de convaincre ma mère de me laisser aller à l'école. Je n'avais absolument pas le goût de rester seule à la maison avec papa. Peine perdue! Elle n'a rien voulu entendre. Mais elle m'a dit que, lorsqu'elle reviendrait pour le dîner, si j'allais mieux, elle m'autoriserait à retourner à l'école. J'étais désespérée.

Quand tous, sauf mon père, eurent quitté la maison, je m'enfermai dans ma chambre. La belle affaire! La porte ne se verrouillait pas! Il est bientôt venu et m'a dit qu'il avait quelque chose à me montrer, que je devais me rendre dans sa chambre. Je refusai. Mais il insista longuement, en me disant que c'était une surprise et en me promettant qu'il ne m'arriverait rien.

À huit ans à peine, on veut bien croire aux promesses de son père. Avec prudence, je suis entrée dans la chambre et là, j'ai vu un magnifique petit lapin bleu en peluche posé sur la commode! Il avait un ruban de satin rose autour du cou. «Il est pour toi», m'a dit mon père. J'étais folle de joie. Je me suis dirigée vers le lapin, mais, lorsque je l'ai pris dans mes bras, mon père me l'a arraché en me disant que si je voulais l'avoir je devais d'abord faire ce qu'il me demandait.

Plus encore que l'angoisse, c'est la déception qui a envahi mon cœur. La magie de l'instant venait de s'envoler. Pourquoi ne pouvais-je jamais avoir droit à un vrai cadeau? J'aurais bien aimé posséder le petit lapin, mais j'ai choisi de ne pas le prendre.

Et là, la torture mentale a commencé. «Je ne te le ferai qu'une seule fois... Ça ne durera pas longtemps et, après, le toutou sera à toi.» J'ai encore refusé, mais, du haut de mes huit ans, je n'ai pas pu négocier longtemps. Il m'a étendue sur le côté dans son lit de façon à ce que je puisse voir le toutou pendant qu'il me violait encore une fois. Je pleurais. Il venait de m'acheter à vil prix. Et le marchandage avait été injuste, puisque je n'avais pas vraiment le pouvoir de négocier. Je compris ce que voulait dire le mot prostitution, que j'avais déjà entendu auparavant à la télévision sans en saisir réellement le sens. Maintenant, il me disait que j'étais payée pour lui accorder des faveurs.

Je n'ai pas quitté le toutou du regard tout le temps qu'il a mis à assouvir ses instincts. Lorsqu'il eut fini, je lui dis : «Maintenant, je peux prendre le toutou et m'en aller?» La réponse est tombée comme un coup de poignard au cœur: «Non!» Il n'avait pas terminé; il avait droit à tout un avant-midi et il avait bien l'intention d'en profiter au maximum. Tant qu'à payer, il en voulait pour son argent. Déçue et ravagée jusqu'au fond de l'âme, je lui ai dit plutôt sèchement qu'il pouvait le garder, le lapin bleu, qu'il ne m'intéressait plus et que je voulais retourner dans ma chambre. Rien n'y fit, ni ma colère, ni mes supplications, ni mes larmes.

Mon cœur était en miettes et mon corps était complètement meurtri par ses actes bestiaux. En plus, je n'avais pratiquement pas dormi de la nuit et je tombais de sommeil. Je n'en pouvais plus, littéralement.

Mais lui était toujours en pleine forme et je devais suivre, bon gré, mal gré. Il ne me laissait pas le choix et les agressions se succédaient à un rythme infernal. Comment pouvait-il faire la chose autant de fois en une seule journée? Quinze minutes environ entre chaque assaut, et la valse reprenait. «Dégueulasse!» C'était le seul mot qui habitait mon esprit et, pour demeurer silencieuse, ma révolte n'en était pas moins extrême. Je haïssais mon père à un point qui ne peut s'exprimer. J'en venais même à haïr Dieu de laisser se perpétuer cette situation, de ne jamais répondre aux instantes prières que je lui adressais.

Enfin, l'heure du repas finit par arriver! Je pus regagner ma chambre avec le toutou maudit. Maman allait bientôt revenir et papa m'informa qu'il irait travailler en après-midi.

Après le dîner, maman me demanda si je voulais aller à l'école. J'étais exténuée, mon corps n'en pouvait plus et je ne savais quoi répondre. Et si papa allait demeurer à la maison? Je ne voulais pas rester là avec lui. J'hésitais encore, parce qu'il n'avait pas encore dit à maman qu'il retournait au travail. Il me regardait avec son sourire équivoque honni. Je n'avais que le goût de pleurer et je sentais les larmes qui me montaient aux yeux. Sans me quitter du regard et toujours avec le même sourire, il affirma à ma mère que, pour sa part, il pensait aller travailler. D'entendre ça me soulagea grandement et je finis par dire à maman que je me sentais fatiguée et que je préférais rester à la maison. Il n'en a pas fallu davantage pour qu'il change d'idée. Je restais, donc il restait aussi.

Du coup, j'ai éclaté en sanglots. Je n'arrivais plus à me maîtriser. Je hurlais que je voulais aller à l'école. Encore une réaction inappropriée! Cette crise de larmes a balayé toutes les hésitations de ma mère : je n'irais pas à l'école, parce que, selon elle, si je pleurais autant c'est que j'étais encore trop fatiguée.

J'ai longuement regardé la porte après que maman l'eut franchie. L'abandon était total et ma détresse, absolue. Je n'avais plus d'issues, plus de sécurité, plus de liberté, et j'étais maintenant une prostituée à la merci d'un père dénaturé, absolument indigne de ce nom. Je me demandais combien de temps cela allait encore durer. Je ne voyais la fin de mon calvaire que dans la mort. Je voulais fermer les yeux, dormir sans fin, mais non! Même pas moyen de rester seule un moment et de me reposer lorsque j'étais malade. Je n'étais qu'un amas de chair meurtrie entre les mains d'un sadique, d'un monstre diabolique. Toute dignité, même, m'avait quittée.

Il est venu me chercher en persiflant que j'avais choisi de rester à la maison parce que je voulais être avec lui; en conséquence, j'aimais ça, et il affirmait avoir encore suffisamment d'énergie pour me satisfaire. J'ai passé un après-midi d'enfer à payer de ma vie un funeste toutou qui ne devait pas valoir plus de cinq dollars.

Une estime de soi réduite à néant

Le fameux lapin bleu était devenu un objet de cauchemar. Il ne me séduisait plus du tout. Au contraire, lorsque je le voyais, chaque fois il me rappelait mon insignifiance, et une ombre de tristesse envahissait mon âme. On m'avait achetée et rejetée comme un objet sans valeur, comme une chose sans importance dont on a soudain envie pendant un moment. On pouvait m'écraser tout à loisir. Je ne ferais jamais le poids. Jamais. Au surplus, il n'y avait plus de cachette possible pour moi. Mon abject propriétaire finissait toujours par me retrouver lorsque, précisément, l'envie lui en prenait.

Un soir, j'eus une idée. Le lit que je partageais avec ma sœur était trop grand pour deux petites filles, ce qui justifiait papa d'y prendre une place. Je dis à ma sœur : « Que dirais-tu si nous mettions tous nos toutous l'un à côté de l'autre dans notre lit ? »

Lorette trouva que ça pouvait être amusant et nous nous empressâmes de mettre le projet à exécution. Une fois que tous les toutous y furent installés, il ne nous restait dans le lit qu'une petite place à chacune des extrémités. La mince corniche où je me recroquevillais était si exiguë que je ne pouvais dormir que sur le côté si je ne voulais pas tomber. Ainsi, je me sentais en sécurité : il n'y avait pas de place pour lui.

Encore une illusion de petite fille qui fut rapidement anéantie. Il est venu tout de même... et les toutous n'ont rien pu faire contre lui.

J'ai songé souvent à demander à Lorette de changer de place avec moi; ainsi il aurait pu se tromper. Mais les paroles de l'Évangile ont toujours été les plus fortes : «Ne faites pas aux autres ce que vous ne voudriez pas qu'on vous fasse.» Je n'ai jamais changé de place. Je n'aurais pas pu supporter que ma sœur subisse la même chose que moi. Au moins une des deux avait une vie à peu près normale. J'aimais beaucoup ma sœur, mais elle n'a jamais été capable de le comprendre. C'était normal, pensais-je; tout le monde croyait que j'étais une vilaine petite fille, même le Seigneur, qui me punissait toutes les nuits.

Le pire, c'est que, moi-même, je me considérais comme peu de chose, j'étais vilaine, même à mes propres yeux. Si je n'avais pas eu aussi peur de l'enfer, il est probable que je n'aurais plus été là. Je ne vomissais plus la nuit, maintenant, mais je faisais pipi au lit, ce qui ne m'aidait pas à me faire aimer de ma sœur avec qui je dormais. Personne n'aime être réveillé par l'humidité de l'urine d'une enfant effrayée.

J'avais peur de me lever pour aller à la salle de bain et de réveiller le monstre. Il m'avait dit déjà que, chaque fois que je faisais du bruit, c'est que je le désirais et que je l'appelais. J'étais toujours piégée et je ne pouvais rien faire sans provoquer quelque geste ignoble. Bien sûr, je me sentais dégueulasse, sale, laide, vilaine, méchante, stupide, répugnante... J'aurais pu allonger à l'infini la liste de mes insuffisances, tant était négative l'image que je me faisais de moi-même. Selon lui, j'étais une moins que rien.

Je ne méritais rien d'autre que ce qui m'arrivait. Mon père ne manquait pas de me le répéter continuellement.

16

Livrée à une bête féroce

Si les propos de mon père n'avaient pas réussi à me convaincre que je n'étais qu'une moins que rien, certains de ses gestes ne pouvaient me laisser aucun doute sur le degré d'importance qu'il m'accordait. L'été de mes huit ans fut précisément marqué par un événement où j'aurais fort bien pu laisser ma triste peau. Encore aujourd'hui, le souvenir de cet épisode me glace d'horreur rétrospective.

La chasse et la pêche faisaient partie des passions de mon père. Il possédait des armes à feu de divers calibre. À l'époque où nous habitions Rapide-Deux toute l'année, il avait le mandat d'éliminer les ours lorsqu'ils s'approchaient trop du village. Quant à nous, nous avions été conditionnés à faire très attention à ces bêtes qui représentaient une menace constante et à nous mettre rapidement à l'abri en cas de danger.

Depuis notre déménagement à Rouyn, nous retournions régulièrement durant l'été dans le voisinage de Rapide-Deux pour pêcher. Nous y avions toujours notre chalet, en bordure du lac Clairion. Cette fois-là pourtant, nous étions demeurés au village, où se trouvaient encore deux maisons: celle du directeur général de la centrale, qui servait de chalet aux grands patrons de la compagnie et celle de l'intendant ou directeur du village, qui était prêtée gracieusement aux employés à titre de chalet. Nos parents nous y avaient amenés pour des vacances.

Cela faisait à peine un an que le village était fermé, et le dépotoir regorgeait toujours de déchets, d'autant plus que, l'automatisation de la centrale n'étant pas encore parfaitement fonctionnelle, des employés y séjournaient toute la semaine.

Bref, mon père nous a proposé, à mon frère, ma sœur et moi, d'aller au dépotoir voir les ours. Ce dépotoir se trouvait sur le chemin donnant accès au village via Cadillac, sur le dessus d'une montagne, à environ deux kilomètres de la maison des patrons d'Hydro-Québec.

Une fois sur place, mon père a d'abord placé le véhicule de manière à pouvoir quitter les lieux rapidement. Nous sommes sortis du véhicule. Nous étions tous debout du côté du conducteur; mon père était à ma droite, alors que Lorette et Anthonin se trouvaient à ma gauche. Toutes les portières de la voiture étaient fermées.

Tout à coup nous avons aperçu un ourson qui mangeait dans le dépotoir. Mon père qui observait la scène a soudain hurlé: «Entrez tous dans l'auto, je ne vois pas la mère!» Il est en effet très dangereux de séparer, même par mégarde, la mère ourse de son petit. Elle croit alors sa progéniture menacée et elle attaque aveuglément. Nous n'avons donc pas posé de questions et nous nous sommes précipités sur les portières en criant comme tous les enfants auraient fait et en riant un peu de la situation.

Comme j'étais adossée à la poignée de la portière du conducteur, je me suis tournée pour l'ouvrir. Elle était entrouverte lorsque mon père m'a saisi le poignet et m'a repoussée violemment loin du véhicule. Il y est monté précipitamment, a fermé la portière et l'a verrouillée sous mes yeux ahuris. Pendant ce temps,

Lorette et Anthonin sont entrés dans le véhicule par la portière arrière, du côté conducteur également. Effrayée, je me suis ruée sur la portière du conducteur et j'ai essayé de l'ouvrir, sans succès, bien évidemment. Derrière la vitre, mon père me fixait sans faire un geste. Je hurlais ma détresse.

Quand j'ai compris qu'il n'allait pas m'ouvrir ni me laisser entrer, j'ai décidé d'essayer la portière arrière côté conducteur, celle par laquelle mon frère et ma sœur étaient montés. Mon père a deviné mon intention et je l'ai vu tourner la tête vers les deux enfants. Il leur parlait. C'est avec horreur que j'ai vu ma sœur verrouiller la portière.

Pendant que j'essayais d'ouvrir, mon père continuait de s'adresser à Lorette, qui s'est empressée de verrouiller aussi la portière arrière du côté passager. Mon père continuait de me fixer, et moi, de hurler et de pleurer, terrorisée. J'ai fait le tour de la voiture pour essayer la portière arrière de l'autre côté. Même résultat, elle était verrouillée. Je le savais pourtant, mais j'avais espéré que ma sœur ou mon frère l'ait déverrouillée. Dans un dernier sursaut, j'ai tenté d'ouvrir celle d'en avant. Elle s'est ouverte. Ouf!

Je suis montée à quatre pattes dans le véhicule. Et là, j'ai vu le regard surpris de mon père. À l'expression de son visage, j'ai compris qu'il avait voulu ma mort. Ce fut comme un éclair: j'ai vu passer sur ses traits l'expression de la déception.

Au moment où je me suis relevée pour m'asseoir, la portière s'est refermée toute seule: la mère ourse était là et c'était elle qui l'avait poussée involontairement en faisant irruption. Son museau était collé à la vitre et elle me montrait les dents; son poil était hérissé. Une seconde de plus et c'en était fait de moi.

Je n'ai même pas pleuré. J'ai fixé le plancher de la voiture et j'ai compris que mon père avait essayé de me tuer. Je ne crois pas que le geste était prémédité, mais il a vu là une occasion de se débarrasser de moi. Avec tout ce que je savais sur son compte, je représentais une menace constante pour lui. À moins que tout cela n'ait été qu'une mauvaise blague destinée à me terroriser, mais je n'y crois pas. J'étais passée trop près d'être attrapée et surtout j'avais trop bien vu sa mine lorsque j'étais montée.

Le silence était maintenant complet dans la voiture. Plus personne ne criait ni ne pleurait. Nous, les enfants, nous étions sous le choc, et mon père se taisait, buté. Je suis convaincue que mon frère et ma sœur ont réalisé la situation, mais Anthonin n'avait que sept ans, alors que Lorette n'en avait que neuf. Lorsque mon père a lancé le moteur, c'était toujours silence.

Il a été le premier à le rompre. Il nous a dit : « Ne dites rien à votre mère. Ne lui en parlez jamais, car, si elle l'apprend, je n'aurai plus jamais le droit de vous amener où que ce soit et vous ne pourrez plus jamais voir les ours. Vous ne pourrez plus jamais faire d'activités avec moi. » Nous n'avons pas parlé. Le malaise était palpable dans le véhicule. Lorsque nous sommes arrivés à la maison, le silence a perduré. Nous n'avons plus jamais reparlé de l'événement.

Mon père était un excellent chasseur et il savait très bien que les ours ne sont pas capables d'ouvrir les portières d'un véhicule. Je savais que ce qui s'était passé là n'était pas normal. Mais c'est lorsque j'ai eu mes propres enfants que j'ai encore mieux saisi le caractère diabolique de son geste. Jamais, au grand jamais, ni moi ni mon mari ne serions montés dans le véhicule avant d'avoir assuré la sécurité de nos enfants. Ou de n'importe quel enfant. Il fallait que mon père fût vraiment dénaturé pour avoir agi ainsi. Ou qu'il ait sérieusement manqué de jugement.

Chez grand-mère

Un soir, alors que nous étions en visite chez mes grands-parents, ma grand-mère décida que Lorette et moi dormirions désormais sur le divan-lit du salon.

Dans le salon... sur le divan-lit... près de la chambre à coucher de mes grands-parents! C'était parfait. Il ne pourrait pas venir, c'était certain. C'était trop petit, et je n'avais qu'à coucher au fond, le long du mur. Super!

Cette illusion s'écroula elle aussi avant même que le matin ne se lève. Il est venu, m'a de nouveau violée, et j'ai de nouveau uriné au lit. Ma sœur, toute trempée, était cette fois très en colère. Elle avait raison d'être fâchée et j'étais désolée, mais je ne voulais pas me lever, craignant que mon geste ne soit interprété comme une nouvelle invitation.

J'avais dix ans lorsque cet événement a eu lieu et j'ai uriné longtemps dans mon lit. Ce n'était pas vraiment de l'énurésie, puisque mon incontinence n'était pas tout à fait involontaire. C'est que je différais de me lever pour aller uriner, de crainte d'attirer l'attention de mon prédateur. Et, lorsque le manque de sommeil l'emportait sur ma volonté, je me laissais aller. Cette situation a perduré jusqu'à ce que je comprenne que, de toute façon, juste le fait de respirer était pour mon père une invitation à me violer.

Autre maison, même prison

Je grandis. J'étais toujours vivante. Je ne savais trop comment et ne comprenais pas pourquoi. J'étais maintenant une adolescente, une jeune fille.

Nous n'avions pas demeuré très longtemps à Rouyn. Nous avions de nouveau déménagé au cours de l'été de mes neuf ans et cette fois nous nous étions installés à la campagne, à Beaudry, dans une paroisse où les parents de mon père comptaient parmi les pionniers. Nous habitions dans un rang, à environ un demi-kilomètre du village. Il m'était difficile de me faire des amies et je jouais souvent avec celles de ma grande sœur.

Elle n'aimait pas beaucoup que je sois toujours à ses trousses. Elle souhaitait l'indépendance, mais elle devait continuellement supporter la dépendance de sa sœur si différente, dont elle avait honte et dont elle aurait bien voulu se débarrasser. Je la comprenais très bien, au fond, j'aurais voulu me débarrasser de moi-même, si j'avais pu. Mais la peur m'en empêchait. Je pensais de plus en plus souvent au suicide.

Le suicide... Mais, si je me suicidais, j'irais en enfer, la religion catholique était formelle sur ce point.

Papa, de son côté, me parlait de moins en moins de Dieu et de l'enfer. Maintenant, il me disait plutôt que si je le dénonçais il irait en prison et que je serais placée dans une institution pour les fous. Il me faisait valoir que maman ne m'aimait pas et que si je parlais je détruirais ma famille; maman aurait ainsi une raison pour me faire interner.

Ses arguments faisaient mouche. J'avais une peur bleue de l'internement. Je craignais par-dessus tout de passer pour folle et je ne voulais en aucune façon faire de la peine à ma famille. Je m'étais juré lorsque j'étais petite de ne jamais faire souffrir les miens comme je souffrais et je m'en suis toujours tenue à cette résolution. Impossible de divulguer mon secret sans blesser, sans passer pour folle... et être internée. Papa ajoutait que, dans ces institutions-là, les infirmiers violaient les filles. S'il fallait que ce fût vrai! Mon Dieu, n'y aurait-il jamais d'issue pour moi? C'était vraiment à devenir folle.

Mon père utilisait tous les moyens à sa portée pour abuser de moi: promesses, mensonges, manipulations. Même les larmes étaient bonnes pour sa cause. Chaque fois, il me promettait que c'était la dernière. Chaque fois, je le croyais ou voulais le croire. Avais-je le choix? Il pleurait souvent de remords et me demandait pardon. Pour éviter ses coups et sa colère, je pardonnais. Pour me conformer aux préceptes de l'Évangile, aussi. Mais il prenait invariablement mon pardon pour une nouvelle forme d'autorisation, et le cercle se reformait, plus vicieux que jamais: agressions et fausses promesses, agressions et pleurs, agressions et pardons, agressions et fausses promesses, agressions et...

Je me sentais toujours coupable et responsable de tout. Mon père, lui, projetait toujours l'image de l'homme parfait et du père aimant. Je tenais le mauvais rôle en permanence, comme le voulait papa. Ainsi désavantagée d'avance dans la perception des autres, si je m'avisais un jour de l'accuser, il lui serait facile de me détruire et de faire valoir la mauvaise réputation de sa vilaine fille.

Selon lui, et ma mère partageait cet avis, j'avais besoin de beaucoup trop d'attention et j'étais prête à tout pour en obtenir, même à mentir et à inventer des choses. J'étais tout à fait consciente de ses stratagèmes, mais j'ignorais comment me sortir de ce piège, comment m'affranchir de ce mauvais rôle qui ne m'appartenait pas, mais qu'on me collait sur les épaules malgré moi. Au surplus, ce nouveau déménagement à la campagne ne m'apporta que plus de tourments.

À Beaudry, je ne partageais plus mon lit avec Lorette. Cependant, durant la première année de notre séjour dans cette localité, nous eûmes la même chambre. Par la suite, nous avons eu des chambres séparées; j'avais ma chambre à moi, de sorte qu'il avait les coudées franches et qu'il n'était pas tenu à autant de discrétion. Je n'avais vraiment plus aucun moyen d'échapper à ses serres de rapace.

Lorsqu'il s'était marié, mon père avait cessé de boire. Il avait joint un cercle Lacordaire, c'est-à-dire qu'il avait renoncé à toute consommation de boissons alcoolisées, comme le voulait la règle d'airain de ce mouvement. À Rouyn, il trichait quelquefois et il allait boire en cachette à la taverne du coin; mais il ne buvait pas outre mesure aux yeux de la petite fille que j'étais. Depuis notre déménagement, les choses étaient différentes. Il avait vraiment recommencé à boire.

Il était aussi devenu entraîneur d'une équipe de baseball. Il avait promis aux joueurs que s'ils gagnaient le championnat, il irait prendre une brosse avec eux pour fêter l'événement. Malheureusement pour moi, ils gagnèrent le championnat et, cette nuit-là, je ne dormis pas. En attendant qu'il rentre de sa cuite, je tremblais d'effroi. Je savais ce dont il était capable lorsqu'il était à jeun, mais je ne savais pas à quelles extrémités il pouvait se livrer lorsqu'il était saoul.

Je ne tardai pas à l'apprendre. Il me bouscula sauvagement pour avoir une place dans mon lit et me viola de façon beaucoup plus sauvage que d'habitude. Par la suite, les occasions de se saouler se multiplièrent et il en profita sans vergogne.

Tricheries et tromperies

Maman était partie à un colloque syndical à l'extérieur de la région. J'avais douze ou treize ans. Pendant son absence, mon père m'obligeait à dormir dans son lit.

Jusqu'alors, il s'était toujours contenté de me pénétrer pour prendre son plaisir. Mais là, il a mis le comble à mon dégoût. Il a pris ma tête entre ses deux mains et l'a amenée de force jusqu'à son sexe. Il m'a obligée à mettre son organe répugnant dans ma bouche. J'avais envie de vomir mes tripes! J'ai bien failli aussi le lui mordre sans merci, mais j'ai pensé à temps à la dérouillée qui n'aurait pas manqué de s'ensuivre.

C'est que, mon infâme géniteur, lorsqu'il frappait, il n'y allait pas de main morte. Quelques jours auparavant, il avait failli me casser le bras. Il était en colère contre moi parce que je gagnais à un jeu. Il avait saisi mon avant-bras des deux mains et, de toute sa force, il avait essayé de le faire plier. Lorsque l'os avait émis un léger craquement, il s'était enfin arrêté. Il m'avait causé une douleur atroce. Je suppose que lui-même avait eu peur de sa propre violence, car il était allé se réfugier dans sa chambre. S'il m'avait cassé le bras, il aurait été obligé de se justifier devant les médecins de l'urgence.

Je savais donc que, lorsqu'il était en colère, il perdait la maîtrise de ses gestes, et maman n'était même pas là pour intervenir s'il allait trop loin. J'ai sagement obéi, malgré les haut-le-cœur, malgré la fureur et la révolte qui m'habitaient. Et je n'ai pas dormi.

Un soir, il n'est pas venu me chercher. Il a veillé très tard et il a beaucoup bu. Le lendemain, lorsque nous nous sommes levés, mon cousin dormait dans le salon et sa femme était dans le lit avec mon père! Je n'étais pas dupe. Même si mon cousin disait qu'ils ne faisaient rien, je connaissais trop bien mon père.

Pour passer le temps jusqu'au réveil de sa femme, il a joué aux dames avec nous. C'est là que j'ai appris ce que c'est que d'être daltonien. Car ce cousin ne distinguait absolument pas les couleurs. Pour moi, c'était là quelque chose de bizarre. Il disait ne voir qu'en noir et blanc.

Je demeurais cependant préoccupée. Je ne pouvais m'empêcher de sans cesse me demander pourquoi il acceptait de laisser sa femme dormir seule avec mon père.

Elle s'est enfin levée et ils sont partis. Mon père nous a affirmé qu'il ne s'était rien passé, mais il affichait l'air que je lui connaissais trop bien. Comme d'habitude, Anthonin et Lorette l'ont cru. Mais moi, je ne le croyais pas et il le savait. Qu'importe, il n'avait pas peur de moi. Il connaissait bien des façons de me faire taire.

Je n'ai pas tardé à apprendre pourquoi mon cousin avait toléré le comportement de sa femme et de mon père. Peu de temps après, il est revenu. Son épouse était enceinte et il voulait faire chanter papa: de l'argent contre son silence. Il a certainement eu une surprise de taille. Mon père avait subi une intervention chirurgicale alors que j'étais petite et que nous habitions encore au village de Rapide-Deux; il ne pouvait plus faire d'enfant. Il me l'avait dit un jour où j'avais fait une crise de larmes parce que, maintenant que j'avais mes règles, j'avais peur de tomber enceinte.

Néanmoins, j'ai senti que mon père avait eu un peu peur, mais comme le cousin ne pouvait prouver à ma mère que son mari avait eu des relations charnelles avec sa femme, il est reparti bredouille et très en colère.

20

Des crises de fureur

Je n'étais pas différente des autres filles et j'ai connu moi aussi les perturbations de l'adolescence. J'ai eu mes sautes d'humeur et mes révoltes, très certainement décuplées par tout ce que j'avais vécu depuis ma tendre enfance et que je continuais de vivre quotidiennement.

C'était contre moi-même et principalement contre Dieu que je me révoltais, ce Dieu qu'on disait d'amour et que je considérais comme responsable de tous mes malheurs.

Un jour, ma mère m'a punie pour une affaire qui ne m'était pas du tout imputable. Ce n'était pas la première fois : tout était toujours de ma faute. Toute la famille s'entendait lorsqu'il s'agissait de me traiter comme le mouton noir. En vérité, je comprenais que maman ne puisse distinguer les événements dont j'étais responsable de ceux dont je ne l'étais pas. Il m'était toujours difficile de me défendre et, étant donné que j'avais une réputation bien établie de menteuse, comment ma mère aurait-elle pu me croire ?

Mais ce jour-là, la punition tomba fort mal. J'en avais plus qu'assez. J'avais trop souvent payé pour les autres, j'avais trop passé pour une manipulatrice, on m'avait trop accusée de vouloir attirer l'attention. Sans doute sentais-je aussi qu'on avait trop fermé les yeux sur la violence sexuelle dont j'étais continuellement l'objet. Toujours est-il que ma colère explosa. Je saccageai presque ma chambre. Pas un seul morceau de linge ne resta dans la penderie ou dans ma commode. Tout ce que je pus sortir ou attraper se retrouva pêle-mêle sur le plancher. Mais ce qui me tomba sous la main ne suffit pas à apaiser ma rage. Incapable de me calmer, je pointai mon poing vers le ciel et hurlai ma fureur et ma haine. Cela dura longtemps. Ce fut une série interminable de jurons, d'imprécations et de malédictions, une litanie sans fin d'accusations, une débâcle de gros mots.

« ... Mon père est en train de me tuer à petit feu! Non, il m'a tuée! Je suis morte, Seigneur-mon-cul, je suis morte en dedans! Sais-tu ce que cela fait de respirer chaque matin et de voir le soleil se lever en étant complètement morte en dedans? Ben non, tu l'sais pas, toi. Toi, t'es au ciel, t'es au paradis et, le paradis, c'est beau et c'est grand et c'est pas pour les filles comme moi, c'est pas pour les prostituées! Bienheureux les pauvres, car ils seront récompensés! Foutaise! Mensonge! Hypocrisie! Les derniers seront les premiers! Sottise! Insanité! Stupidité! Manipulateur de merde en tas! J'ai toujours été la dernière, jamais la première! Vas-y, Seigneur, tue-moi! Tue-moi, si tu en as le courage! Ben non, t'aimes bien mieux regarder et observer! T'aimes bien mieux me faire torturer par ton maudit messager; c'est bien plus excitant! Hein? T'es où, pendant que je me fais torturer l'âme, le cœur et le corps? T'es où, hein? Tu réponds pas? T'as jamais répondu à aucune de mes prières, mais tu réponds à celle de la charogne qui me sert de père, par exemple! Il est où ton amour? Faut-il être mauvais et méchant pour le mériter, ton amour inconditionnel? Parce que moi, je me suis toujours forcée pour te plaire et j'ai rien récolté d'autre que de la haine! Tu as dit: On récolte ce que l'on sème. Mais moi j'sais pas ce que j'ai semé pour récolter autant de fumier!

«Je voudrais juste m'étendre dans un grand champ blanc et fermer mes yeux pour toujours. Je voudrais juste goûter la paix, un peu de repos. Pouvoir respirer sans payer.»

Mes colères contre Dieu se firent plus fréquentes. Je passais de la haine à l'amour. Je lui en voulais, surtout de ne pas venir me dire lui-même ce qu'il me reprochait, mais je finissais toujours par demander pardon et par promettre de faire encore mieux, de pardonner à mes bourreaux et de travailler à m'améliorer davantage. Je renouvelais souvent ma résolution de ne pas faire souffrir les autres comme je souffrais, moi. Pourtant, j'avais à mon tour besoin d'un souffre-douleur, d'une soupape pour garder mon équilibre face à autant de rejet et de violence. Dieu jouait parfaitement ce rôle, sans que j'aie à blesser qui que ce soit parmi mes proches. La dernière chose que j'aurais souhaitée, c'eût été que Lorette ait un jour à endurer le même supplice, que ma mère pleure à cause de moi, qu'Anthonin vive la honte et la rancœur. C'était beaucoup pour les protéger que je ne parlais pas. Je savais que, pour chacun d'eux, témoin silencieux de ce qui se passait, il était difficile de faire la part des choses.

Quand le matin se levait, je ressemblais à la majorité des jeunes filles. Je jouais et je m'amusais avec mes amis. En fait, chaque matin, je prenais grand soin de remettre mon masque afin de ne laisser transparaître aucune émotion qui aurait pu permettre à quelqu'un de percer mon secret à jour. Je voulais ainsi protéger ma famille des jugements et des rejets. Mais aussi, j'avais peur: peur de l'enfer, de l'internement, de la prison, peur de détruire les autres membres de ma famille.

21

La vie de chalet selon papa

Comme mentionné précédemment, mon père possédait un chalet situé à quelques kilomètres de mon village natal, Rapide-Deux. Nous nous y rendions régulièrement en famille. J'avais toujours détesté y aller. Ces excursions étaient loin d'être pour moi synonyme de repos et de détente, mais au contraire, c'était synonyme d'agressions et de tension. Comme l'isolement du chalet était total, la fuite n'était guère possible. Il y avait deux chambres à coucher. L'une d'elles était occupée par mes parents et mon frère, alors que j'occupais la seconde avec ma sœur. J'avais un lit simple placé le long du mur adjacent à la chambre de mes parents, et Lorette dormait juste à côté dans un lit double. Il y avait un trou dans le mur de planches qui me permettait de voir dans la pièce contiguë. La nuit venue, je regardais longuement par le trou pour voir si mes parents faisaient l'amour. Si tel avait été le cas, peut-être ne serait-il pas venu me rejoindre la nuit. Je n'ai jamais rien vu et il est toujours venu.

Maintenant que j'étais adolescente, le piège s'était davantage refermé sur moi, et le poids de la responsabilité reposait entièrement sur mes épaules. Dès que j'étais seule dans le chalet avec lui, il me violait là où j'étais, car il lui fallait faire vite. J'ai vu de près chacune des fissures du plancher.

Un jour, j'ai vraiment cru que j'allais mourir. Maman était partie tout près cueillir des framboises avec ma sœur et mon frère. Mon père, je ne me souviens plus trop par quel moyen, avait réussi à m'enfermer dans le chalet avec lui. J'entendais ma mère parler à travers les minces parois qui formaient les murs. Il m'a obligée à m'étendre sur son lit : c'était dans cette pièce qu'on entendait le mieux ce qui se passait dehors. Il pourrait ainsi réagir plus vite si jamais quelqu'un décidait de revenir.

Il a baissé ma culotte et a juste sorti son pénis par sa fermeture éclair. Il n'a pas enlevé ni baissé son pantalon, histoire toujours de parer plus rapidement à tout danger. Je le savais, mais j'étais sans défense, terrorisée surtout et en état de panique. S'il eût fallu qu'on découvre ce qui se passait ! Juste à cette pensée, je mourais de honte et de frousse. J'étais convaincue que ce serait moi qui passerais au banc des accusés. Mon père me répétait sans cesse que tout était de ma faute et que, si jamais cela se savait, ce serait moi qui serais la plus sévèrement punie. J'ignorais pourquoi, mais j'étais tout à fait convaincue qu'il disait vrai.

Lorsqu'il m'a pénétrée, la douleur a été fulgurante. Je pleurais et je le suppliais d'arrêter. Il me rétorquait simplement que c'était dans ma tête. Moi, je savais que ce n'était pas normal. Je savais qu'il y avait autre chose en moi que son membre. Mon cœur s'est mis à accélérer. Je me mordais les lèvres pour ne pas hurler et, à chacun de ses va-et-vient, je lui disais : «Arrête ! Je ne suis plus capable ! » Il se contentait de rire.

À un certain moment, j'ai senti ma pression monter et des vertiges m'assaillir. J'allais perdre connaissance. La douleur était devenue totalement insupportable et j'ai cru que j'allais en mourir. Je lui ai dit que j'allais perdre connaissance. Il a alors dit : «Oh ! Je m'excuse !

C'est ma ceinture qui est entrée là. Je ne savais pas. » Il ne savait pas, mais il riait! La ceinture de son pantalon avait pénétré en même temps que son pénis dans mon vagin et, chaque fois qu'il poussait, la tige pointue de l'attache entrait plus profondément dans ma chair, me déchirant un peu plus l'intérieur. Il a retiré la ceinture et a fini de se soulager, sans plus se préoccuper de la souffrance qu'il me causait encore.

Jusqu'où était-il prêt à aller pour me blesser et me torturer? Pourquoi me haïssait-il autant?

Et pourquoi Dieu me haïssait-il autant? Je ne pouvais m'expliquer autrement que par la haine le mal auquel il me soumettait, et ma révolte débordait. Dans ma tête, je jurais et je l'insultais, croyant, un peu naïvement sans doute, lui rendre une part de la souffrance dont il m'éprouvait. Qu'est-ce que je faisais, qu'est-ce que je pouvais faire pour m'en sortir? Je me haïssais moi-même, sans complaisance aucune, de demeurer soumise à la volonté de mon ordure de père et de garder le silence.

Toujours, la crainte de l'enfer me retenait de commettre l'irréparable. Car je voulais mourir, ça oui! On m'avait tellement culpabilisée que tout était de ma faute que j'en étais intimement convaincue. Et je me disais que, si je n'étais pas venue au monde, cela ne me serait pas arrivé. Que ma mère aurait été heureuse, que mon frère et ma sœur auraient eu une famille normale. Je finissais par m'excuser auprès du Seigneur d'exister et de me révolter, je finissais par le prier de me donner un jour le courage de mettre fin à ma triste vie pour libérer la terre de ma vilaine personne.

22

Chair fraîche à volonté?

Un beau jour de l'été de mes seize ans, toute la famille se rendit au chalet d'un de mes oncles. La journée avait été superbe. Comme la nuit s'annonçait chaude, mon oncle suggéra un bain de minuit en spécifiant que pour permettre aux adolescents de participer, tout le monde devait revêtir le maillot. Je trouvai l'idée bonne. À minuit, nous nous dirigeâmes tous vers le lac, sauf quelques femmes plus frileuses, dont ma mère, qui demeurèrent à l'intérieur du chalet, et mon père qui resta assis sur la galerie à observer.

Au fil des ébats dans l'eau, mon oncle s'approcha de moi et encercla ma taille de ses mains. Il m'attira à lui et chercha à m'embrasser. Je me débattis sans trop me formaliser, d'abord. Mon oncle avait bu plus que de raison et je me contentai de le remettre à sa place doucement, mais fermement. Comme il poursuivait ses avances, je me défendis de plus belle. Croyant sans doute être drôle, il m'affirma que cela ne ferait pas mal. Il n'en fallut pas plus pour que je réussisse à me dégager et à sortir de l'eau. Pendant que je retournais vers le chalet, j'entendis la voix de mon oncle s'élever dans le noir en s'adressant à mon père: «T'avais dit qu'elle voudrait, tu m'avais dit qu'elle aimait ça et qu'elle serait consentante.»

J'aurais été fusillée dans le dos que cela ne m'aurait pas fait plus mal. J'en eus le souffle coupé. Ma gorge se noua de colère, de souffrance et de chagrin. Mon père m'avait vendue à un de mes oncles, il m'avait proposée comme putain de service! Je gravis les marches et affrontai mon père du regard. Nous sommes restés un long moment à nous fixer dans les yeux. Dans les miens, il y avait une haine farouche. Dans ceux de mon père aussi, mais cette haine se doublait de la certitude de la domination et je pouvais très bien y lire le message : «Tu parles et je te détruis.»

Ce soir-là, je n'arrivai pas à trouver le sommeil. J'étais écœurée et complètement désabusée. Mon propre père pouvait donc impunément proposer mes services à d'autres hommes. Et était-il vraiment à ce point inconscient qu'il puisse affirmer que j'aimais être violée? Il avait, une fois de plus, dépassé la mesure. Mais que pouvais-je faire? Seule ma colère impuissante et tacite pouvait m'assurer un certain défoulement, une colère que je ressens toujours aujourd'hui lorsque je pense à cet événement.

Et je revenais toujours aux mêmes pensées. Je me demandais pourquoi je m'obstinais à continuer de vivre. «À quoi cela sert-il, de vivre? Pourquoi sommes-nous sur terre? La vie sera-t-elle toujours ainsi? Le printemps existe-t-il vraiment? Quand, quand connaîtrai-je le repos?» J'aurais dû mettre fin à mes jours, mais encore une fois la trouille me retenait. C'est elle, toujours, qui me sauvait du suicide. La vie était déjà suffisamment douloureuse, je n'avais pas le goût d'aller en enfer et de souffrir encore plus, et cela, pour l'éternité. Mais Dieu! que j'aurais voulu connaître le paradis au moins une fois dans ma vie!

23

Un moment d'égarement

Depuis ma toute petite enfance, je n'avais connu que de fausses promesses. Je ne croyais plus en rien ni en personne. Je n'avais plus confiance en qui que ce soit et j'avais l'impression qu'une menace constante planait au-dessus de ma tête. J'en vins à ne plus être capable de supporter qu'une personne marche derrière moi. Je m'imaginais qu'on regardait mes fesses. J'accélérais le pas, je longeais les murs le plus possible et je marchais légèrement de côté pour que personne ne puisse m'observer de dos. J'avais peur d'être violée à tout moment, surtout par les adultes. Évidemment, me faire un amoureux était hors de question et de l'ordre de l'impossible. Je me sentais beaucoup trop laide et surtout beaucoup trop sale. La honte me poursuivait à longueur de journée et à longueur de nuit. Je me haïssais et, plus je me haïssais, plus, paradoxalement, je priais Dieu de me donner le courage de continuer à vivre.

Un soir, pourtant, je décidai de mettre fin à mes jours. J'avais quinze ans, j'étais seule à la maison et la personne qui m'avait réservée pour garder des enfants n'était pas venue me chercher et n'avait pas appelé pour annuler. Elle avait plus de deux heures de retard. Dans ma paranoïa systématique, j'en avais conclu que j'avais été rejetée par la mère des enfants. Je pensais qu'elle avait découvert que j'étais sale et la honte me rougissait le front.

Je me dirigeai vers la cuisine et pris le plus gros couteau pour me tailler les veines. Ce n'était pas la première fois que je pensais au suicide. Je l'avais envisagé de diverses façons. J'avais élaboré une foule de scénarios, mais à chaque fois j'avais renoncé. Toujours, la peur de l'enfer, la peur de la mort, surtout, que j'avais frôlée de près, l'emportaient sur mes velléités d'auto-destruction. Cette fois-ci, j'étais décidée.

Je mis la lame du couteau sur un de mes poignets, juste vis-à-vis de la veine principale, et je commençai à appuyer. Le couteau n'eut pas le temps de pénétrer la chair : une voiture entrait dans la voie d'accès à la maison. Prestement, je rangeai le couteau et mis mon masque de joie de vivre. C'était la mère des deux enfants qui venait enfin me chercher et qui se confondait en excuses pour son retard. Elle m'avait sauvé la vie.

Quant à moi, j'étais bouleversée. Je venais tout à coup de prendre conscience de mon geste. Si la voiture n'était pas arrivée, je me serais ouvert les veines. Et, le sentiment qui dominait tous les autres, c'était la méfiance vis-à-vis de moi-même. Je réalisais que je ne souhaitais pas vraiment mourir, mais que je voulais juste mettre fin à mes souffrances. Et que je pouvais dérailler à la moindre occasion...

24

La peur de l'internement

Nous avions trois chiens, à l'époque. L'un d'eux était un samoyède, un gros chien blanc nordique dont la race est réputée pour sa douceur, mais également pour son entêtement et son indépendance. Ce chien avait menacé mon père de façon inquiétante. Papa réagit promptement et le battit sauvagement sous mes yeux. La correction dépassait la mesure et je me mis à hurler. Je savais lire dans les yeux de papa et je savais qu'il ne maîtrisait plus ses réactions. Il empoigna le chien par le cou des deux mains et entreprit de l'étrangler. La bête se débattait avec vigueur, essayant d'échapper à cette étreinte mortelle. Je m'effondrai en le suppliant d'arrêter : «Lâche-le, tu vas le tuer!»

Au même moment, ma mère sortit de la maison pour voir ce qui se passait. En me voyant en larmes, elle me cria: «Si tu continues à pleurer et à hurler comme ça pour un chien, nous serons obligés de t'interner!»

Le coup porta et m'atteignit en plein cœur. Je tournai lentement la tête en direction de ma mère, debout sur la galerie. À pas mesurés, je me dirigeai en silence vers la maison. Assise sur le bord de mon lit, le regard dans le vide, je réfléchis. Le soir venu, j'attendis que mon père vienne soulager ses instincts bestiaux.

Lorsque ce fut fait, je me levai sans bruit et fis ma valise. Je devais maintenant sortir de la maison sans éveiller personne. Passer par la fenêtre? Oui, c'était toujours possible. Une fois dehors, j'allais me rendre à pied jusqu'au village et faire de l'auto-stop vers Rouyn. Arrivée là, je prendrais la direction de Malartic. Puisque j'étais folle, il ne me restait qu'une seule solution: l'internement. J'irais moi-même me faire interner à l'hôpital de soins psychiatriques. Peu m'importait ce qu'il m'arriverait ou pourrait m'arriver, ça ne pouvait être pire que ce que je vivais. J'en avais assez. Mon père m'avait toujours dit que je finirais à l'asile, et maintenant ma mère tenait le même langage. À quoi bon attendre! Il valait mieux en finir tout de suite. Comme je n'avais pas le courage de mettre fin à mes jours, il valait mieux aller directement à l'institut psychiatrique.

Au moment de partir, j'hésitai cependant. Il était deux heures du matin. Nous vivions dans un bled où il y avait peu de circulation. Quelles étaient les chances qu'une voiture passe en direction de Rouyn? Si jamais je n'arrivais pas à croiser une automobile, que se passerait-il? Jusqu'où mon père serait-il prêt à aller pour me punir? Et si j'appelais la police pour qu'elle vienne me chercher et me conduire jusqu'à Malartic? Non! Ils allaient aviser mes parents: j'étais encore mineure.

De nouveau, c'était l'impasse. N'y avait-il jamais aucune solution pour améliorer ma condition? Y avait-il un seul moyen de s'en sortir lorsque notre vie était enfermée dans un cycle de violence? J'étais comme une petite souris dans une cage, je courais dans une roue, animée par l'espoir de finir par trouver une sortie.

Je refermai la fenêtre et m'assis sur le bord de mon lit. Le désespoir était total: jamais je ne verrais la lumière au bout de mon tunnel. Jamais je ne m'en sortirais. Je me résignai et abandonnai la lutte. La mort était ma seule solution. J'espérais que l'attente ne soit pas trop longue. Je résolus de réciter un chapelet tous les soirs pour que Dieu vienne me chercher.

25

L'enfer est vraiment sur terre!

Je croyais avoir tout vu et tout vécu. La violence qui faisait mon quotidien avait détruit tout ce qu'elle pouvait à l'intérieur de moi. Mon âme se mourait lentement, mais sûrement. Mon corps était complètement détruit et mon cœur était brisé. Mon père avait joué sur tous les plans, il m'avait avilie de toutes les façons possibles. J'avais été souillée, déshonorée, flétrie de toutes les manières. Que me restait-il à vivre de pire?

Un soir, le pire arriva.

Papa est venu. Il m'a encore une fois pénétrée de force. Comme d'habitude, j'étais couchée sur le côté gauche. Au moins, bien pauvre consolation, il y avait ça: il ne m'obligeait pas à lui faire face; ça aurait été carrément insupportable.

Je sentais que, cette fois, il y avait quelque chose de différent. On aurait dit qu'une préoccupation le gênait. J'ai bientôt compris: il lui restait à me faire vivre l'humiliation la plus complète. Il a uriné. Il a uriné dans mon vagin. Pas possible! J'ai crié: «T'as pas le droit, tu urines en moi!» Il m'a répondu en riant: «Ben non, voyons.» J'ai voulu me retourner pour m'arracher à son étreinte répugnante. Il m'a retenue avec force et a continué à uriner de plus belle. Je sentais le liquide infect atteindre le fond des parois de mon vagin puis ressortir en dégoulinant sur mes jambes et le matelas. Il a uriné longtemps, trop longtemps.

L'humiliation était plus que complète. Je n'étais soudain plus qu'une «bécosse» puante et sale, une fosse septique répugnante, un cabinet d'aisance dans lequel on déverse sans façon ses déjections de toute nature. Je brûlais de honte. Je voulais mourir de honte.

Cet épisode a marqué un tournant décisif. Pour moi, la vie ne fut plus jamais la même. Je me sentais comme une âme en peine à longueur de journée. J'avais l'impression d'être totalement vide tout en faisant semblant d'être totalement pleine. Plus personne ne voudrait jamais de moi; j'étais maintenant beaucoup trop sale. Plus personne ne pourrait m'aimer. Jamais je n'allais pouvoir me marier et avoir des enfants. Je me résignai à donner aux autres plus qu'à moi-même. Moi, je ne valais pas la peine de gaspiller des efforts. Je me résignai à aimer comme j'aurais voulu être aimée. La seule chose que je pouvais donner, c'était de l'amour, car je n'avais plus rien à offrir d'autre. Mais cette attitude ne me fut guère profitable. Je me faisais exploiter bien davantage que je n'arrivais à me faire comprendre et respecter. Mais, de toute façon, je ne connaissais rien d'autre et n'avais jamais connu d'autres chemins que ceux de l'humiliation, de l'abandon, du rejet, de la trahison et de l'injustice.

26

À deux doigts de la mort

Une nuit, maman se leva pour aller à la salle de bain. Mon père, qui n'avait pas encore fini de commettre ses actes bestiaux, avait omis de fermer complètement la porte de la chambre et ma mère devait passer devant. Comme je pleurais beaucoup ce soir-là, mon père fut pris de panique. Il saisit l'oreiller et l'appuya avec force sur mon visage pour étouffer mes hoquets. À mon tour, je m'affolai et me mis à me débattre. Il resserra son étreinte et pressa plus fermement l'oreiller. Je n'avais plus d'air, littéralement. Plus je me débattais, plus l'oreiller m'étouffait.

L'espace de quelques secondes, je crus vraiment que mon heure était arrivée: j'allais mourir. Je sentais que mes poumons allaient éclater. Tout se mit à tourner dans ma tête; j'allais perdre connaissance. À ce moment, mon instinct de survie me dicta de faire la morte. J'arrêtai de pleurer et de gesticuler. Mon père relâcha un peu son emprise, ce qui me permit de tourner la tête et de trouver un mince filet d'air, avant qu'il n'appuie davantage sur l'oreiller. Je sentais mes yeux exorbités, et la peur m'avait complètement paralysée. J'entendis ma mère repasser devant la porte de ma chambre. Mon père ne desserra pas son étreinte immédiatement: il était à l'affût du moindre mouvement.

Pour ma part, je faisais très attention de ne pas esquisser le plus petit geste. Je faisais l'inconsciente et je suis persuadée qu'en effet, il m'a crue morte. Si bien que, aussitôt que le calme fut revenu et qu'il eut la certitude que sa femme ne se relèverait pas, il est sorti de ma chambre sans avoir terminé sa besogne première et il est retourné dans son lit. Il n'avait même pas pris la peine d'enlever l'oreiller de sur ma tête, tant il était pressé d'aller justifier son absence du lit conjugal.

Bien entendu, je n'ai pas pu trouver le sommeil après ces événements. J'avais vu la mort si proche que j'étais hantée par une terreur rétrospective. Maintenant, ce n'était plus l'enfer qui m'effrayait, c'était de mourir. Un jour, mon père finirait par me tuer pour un peu de sexe et un long silence. C'était maintenant acquis pour moi: jamais, au grand jamais, il ne m'aimerait comme un père aime son enfant. S'il me restait encore des bribes d'illusions, elles venaient d'être proprement balayées.

En plus, je prenais conscience que jamais il ne serait un homme normal. Il était dangereux, non seulement pour moi, mais également pour toutes les petites filles qui croiseraient sa route. Il n'avait peur de rien. Il ne reculait devant rien, même pas devant le meurtre. Et il était capable de retourner dans son lit, la conscience aussi libre et l'air aussi innocent qu'un enfant, même après avoir étranglé sa propre fille. Les remords ne semblaient pas faire partie de sa vie. La seule personne qui comptait pour lui, c'était lui et il était prêt à tuer quiconque se mettrait en travers de son chemin. J'en étais certaine.

27

Et si jamais c'était possible...

Mon père continuait de me mentir et de me manipuler. Mais j'avançais en âge et bientôt je quitterais la maison pour aller au cégep. Je sentis bien qu'il n'était pas tranquille devant cette nécessité. Il craignait que je parle, que j'échappe à sa domination. Il usait contre moi de plus en plus de violence verbale et psychologique. Ses attaques devenaient de plus en plus insidieuses, comme des millions de petits poignards dans l'âme et dans le cœur. Il m'inoculait son poison de fausses vérités qui m'empêchaient de parler. Moins que jamais, ma vie ne valait la peine d'être vécue. Je ne savais plus pourquoi chaque matin je me levais, me lavais et allais à l'école. De toute façon, mon existence était sans issue. J'étais morte et j'attendais que mon corps lâche prise enfin pour trouver le repos éternel.

Mais un soir je voulus croire encore qu'il était possible que le cauchemar prenne fin. Alors que je regardais à la télévision le film *Le Parrain*, diffusé en fin de soirée, mon père vint me rejoindre. Ses intentions n'étaient pas un mystère pour moi, mais cette fois-ci j'étais déterminée à résister. Et, en effet, je résistai. Il insista et, comme je n'étais pas la plus forte, autant physiquement que psychologiquement, il gagna.

Il me pénétra de force sur le plancher du salon, mais il se sentait dérangé par mes sous-vêtements. Il me demanda de les retirer. Cette fois, c'en était trop. Il n'en était pas question. Je pouvais au moins garder l'illusion de me cacher un peu. Enlever ma culotte, c'eût été de mon point de vue comme un consentement. «Si tu retires tes bobettes, je te jure que c'est la dernière fois que je te touche.»

Ce genre de promesses, j'en avais entendu à de très nombreuses reprises et je n'étais pas dupe. Non et non! Il n'en était pas question. Il ajouta: «Je te le jure sur la tête de Dieu.»

Hésitation, cette fois. Je croyais qu'il craignait l'enfer plus que tout; c'était du moins l'image qu'il projetait devant moi. Et c'était la première fois qu'il jurait de la sorte, sur la tête de Dieu. L'Église est formelle, lorsqu'on jure et qu'on ne tient pas ses promesses, c'est l'enfer directement. Mon père connaissait forcément cette loi. Il me l'avait répétée souvent, comme ma grand-mère et ma mère. Même le curé de la paroisse tenait le même discours. Et si jamais c'était possible?

Je ne pus me résigner à enlever ma petite culotte, mais je ne résistai pas lorsqu'il le fit. L'acte accompli sur le plancher dur du salon me leva le cœur, comme d'habitude, mais j'étais au moins habitée par la pensée que c'était la dernière fois qu'il me violait et cela m'aidait à supporter ses halètements. Dès qu'il en eut terminé, il éclata en sanglots et il se mit à me tenir des propos destinés à me culpabiliser. J'étais responsable. Et lui était victime d'une impulsion que je provoquais chez lui! Et il pleurait à chaudes larmes, inconsolable, en implorant mon pardon. Un peu touchée malgré tout, je lui dis que je le lui accordais, si lui-même respectait sa promesse. Il jura de nouveau et je lui pardonnai. Je pardonnai parce que, dans le *Notre Père*, il est dit qu'il faut pardonner comme Dieu nous pardonne. Je pardonnai, l'âme complètement saccagée par un sentiment de honte, d'humiliation et de culpabilité. Je pardonnai en souhaitant que ce fût enfin terminé, que j'eusse enfin été entendue du ciel.

Mais l'illusion ne fut que passagère. Il revint et revint sans cesse torturer le peu de dignité qui pouvait me rester. J'avais beau hurler :

— Papa, t'avais promis !

— Pousse-toi, et vite ! T'étais consentante, puisque que t'as enlevé tes bobettes ! Pousse-toi, pis vite, me répondait-il en me bousculant.

Quand il se retirait enfin, je pleurais beaucoup et longtemps. J'étais méprisable, avilie, trahie, abandonnée, rejetée, injustement traitée. Tout y passait et je m'apitoyais sur mon sort qui était en effet pitoyable. Je haïssais ce corps que je trouvais sale et laid. Je haïssais la vie. Je haïssais mon père et ma mère. Je haïssais tout, sauf Dieu qui, de plus en plus, était mon seul confident, mon seul ami, la seule oreille qui m'entendait, même si le ciel ne me répondait jamais. Je me révoltais souvent contre lui et je lui criais ma haine, mais je finissais toujours par lui demander pardon. Il était, somme toute, ma seule soupape, mon seul exutoire, ma seule solution et le seul sauveur possible de ma misérable vie.

28

Comme un baume sur mes plaies...

J'avais dix-huit ans. Je fréquentais maintenant le cégep et, comme ma mère m'avait mise en pension à la résidence des étudiantes pour diminuer le nombre de déplacements, je me trouvais fort bien, ainsi éloignée du milieu familial. J'adhérai à une équipe sportive, de sorte que je pouvais éviter de me rendre à la maison la majorité des fins de semaine. Lorsque cela devenait inévitable, la méfiance vis-à-vis de mon père me faisait barricader ma chambre à l'aide de cinq couteaux de cuisine que je plantais sous le chambranle. Mais là, c'était le feu qui m'effrayait et souvent je retirais les couteaux, laissant de la sorte la possibilité à mon père de me visiter. Sans doute les occasions étaient-elles de plus en plus rares, mais elles étaient encore trop fréquentes à mon goût.

Dans ma chambre, à la résidence des étudiantes, recroquevillée dans mon lit, il m'arrivait souvent de réfléchir au triste sort qui m'avait été fait depuis ma toute petite enfance. Je pleurais à chaudes larmes et je m'adressais à Dieu pour lui hurler silencieusement ma peine. Un jour que je n'en pouvais plus, je lui adressai la supplique suivante:

«Seigneur, est-ce que tu m'entends? J'ai le cœur qui veut se fendre en deux. J'ai le cœur douloureux. J'ai honte, terriblement honte de ne pas être capable de me tenir debout et de dénoncer les actes brutaux de mon père. J'aimerais pouvoir le faire, mais la peur me paralyse à chaque fois que je l'envisage. J'ai honte et je me déteste. Je me sens sale, aussi, si sale! J'ai beau me laver et me relaver avec le gant de crin, je n'arrive pas à faire disparaître cette saleté qui me recouvre le corps.

«J'ai un extrême besoin d'amour. J'ai besoin d'être aimée pour moi, pas pour mon corps. Je sais qu'il y a des gens qui vivent des choses bien pires et qui ont le courage de continuer à vivre, mais moi, je n'y arrive plus; je ne fais que survivre. Je n'ai pas le courage de mettre fin à mes jours, et pourtant j'en ai terriblement envie. Je me dis que cela ne peut pas être pire que ce que je vis ici. Mais j'ai trop peur de la souffrance. Le courage me manque.

«Prends-moi dans tes bras, berce-moi, dis-moi que tu m'aimes. J'ai trop besoin d'être bercée sans devoir en payer la facture. J'ai besoin qu'on me donne de la tendresse sans qu'il me soit nécessaire de me prostituer. Je n'en peux plus, c'est trop difficile. Je ne vois plus d'issue. Aide-moi, fais-moi un signe, un seul petit signe pour me redonner courage. Je sais, je ne le mérite pas. Je sais, tu as tellement de choses à faire: un univers entier, c'est beaucoup pour un seul être. Je comprends que tu ne puisses avoir de temps pour moi. Je t'en supplie, fais-moi un signe, juste un petit signe pour m'indiquer que pendant toutes ces années je ne me suis pas trompée et que tu existes. Juste un petit signe pour me donner la force de continuer et d'espérer. Berce-moi, Seigneur!»

Je pleurais dans mon lit, les bras serrés autour de mon corps, lorsque je sentis comme une chaleur m'envahir. J'eus l'impression soudaine que toute ma chambre était bleutée. La vie m'avait trop souvent trompée. Je ne voulais pas regarder, de peur de vivre une nouvelle désillusion. Je fermai les yeux et pleurai de plus belle. J'avais décidé que ma vie s'arrêterait cette nuit-là.

Je sentis alors une main géante me prendre, me soulever et me bercer doucement. Je sentais chacun des doigts, je sentais la douceur de cette main réconfortante. Un bien-être total m'envahit. Je ne me posai pas de questions et me laissai bercer. Lorsque la main me déposa dans son lit et que la lumière bleue se dissipa, je dis simplement : « Merci, Seigneur ! »

Je crus fermement que Dieu m'avait envoyé un signe. J'éprouvai longtemps cette sensation de bien-être et je réussis cette nuit-là à m'endormir sans faire de cauchemars, ce qui était une première depuis bien longtemps. Du plus loin que je pouvais remonter dans mes souvenirs, c'était la première fois que je dormais aussi bien. Tout cela était-il vrai ou faux ? Je ne le saurais jamais, mais je décidai que ce qui s'était passé était vrai et je repris espoir, sans toutefois réussir à me pardonner.

29

Impuissante face au prédateur

Un malheur ne vient jamais seul, c'est bien connu. Pour couronner mon infortune, j'avais une malformation à la mâchoire qui avait nécessité des interventions chirurgicales alors que je n'avais que onze ans, à l'Hôtel-Dieu de Montréal. J'avais été opérée par un chirurgien qui avait la réputation d'être le meilleur au Canada. Il faut dire que l'intervention était expérimentale, étant donné sa gravité. Mon menton était dévié vers la joue gauche d'une manière importante.

Lors de l'examen des radiographies, des marques blanchâtres autour des os avaient intrigué le chirurgien et suscité bien des interrogations. Lors de la première consultation, il avait demandé à ma mère :

—A-t-elle eu une fracture de la mâchoire vers l'âge de deux ans? Selon moi, une lésion ancienne aurait empêché la mâchoire de se développer normalement.

—Elle n'a jamais eu d'accident ni de fracture, avait répliqué ma mère.

—Pourtant, les radiographies indiquent qu'il aurait pu y avoir un traumatisme.

—Non! Si elle avait eu une fracture, je l'aurais su, tout de même.

J'avais écouté avec attention cette discussion.

—Bon! Eh bien, on a peut-être utilisé les forceps lors

de l'accouchement et cela aurait très bien pu fracturer la mâchoire du bébé, avait insisté le chirurgien.

Ma mère s'était impatientée:

— Elle n'a jamais eu de fracture à la mâchoire et on n'a jamais utilisé les forceps lors de sa naissance!

— Bon! s'était résigné le chirurgien. Nous marquerons sur son dossier: malformation congénitale. Mais j'ai un sérieux doute à ce sujet.

La discussion était close, mais moi, je n'avais aucun doute: c'était mon père! Il était capable de tout, mon père, même de casser la mâchoire à une toute petite fille. Je n'avais cependant aucune image, aucun souvenir qui remontait à ma mémoire d'une blessure que j'aurais subie au cours d'un de ses assauts, mais c'était le côté gauche de ma mâchoire qui était en cause et mon père me couchait toujours sur le côté gauche lorsqu'il me violait. La coïncidence était troublante.

Finalement, les opérations qu'on avait pratiquées alors n'avaient pas obtenu les résultats souhaités, et le chirurgien avait décidé d'attendre quelques années pour compléter ses interventions, c'est-à-dire lorsque ma croissance serait terminée. Maintenant, j'avais dix-huit ans et il était temps, pendant la période de vacances scolaires, de reprendre la chirurgie.

Après une première intervention, je retournai à la maison. Malheureusement les choses ne se passèrent pas très bien. L'opération était un échec. Je dus retourner d'urgence à Montréal, accompagnée de ma mère. Mon état exigeait une nouvelle intervention immédiate. Ma mâchoire se déplaçait. Deux greffes osseuses à partir d'une de mes côtes et d'un os de mon bras furent nécessaires pour rétablir la situation. Cependant, j'étais très affectée physiquement, et le chirurgien ne put effectuer tout le travail requis. Il devrait poursuivre dans quelques années, lorsque j'irais mieux.

Mon rétablissement fut très difficile et je menai un combat extrêmement douloureux. Les problèmes se succédaient : poussées de fièvre importantes, hémorragies, pertes de conscience et autres. Je devais faire l'objet de soins soutenus de la part du personnel hospitalier. Beaucoup d'événements survenus durant cette période échappèrent à ma conscience. Je maigris considérablement. J'en vins à peser moins de trente-six kilos pour mon mètre quatre-vingt-quatre.

Enfin, après plusieurs semaines d'hospitalisation, l'heure du départ sonna. Mon père décida de venir me chercher en voiture. Six cent cinquante-sept kilomètres de route en mauvais état. Toute une épreuve pour une convalescente amaigrie, très affaiblie et qui portait à peine sur ses jambes. Comme mon visage était tuméfié et terriblement enflé, je me disais que jamais mon père n'oserait abuser de moi, surtout qu'il y avait risque de déplacer ma mâchoire. Il m'installa sur la banquette arrière avec un oreiller : je pourrais dormir.

Ce scénario était vraiment trop beau pour être vrai. Si je n'avais pas encore compris que je n'étais qu'une vieille chaussette, j'en fus quitte pour une nouvelle leçon de modestie, particulièrement douloureuse et éprouvante.

Le voyage de retour a été un véritable enfer. Aussitôt entré dans le parc de La Vérendrye, papa a pris un petit chemin de terre et m'a violée sans aucune forme de respect. Il m'a violée alors que j'étais blessée et sans défense. Il m'a violée pour me montrer que je ne pouvais rien contre lui, pour me convaincre de sa suprématie, pour me dominer. Il m'a violée pour se prouver qu'il était toujours capable de m'asservir à ses bas instincts. Il m'a ordonné sans façon d'enlever ma culotte et m'a agressée sur le siège arrière de la voiture. J'ai bien essayé de me défendre, mais j'étais beaucoup trop affaiblie pour lui résister efficacement. J'avais le visage très enflé. Je ne pouvais ni manger ni crier. Toutes mes protestations n'ont servi à rien. J'avais tout pour apitoyer quiconque, mais il m'a bousculée et violentée impitoyablement!

Lorsqu'il en a eu enfin fini, je lui ai demandé de me donner des mouchoirs en papier pour m'essuyer. Il m'a dit:

—J'en ai pas. T'as qu'à t'essuyer avec tes bobettes.

—Mais c'est dégueulasse! Je vais être toute mouillée.

—Je m'en fous. Sors de la voiture, fais pipi pis essuie-toi avec ta petite culotte. Et fais ça vite, je suis pressé!

La discussion était close. J'ai fait le reste du voyage avec son sperme entre les cuisses. Dieu que ça m'a écœurée!

Je n'arrivais même pas à lever le bras sans souffrir, le moindre mouvement me faisait mal. Les médicaments n'étaient jamais assez puissants pour endormir l'intense douleur que me faisait subir ma mâchoire. Maintenant, j'en étais certaine, aucun médicament ne réussirait à endormir non seulement ma souffrance physique, mais également ma souffrance morale. Je voulais mourir et je suppliais Dieu de venir me chercher. Je voulais qu'on mette enfin un terme à mes souffrances et je regrettais de ne pas avoir le courage de le faire moi-même. Encore l'enfer et la mort qui me donnaient le frisson. C'était toujours à cela que je revenais, et je me haïssais de manquer de courage à ce point. Mais si Dieu venait me prendre, je n'aurais commis aucune faute impardonnable.

Cette fois, j'avais vraiment peur de perdre mon équilibre mental, de ne pouvoir empêcher la folie de m'envahir. Mon état de faiblesse et de souffrance me faisait envisager les pires tragédies. Je me voyais déjà à l'asile. Cette fois, j'étais certaine d'y aller sans retour possible.

Je ne suis jamais retournée rencontrer mon chirurgien pour compléter les opérations chirurgicales requises. Je m'étais juré que plus jamais je ne me trouverais dans un état de faiblesse telle que je ne pourrais me défendre contre la violence de mon père.

30

Le meurtre dans le cœur

Je poursuivais maintenant mes études à l'université. J'étais très aimée de mes camarades de classe, contrairement à ce que j'avais vécu à l'école secondaire et au cégep, où j'avais eu beaucoup de difficultés à m'intégrer dans un groupe. Tout à coup, sans que je comprenne trop bien ce qui s'était passé, j'étais devenue le leader positif du groupe. J'étais un point de référence pour tous et je devins rapidement la déléguée des étudiants auprès des enseignants. Il faut dire que la vie m'avait appris à anticiper et, par le fait même, à négocier. Je crois pouvoir affirmer que j'avais une bonne vision des enjeux en présence et que mes facultés d'analyse me désignaient naturellement comme leader. Moi qui n'avais pas une très haute opinion de moi-même et qui rêvais surtout de passer inaperçue!

S'il en était ainsi à l'école, il en allait tout autrement dans ma vie personnelle. J'avais le tempérament et les comportements d'une victime. Je revivais sans cesse dans ma vie le même cycle de violence que j'avais connu enfant. J'étais incapable de m'en sortir. Bien entendu, je n'étais pas sans voir le côté paradoxal de cette situation par rapport à ce que je vivais à l'université. En m'analysant, je réalisai rapidement qu'il m'était facile de prendre la parole pour défendre les autres, pour dénoncer les injustices, mais que j'étais incapable de plaider mon propre cas.

Je ne retournais chez mes parents que très rarement, n'y passant que les vacances de Noël, par obligation. L'été, je travaillais dans un camp de vacances. Je ne passais chez moi en coup de vent que pour prendre mon équipement de camping. Mon père ne m'avait pas touchée depuis fort longtemps, mais je sentais qu'il souhaitait savoir s'il me dominait encore. J'étais constamment sur mes gardes.

À l'occasion du vingtième anniversaire de mariage de mes parents, je dus passer quelques jours à la maison, afin de prendre des photos.

Lorsqu'il s'est agi de retourner au camp, à mon grand désespoir, mon père s'est offert pour venir me reconduire. Même si je n'avais absolument pas confiance en lui, je n'avais pas le choix d'accepter. J'ai quand même pris le temps d'y mettre deux conditions non négociables : je conduirais la voiture, puisque j'avais maintenant mon permis de conduire, et nous prendrions avec nous une des animatrices, étant donné que nous devions passer près de chez elle.

À la première condition, mon père n'émit aucune objection. À la seconde, il manifesta une forte réticence, mais il finit par céder. La tension était à son maximum dans l'habitacle de la voiture. Je sentais ses yeux inquisiteurs sur moi et je priais pour arriver le plus rapidement possible chez ma collègue de travail afin de ne plus être seule avec lui. Je sentis son impatience lorsque nous arrivâmes au village où nous devions prendre notre passagère. Il insista pour qu'on continue sans elle, mais je tins mon bout. La tension continuait de monter. Je savais ce qu'il voulait et la panique m'envahissait, si bien que je ne voyais plus la route et que je n'arrivais plus à me concentrer.

Finalement, je me suis trompée de chemin et n'ai pas trouvé sa maison. Mon père s'est emporté et il a commencé à élever la voix. Il voulait être seul sur le chemin isolé avec moi pour savoir s'il pouvait encore me dominer. Je le savais et je n'avais pas l'intention de lui laisser le champ libre. J'ai hésité, mais, comme j'étais en état de panique, je ne voulais surtout pas arrêter, de peur qu'il ne s'empare du volant. J'ai donc repris le chemin du camp, laissant derrière moi la garantie de ma sécurité. Mais cette fois-ci j'étais déterminée. C'était moi qui conduisais, pas lui, et cette fois on verrait bien lequel des deux aurait raison de l'autre.

Lorsque nous fûmes bien engagés dans la route isolée, loin de toute civilisation, il m'a demandé d'arrêter un peu, histoire de se dégourdir les jambes. Mensonges! Ses grossières inventions, je les avais éprouvées depuis longtemps et il ne pouvait plus m'en conter. Il ne m'aurait pas. J'ai continué. Il a insisté en mettant sa main sur ma cuisse. Il ne m'en a pas fallu plus. J'ai appuyé sur l'accélérateur. Au début, il n'a pas saisi mon intention et il a continué à me faire des avances. J'ai accéléré davantage. Je roulais maintenant à plus de cent vingt kilomètres à l'heure dans un chemin de gravier et je continuais d'accélérer en visant bien un arbre situé juste dans le prochain détour.

C'est alors que mon père prit conscience de la vitesse excessive à laquelle nous filions. La voix blanche, il me dit de ralentir. Hypnotisée par l'arbre et par la seule possibilité que j'avais d'échapper à ses assauts, je pensais : « Cette fois-ci, c'est moi qui vais gagner. Je vais mourir, mais lui aussi, l'écœurant. Plus jamais cette ordure ne va me toucher, plus jamais personne ne va me toucher. Meurs, mon sale vicieux, meurs et souffre avant de mourir! »

J'étais maintenant dans la voie de gauche. Il comprit rapidement mon intention. Il était vert de peur et moi, plus déterminée que jamais, je continuais d'accélérer. L'arbre approchait; plus que quelques secondes et ce serait la fin. Mon père hurla : «Ralentis! Je ne te toucherai pas! Je ne te le demanderai plus!» J'ai levé le pied de l'accélérateur et j'ai repris la route tranquillement comme si rien ne venait de se passer.

Pas une seule seconde je n'avais eu peur. Je serais sans doute morte mais lui aussi. Je ne regrettais pas mon geste. Oui, j'avais fait un geste suicidaire, oui, j'avais encouru la vengeance du ciel, mais je n'avais pas eu le choix. Je ne pouvais plus, pour aucune considération, accepter de retomber dans le carrousel de violence où j'avais été enfermée trop longtemps. Oui, j'avais songé à tuer quelqu'un; et je n'en éprouvais aucun remords! Je ressentais même une certaine exaltation : j'avais pour une fois réussi à tenir tête à mon bourreau et je sentais que le tournant était décisif. Non, je n'avais jamais été une personne violente et je n'en serais jamais une, mais je n'en pouvais tout simplement plus.

Le reste du voyage s'est déroulé en silence et c'est sans un regard vers lui que je suis allée déposer mes affaires dans ma chambre, au camp. Je ne lui ai même pas dit au revoir. J'étais fière de moi.

Cet épisode marqua la fin de toutes formes d'abus physiques de la part de mon père. Mais j'étais loin de me douter que maintenant commençait le plus dur et le plus long des combats : celui que je devrais livrer contre moi-même et contre mes fausses croyances.

31

Vivement l'indépendance

C'est une chose de mettre un terme aux agressions physiques et morales, c'en est une autre de reconstruire son estime de soi ruinée. Je continuais de me trouver sale et haïssable. Je ne m'aimais pas et me trouvais sans cesse inconfortable dans mon personnage. Je m'habillais avec des vêtements beaucoup trop grands qui occultaient mes formes aussi bien à mes propres yeux qu'aux yeux des autres. Je n'arrivais plus à me regarder dans le miroir.

Je ne voulais rien devoir à ma famille. Afin de payer mes études, je travaillais de nuit. Maman essayait de m'aider autant qu'elle le pouvait, mais je refusais de prendre l'argent, de peur de devoir remettre à mon père tout ce que j'aurais reçu et accepté. Papa m'avait toujours tout fait chèrement payer. Il s'était largement remboursé sur mon corps chaque cadeau d'anniversaire ou de Noël, chaque cahier d'école, chaque soulier, chaque vêtement. Je ne voulais plus en aucune manière lui fournir de prétextes à massacrer mon corps et à saccager mon âme, et j'aurais accepté de travailler jusqu'à en mourir pour pouvoir rembourser mes fausses dettes avec de l'argent! Il était hors de question d'accepter l'aide pécuniaire de mes parents, sauf en cas d'absolue nécessité.

J'ai beaucoup souffert du froid, n'ayant pas les

moyens de me payer des vêtements d'hiver adéquats. Comme je ne pouvais m'offrir qu'un seul repas par jour, j'ai également souffert de la faim. Mais, au moins, j'étais libre et j'allais à l'école. J'aurais un diplôme universitaire et les moyens financiers de me débrouiller seule, sans rien devoir à qui que ce soit. Surtout pas à mon père.

Ma première relation amoureuse fut un échec. Mon copain prenait plus qu'il ne donnait et, comme je n'avais jamais connu autre chose, je trouvais ça normal. Au plan sexuel, cela n'allait guère mieux; je me sentais abusée, mais, encore une fois, comme j'en avais une longue habitude, je croyais que toutes les femmes vivaient la même chose et que c'était normal. Il n'était pas méchant, au contraire. Il était jeune et sans expérience, et moi, j'étais une victime et j'agissais comme telle. Heureusement pour moi, il m'a quittée pour aller vers un nouvel amour.

Et, un beau jour d'été, je rencontrai un autre jeune homme, Norbert. Il y avait longtemps que je le connaissais. Nous avions fait notre cégep ensemble et il avait été l'ami de cœur de ma meilleure amie. L'amour ne tarda pas à s'installer. Je sus enfin qu'il pouvait exister, mais le combat n'était pas pour autant terminé.

32

L'aveu douloureux d'un secret horrible

Le temps passait. Je n'allais plus au domicile familial, maintenant. Je continuais d'avoir peur qu'on me fasse passer pour folle ou qu'on m'élimine tout simplement. Mon agresseur m'avait toujours dit qu'il me tuerait avant de mourir et je le croyais. Pas un instant je ne lui aurais fait à nouveau confiance. J'avais vingt et un ans, et l'essentiel de ma vie se déroulait loin de chez moi, à l'Université de Trois-Rivières. Il était temps pour moi de lever le voile sur mon passé véritable et de confier mon lourd secret. Cela se fit par étapes, sur plusieurs années.

Ce fut ma sœur qui la première eut droit à ma confession.

C'était la semaine de relâche à l'université et j'étais revenue en Abitibi. Lorette me faisait souvent des reproches parce que je n'étais pas retournée à la maison depuis plusieurs mois. Ma mère mettait aussi de la pression sur moi. Comme j'avais toujours été manipulée, j'éprouvais un très fort sentiment de culpabilité. J'étais également convaincue que ma mère, ma sœur et mon frère étaient des victimes indirectes de mon père, et j'avais l'impression de les abandonner.

Un soir, Lorette, son amie Joëlle et moi sommes

sorties ensemble dans un bar. Pour ma part, je ne buvais jamais, mais Lorette ne se refusait pas quelques consommations. L'alcool aidant, elle se mit à m'enguirlander à haute voix devant tout le monde, et la hargne qu'elle avait accumulée se mit à jaillir. Elle me disait que je n'avais pas de cœur, que je faisais de la peine à mes parents, que j'étais méchante et ingrate. Le ton montait de façon gênante, et Joëlle a alors suggéré que nous allions régler le conflit dans la voiture.

Lorette s'assit au volant, alors que Joëlle prenait place à côté d'elle et que je montais à l'arrière. Ma sœur reprit sa diatribe, m'accusant de toutes sortes de méchancetés. Poussée à bout par ses accusations injustes, j'explosai et lui révélai d'un trait les agressions que j'avais subies.

Ma confidence abrupte, pourtant, n'était pas tout à fait spontanée; je l'avais planifiée au moins partiellement. J'avais volontairement choisi de parler en présence de Joëlle, afin qu'elle puisse soutenir Lorette dans ce moment d'épreuve. Je savais comment m'occuper de ma propre souffrance, mais je demeurais impuissante à m'occuper de celle de ma sœur.

Mais, une fois engagée sur la voie des aveux, je n'arrivai plus à dominer mes émotions. La vérité jaillit comme le vomi d'un empoisonnement alimentaire. Malgré moi, je versai des torrents de larmes. Je ne voulais plus retourner chez moi et il fallait qu'on sache enfin pourquoi. Je ne supportais plus de garder le secret et de passer pour l'enfant ingrate qui n'avait aucune reconnaissance envers ses parents. Je déversai sans frein ma haine et ma rancœur. Sans doute, le soulagement que me procurèrent mes révélations fut-il de courte durée, mais au moins je n'aurais plus à justifier mes trop longues absences de la maison.

Je soupçonnais déjà que mon secret n'en était pas

vraiment un pour ma sœur. Il était hautement improbable qu'elle n'ait jamais eu connaissance de rien. De toute manière, si je m'étais attendue à une vive réaction de sa part, j'en aurai été quitte pour une désillusion. Car Lorette n'a manifesté aucune surprise, aucune émotion, aucune tristesse. Elle n'a eu aucune réaction, en fait, et c'est plutôt Joëlle qui a été surprise et qui a pris l'initiative de l'action.

Ce soir-là, c'est à la suggestion de Joëlle que je dormis chez elle et, le lendemain, Lorette et son amie me reconduisirent dans la famille de mon amoureux, Norbert, qui demeurait dans le petit village de Guyenne. Joëlle ne voulait pas que je reste seule avec ma souffrance. J'appréciai sa sollicitude, mais l'isolement me rattrapa bientôt. La famille de mon copain n'était au courant de rien et on ne comprenait pas ce qui se passait. J'ai repris l'autobus à destination de Trois-Rivières dès le lendemain.

À ma demande, Lorette a téléphoné à un psychologue de son lieu de travail pour me fixer un rendez-vous.

Norbert et moi, cependant, décidâmes de fonder un foyer ensemble, un an après le début de nos fréquentations. Il était devenu inévitable que mon histoire soit connue, au moins dans ses grandes lignes, de sa famille immédiate. Ce fut Norbert qui se chargea de raconter mon passé à sa mère. Au début, je ne me sentis pas très bien accueillie dans cette famille, qui ne voyait guère d'un bon œil le fils s'engager dans une relation sérieuse avec une fille dont le bilan était aussi lourd. Durant des années, le sujet devait être évité par tous.

Quand nous attendîmes notre premier enfant, nous décidâmes d'un commun accord de dire la vérité à ma mère, afin de mettre le bébé à l'abri des lubricités du grand-père. Je ne sus jamais de quelle façon ma mère a réagi devant cette confession, car nous avions choisi d'en parler en présence d'un psychologue. Dès que j'eus dit ce que j'avais à dire, je quittai la pièce avec mon conjoint. Peu de temps après, j'appris que maman s'était séparée de son mari et qu'elle désirait garder des liens avec sa fille et connaître son premier petit-enfant.

Nous nous sommes épousés, Norbert et moi, alors que j'avais vingt-quatre ans. Malgré la naissance de notre premier enfant, je ne voulais pas me marier, principalement parce que je m'estimais indigne et que je ne pouvais envisager l'avenir qu'avec pessimisme. Mon amoureux a beaucoup insisté. Je n'ai accepté finalement qu'en considération de l'importance que cette consécration de notre union avait pour lui. Les années passèrent. Nous eûmes la joie de mettre au monde cinq enfants, trois petits garçons et deux fillettes.

Les épreuves de la vie se succédèrent, et j'en eus mon lot. Or, pour moi, chaque épreuve était comme une goutte dans un verre déjà trop plein. Tout ce que je gardais au fond du cœur m'étouffait. Je savais au surplus que mon père, qui n'assumait en aucune façon les conséquences de ses actes, pouvait toucher à d'autres enfants. J'avais parlé à ma mère et à ma sœur, mais mon frère était toujours dans l'ignorance. Comme nous étions tous incapables de discuter ouvertement du problème, la vie suivait son cours, et mon père menait une vie normale. Les initiées finissaient par oublier ce mauvais souvenir, ou plutôt elles l'enfouissaient au plus profond de leur mémoire. Mais moi, je n'y arrivais pas.

Lorette, qui continuait à entretenir des liens avec mon père, avait eu une petite fille et un petit garçon. J'abordai le sujet avec elle, car je n'étais pas tranquille; j'étais très inquiète pour ma nièce. Mais elle ne voulut rien entendre, prétendant que depuis le temps papa avait suivi une thérapie et qu'il était complètement guéri.

Guéri de quoi? De sa pédophilie? Impossible. Je savais qu'il continuait de mentir et de rejeter le blâme sur moi. Il était même allé jusqu'à dire que j'étais embrigadée dans une secte religieuse et que c'est cela qui avait été la cause de son divorce. Plus les années passaient, plus il devenait la victime et plus j'étais la cause de tous ses malheurs. C'était mensonge par-dessus mensonge, et tout le monde opta pour le silence. Quant à moi, j'acceptai toutes les étiquettes par amour pour ma mère, ma sœur et mon frère. Il y avait suffisamment eu de souffrance pour tous. Mais je savais pertinemment, à voir évoluer les choses et à me heurter aux fables de mon géniteur, qu'il n'était pas guéri; qu'il se confortait au contraire dans son vice, dans son invraisemblable bonne conscience.

33

Les affres de la renaissance

Plus les années passaient, plus mon fardeau devenait lourd. Je tentais d'oublier mon passé en plongeant corps et âme dans mille et un projets. Je mis sur pied divers comités afin de contrer la violence faite aux enfants et afin d'améliorer leur qualité de vie. J'élaborai les mécanismes d'une campagne pour lutter contre la violence véhiculée dans les jeux vidéo et à la télévision, un projet qui traversa le pays et même le monde. Je gagnai plusieurs prix et mentions nationales et je projetais l'image d'une femme de carrière accomplie. Selon toutes les apparences, j'étais bien intégrée dans mon milieu, et mon engagement social était exemplaire. Mais rien n'y faisait. Je n'arrivais pas à oublier. Mon père était en contact avec d'autres jeunes enfants dans la famille de sa nouvelle conjointe et je me sentais coupable de garder le silence. Et s'il abusait d'une autre petite fille. Je serais aussi coupable que tous ceux qui se taisent, et mes nombreux combats contre la violence faite aux enfants auraient été vains? La culpabilité et la honte me rongeaient le cœur. Sans cesse soumise à ce nouveau stress, je finis par craquer.

Sur le plan professionnel également, tout n'allait pas sans quelques ombrages. J'avais maintenant quarante ans et ma carrière était à son apogée. J'étais directrice des relations avec la clientèle et directrice générale de l'association des diplômés de l'Université du Québec en Abitibi-Témiscamingue. La tâche était exaltante, mais très lourde. Ma direction touchait l'ensemble des centres et campus répartis sur ce vaste territoire, et mes interventions concernaient des objets nombreux et diversifiés.

J'occupais un poste nouvellement créé qui suscitait beaucoup de controverses dans le milieu. D'une part, les difficultés financières de l'institution causaient des conflits internes et le milieu était hostile à ma venue, non pas en tant que personne, mais en tant que nouveau poste de dépenses. D'autre part, les enseignants voyaient comme titulaire de ma fonction un professionnel syndiqué. Enfin, un des directeurs déjà à l'emploi de l'université avait sollicité mon poste au moment où il avait été créé, et sa candidature avait été refusée. J'avais donc un rival qui souhaitait mon départ.

À tout ce contexte s'ajoutait le mandat que j'avais de réviser les pratiques actuelles et d'apporter les correctifs qui s'imposaient pour davantage d'efficacité. La résistance au changement était constamment présente. La force d'inertie était considérable et les résultats obtenus exigeaient des efforts disproportionnés. Le soutien physique et financier sur lequel je pouvais compter était insuffisant, et je m'épuisais au travail pour atteindre malgré tout les objectifs prévus.

Psychologiquement, l'hostilité du milieu était difficile à vivre. J'avais le sentiment d'être projetée dans mon passé avec ses mensonges, ses trahisons, ses rejets et abus, ses injustices et ses humiliations. J'étais loin d'être la seule à trouver le climat de travail pénible. Mes confrères et consœurs vivaient la même chose.

À d'autres égards également, je ne m'aidais pas. Les images de mon passé me harcelaient sans cesse et, pour y échapper et les noyer dans le travail, je m'activais plus qu'il n'était raisonnable. En plus d'occuper ce poste très exigeant à l'université, je fis une maîtrise en développement régional et je fus la seule personne de ma cohorte à réussir l'exploit d'obtenir mon diplôme dans le délai prévu. Comme mon conjoint travaillait au nord de la Baie-James, j'élevais seule mes enfants, avec tout ce que cela comporte d'obligations et de soucis; en plus de ses activités scolaires, chacun avait ses engagements sportifs ou culturels, et je devais voir à tout ça. En outre, nous possédions une ferme; mes enfants et moi devions faire la traite des vaches deux fois par jour. Je faisais mon beurre, ma crème glacée et mon fromage. Je préparais et cuisais mon pain chaque semaine. Nous étions entièrement autonomes pour la viande, les œufs, et les produits laitiers. C'était trop d'occupations, évidemment, mais j'étais incapable de me reposer.

Il y avait deux ans, maintenant, que j'occupais mon emploi. Deux ans de lutte incessante. Je m'effondrai soudain, brutalement. Diagnostic: dépression majeure!

Je voyais cette nouvelle épreuve comme une grave injustice à mon égard et j'en voulais au Seigneur des tortures qu'il continuait de me faire endurer. J'avais semé autant que possible le bien autour de moi. J'avais fait de mon mieux pour respecter chacun des commandements, en particulier celui qui nous enjoint de ne pas juger les autres. Je n'avais pas jugé les gens qui m'avaient fait du mal, leur accordant toujours une seconde, que dis-je, une nouvelle chance. J'avais toujours été fidèle à ma religion, même si, par curiosité et sans jamais être ébranlée dans ma foi, je m'étais informée sur les autres et étais allée voir ce qui s'y passait.

Et, les commandements, je les repassais tous, je me cherchais des manquements à chacun d'eux et ne trouvais que des vétilles insignifiantes. Et pourtant, chaque fois que je voulais être bonne, on profitait de ma naïveté. Lorsque je pardonnais, je n'étais récompensée que par des blessures supplémentaires. La violence s'attachait à mes pas, aurait-on dit; j'y étais prisonnière depuis ma petite enfance et elle me poursuivait dans mes relations avec mes amies et au travail.

J'étais même parvenue à honorer mon père et ma mère. Cela avait été difficile, mais je l'avais fait. J'avais pardonné de très nombreuses fois à mon père.

En échange de tout cela, qu'est-ce que j'avais eu? J'avais été violée et battue pendant de nombreuses années. J'avais subi des opérations qui m'avaient mise dans un état de vulnérabilité; j'avais été réduite en poussière par l'accumulation des agressions; j'avais été abusée, rejetée, trahie, humiliée, abandonnée, accablée d'injustices.

Oui, c'est vrai, j'avais eu la grâce de rencontrer un mari merveilleux et j'avais mis au monde cinq enfants qui faisaient ma fierté; on pouvait me traiter d'ingrate. Mais rien ne s'était fait dans la douceur. Fracture de la symphyse pubienne à la naissance de la première; trois mois au lit et six mois de béquilles, dans une souffrance intolérable. Mon troisième enfant avait été très malade et nous nous étions battus pour sa survie durant de nombreuses années. Les deux derniers avaient souvent été hospitalisés et ils avaient amputé la majorité de mes nuits. L'inquiétude et la peur de les perdre m'avaient rongé le cœur.

Et voilà que, comme si ce n'était pas assez, je revivais le cycle de la violence pour une seconde fois au travail. Et je m'écroulais sans crier gare, en plein élan, alors que ma carrière atteignait son apogée. J'avais la nette impression d'être brisée en mille morceaux et que les morceaux étaient tellement éparpillés qu'il m'était impossible désormais de les retrouver tous et de les recoller.

Comment remonter la pente? Je ne voyais plus de lumière à l'horizon. Rien, rien d'autre que l'angoisse qui étouffe et tue l'âme. La chute sans fin me semblait irréversible. Je me mis à percevoir Dieu d'une tout autre façon. Entre ses mains, je n'étais plus que le cobaye d'une expérience visant à déterminer le nombre de coups que pouvait recevoir un être humain avant de s'effondrer.

Il y avait une petite voix à l'intérieur de moi qui voulait crier. La sensation que j'éprouvais était bizarre. C'était comme une boule au niveau du plexus solaire qui cherchait à remonter jusqu'à ma gorge pour jaillir de mon corps.

Apaiser les remous intérieurs n'est pas chose facile. Prendre de grandes respirations n'est pas toujours suffisant. Occuper mon esprit ailleurs? J'y arrivais on ne peut plus difficilement. Dans la dépression, c'est le ressort qui est rompu. Il faudrait faire un voyage à l'intérieur de soi, laisser monter ses émotions pour les analyser, trouver le chemin de la guérison, mais l'énergie pour ce faire est totalement absente. Dès le réveil, j'avais hâte de dormir pour ne plus réfléchir. J'avais hâte que mon cerveau fasse relâche. Et le sommeil me fuyait au point où je ne savais plus ce que veut dire le mot dormir. Je n'arrivais plus à me concentrer; j'étais incapable de lire, d'écrire ou de regarder la télévision; conduire ma voiture était devenu une aventure périlleuse où j'aurais risqué ma vie et celle des autres. Je ne savais plus faire confiance ni aimer. Je ne savais plus ce que c'est que d'avoir une âme, d'avoir une conscience.

Les larmes étaient mon lot quotidien. Ma mémoire me faisait défaut; j'oubliais tout. Je n'arrivais plus à dormir, et les crises d'angoisse et de panique se succédaient à un rythme fou, me donnant chaque fois l'impression que mon cœur allait s'arrêter. Ma vie n'avait plus ni sens ni but. Plus aucun projet n'alimentait mon quotidien; je n'avais plus d'intérêt pour rien. Je ne vivais plus; je survivais tout juste.

Le combat intérieur se prolongeait, interminable. J'avais les pieds dans le vide et je descendais dans un tunnel sans fond en regardant la lumière rapetisser au fil de ma descente. Les bras tendus vers le haut, j'essayais de m'agripper pour arrêter la chute, mais je ne touchais aucune paroi qui aurait pu me permettre de me retenir.

J'étais une marionnette, mais, en même temps, j'étais la marionnettiste. C'était moi qui manipulais les ficelles. Et il ne me restait entre les mains qu'un mince fil que je tenais à bout de bras pour ne pas sombrer dans la folie. La marge était mince, je le savais, mais j'avais cinq enfants et un mari aimant.

Chose surprenante, moi qui pendant toute mon adolescence avais pensé à mille et une façons de me donner la mort, je ne souhaitais absolument pas le faire, cette fois-ci. Je n'étais déterminée qu'à une seule chose: ne pas mourir malheureuse. Le malheur m'avait pris assez de ma vie; il ne prendrait pas ma mort! Si je devais mourir, je voulais mourir heureuse.

Mais la lutte s'annonçait longue et très difficile, pour moi et aussi pour mes enfants. J'aurais voulu partir, m'isoler, m'éloigner pour ne pas faire souffrir ceux que j'aime. Cela, mon mari le devinait et il m'entourait avec d'autant plus d'attention. Il était hors de question pour lui que je parte. Il serait là pour m'appuyer et m'épauler. Heureusement, je pouvais compter sur des soutiens importants. Outre mon mari, la femme médecin qui me soignait s'occupait bien de moi et veillait à ce que je ne fasse rien que j'aurais pu regretter. J'avais aussi un ami prêtre qui me soutenait, de même qu'un psychologue.

Le plus difficile, c'était d'affronter le jugement des autres. J'avais toujours paru robuste, tenace devant l'adversité, et il m'était difficile de me retrouver impotente. Sans doute me jugeait-on et inventait-on des fables sur mon compte. Du moins, je le croyais. Ainsi, je n'avais pas l'air malade et pourtant j'étais en congé de maladie. Est-ce que j'exploitais le système? J'avais démissionné de mon poste de directrice; cela voulait-il dire que je n'étais pas compétente? Et puis, est-ce que, dans l'esprit des gens, je n'avais pas plutôt été congédiée? Est-ce que j'avais été trop fragile pour passer à travers les épreuves?

J'aurais pourtant dû être confortée par la réalité. Car le recteur avait refusé à trois reprises ma démission; il m'avait donné plusieurs mois de congé pour me reposer; il avait insisté sur l'intérêt de l'université à me garder à son service. Malgré ses propos plutôt flatteurs et encourageants, j'avais finalement démissionné parce que je ne me préoccupais que de mon retour et que cela me distrayait de ma propre guérison. Mais je continuais à craindre les qu'en-dira-t-on et à m'inquiéter de ma réputation.

Finalement, je perdis de nombreux amis, qui n'étaient là en fait que pour le statut social que je portais en tant que directrice d'une institution d'envergure. Maintenant, j'étais moins intéressante.

Mais un jour, je ne me souviens pas trop par quel heureux hasard, je revis Joëlle, l'amie de ma sœur qui avait été témoin de ma première confidence. Elle me suggéra de participer à une thérapie de groupe dans les Laurentides. L'activité visait précisément à amener les participants à comprendre la souffrance consécutive au manque du père. Au point où j'en étais, je n'avais rien à perdre. Autant essayer tout ce qui passait. Sans réfléchir, j'acceptai.

Joëlle décida de m'accompagner dans cette aventure. Elle serait là pour me supporter en cas de besoin. Heureusement pour moi, car le cheminement s'est avéré très difficile. Une fin de semaine complète à me confronter à moi-même! La folie me guettait. J'étais inquiète. La dernière ficelle s'était dangereusement amincie, je le savais. Sombrer dans la folie pour tout oublier, était-ce ma destinée? On me l'avait souvent prédit.

Dès le premier soir, je me sentis comme un animal pris au piège. J'avais désespérément besoin d'une tanière. Je m'en improvisai une dans un coin, mais Joëlle refusa de me laisser seule, isolée dans mon refuge. J'étais en état de panique totale. Mon équilibre psychologique vacillait dangereusement. Qu'avais-je fait? Pourquoi étais-je venue? Que deviendraient mon mari et mes enfants? Je savais en même temps que c'était la seule solution. Il fallait que je m'affronte. Si je refusais de le faire maintenant, il serait trop tard: ce serait la fin.

Le lendemain, l'animateur demanda aux participants d'inscrire sur papier cinq attitudes qui nous dérangeaient particulièrement et que nous n'aimions pas chez les autres. J'inscrivis: la domination, la malhonnêteté, les manipulations, les mensonges et l'hypocrisie. Il nous fallut ensuite partager avec le groupe ce que nous avions inscrit. L'angoisse me tenaillait. Je voyais où le thérapeute voulait en venir. Non, ça ne se pouvait pas, je me trompais! Consciemment ou inconsciemment, il termina par moi. Et son commentaire tomba comme un couperet.

— Ce que vous avez inscrit, c'est ce que vous détestez le plus chez vous! Y a-t-il quelqu'un dans la salle qui n'est pas en accord avec ce que je viens de dire?

Je hurlai:

— Moi! Je ne suis pas menteuse, je n'ai jamais été

menteuse! Je ne suis pas hypocrite, je ne suis pas malhonnête, je ne manipule pas les gens et je ne les domine pas!

J'avais les larmes aux yeux et je me sentais humiliée. Calmement l'animateur répliqua :

—Oui, tu es menteuse, parce que tu te mens à toi-même.

Je hurlai de plus belle :

—Joëlle, tu me connais depuis longtemps. Dis-lui que je ne suis pas menteuse!

Ce fut le thérapeute qui répondit :

—Je n'ai pas dit que tu mentais aux autres, j'ai dit que tu te mentais à toi-même.

—Joëlle, est-ce que je t'ai menti une seule fois? Dis-le-moi! Est-ce que je t'ai menti une seule fois?

—Non, répondit cette dernière fermement, mais tout de même un peu embarrassée.

Il répéta :

—Écoute-moi! Tu n'as pas bien entendu. Je n'ai pas dit que tu mentais à tout le monde. J'ai dit que tu te mentais à toi-même.

J'éclatai en sanglots et je me roulai en boule dans mon coin en essayant de me cacher à la vue de tous.

—Je ne suis pas menteuse. Toute ma vie on a voulu me faire passer pour une menteuse afin que la vérité ne sorte pas, afin que le secret soit bien gardé. Toute ma vie, on m'a dit que j'étais manipulatrice, menteuse, hypocrite, malhonnête et avide de dominer les autres. Toute ma vie on m'a humiliée. Et c'est pas vrai! Je ne suis rien de ça! Ce que j'ai vécu, c'est vrai!

—Qui t'a dit tout cela?

—Mon père...

Les larmes coulaient à flots. Je savais, dans mon âme et dans mon cœur, que tout ce que j'avais vécu était vrai. Je connaissais la souffrance sous toutes ses formes et voilà qu'un inconnu venait confirmer les dires de mon père. C'en était trop. Jamais, au grand jamais, je ne m'en sortirais. Lentement, chacune de mes souffrances trouva le chemin de la parole. J'avais honte. Je me sentais laide. Et sale. Plus rien n'avait d'importance. Mon père avait raison : je ne valais rien et j'irais à l'asile. Patiemment, on m'écouta.

— Tu sais, je te crois, dit le thérapeute, et chacune des personnes ici te croit. Ton corps parle pour toi.

L'ensemble du groupe appuya cette affirmation.

— Mais ton problème, c'est que tu te mens à toi-même. Tu nies la vérité parce que tu ne veux pas l'affronter. Tu te juges toi-même beaucoup plus sévèrement que les autres peuvent te juger. Tu es hypocrite envers toi-même en cachant ton secret. Tu n'es pas hypocrite envers les autres, seulement envers toi-même. Tu te manipules toi-même afin de te maintenir la tête hors de l'eau, et maintenant tu n'es plus capable de te cacher la vérité. Tu ne domines pas les autres, tu te domines pour ne pas perdre l'esprit. Tu as beaucoup plus peur de toi-même que tu ne veux le croire. Moi, en aucun moment je n'ai cru que tu étais menteuse, manipulatrice, hypocrite, dominatrice et malhonnête avec chacun d'entre nous.

Il m'offrit une épinglette sur laquelle était inscrit : «Vous n'êtes pas n'importe qui.» Je la refusai : je ne me sentais pas digne de la porter. Il mit alors quatre toutous devant moi et il me demanda d'en choisir un. Je refusai en affirmant que je ne voulais pas avoir à le payer de mon corps. Il insista. J'avais terriblement envie de prendre un adorable petit ours en peluche brun. Je fus incapable de résister. Je le saisis en demandant :

— Vais-je devoir donner quelque chose en échange? Si c'est le cas, je le rends!

—Non, il est à toi et tu ne me dois rien.

Le soir, l'animateur demanda à chacun d'écrire une lettre à son père ou à sa mère afin de se libérer l'âme et le cœur. Je m'en sentais incapable et ma feuille resta vierge. Joëlle me dit:

—J'ai peur pour toi. J'ai peur que tu meures dans tes émotions. J'ai peur que tes émotions négatives te rendent malade et te tuent!

Ce fut le déclencheur. J'écrivis d'un seul trait une lettre à mon père. Je n'entendis rien de ce que le groupe partagea après cet exercice. Les activités de la journée terminées, je m'isolai dans ma chambre et j'écrivis trois lettres: une à ma mère, une à ma sœur et une autre à mon frère. J'avais décidé de reprendre mon droit de parole. Je ne voulais pas mourir; je voulais vivre. J'avais un mari et cinq enfants qui m'attendaient à la maison et je comptais bien y retourner. Ils méritaient que je me batte pour eux. Ils ne méritaient pas de souffrir. Ils m'aimaient et je les aimais.

Cette nuit-là, je ne dormis pas beaucoup. J'étais habitée par une angoisse bizarre: je craignais de mourir avant le lever du jour, si près du but.

Dès le début de la séance du lendemain, je demandai à prendre la parole.

—Je veux faire une colère. Je veux me libérer, avant de vous lire les lettres que j'ai écrites à mon père et à ma mère pour m'en affranchir.

D'où cette idée m'était-elle venue? La veille, une femme qui avait beaucoup de frustrations refoulées était sortie de ses gonds à la suite de mes confidences. C'était une habituée de ces sortes de thérapies. Les thérapeutes l'avaient entourée et avaient mis à sa disposition des coussins pour qu'elle puisse les frapper plutôt que de frapper le sol et de risquer de se blesser. Par la suite, on nous avait expliqué qu'il s'agissait d'une sorte de libération visant à évacuer en toute sécurité la violence refoulée. Selon les thérapeutes, il ne fallait jamais refouler sa colère, parce qu'elle empoisonnait nos vies et que, lorsqu'elle était accumulée, elle pouvait jaillir de façon incontrôlée et dangereuse.

On mit beaucoup de coussins autour de moi. Mais ma colère ne voulait pas sortir. J'étais mal à l'aise. Il manquait quelque chose à la mise en scène. Soudain, je compris. Il manquait mon toutou. Je dis au groupe :

—Lorsqu'on m'a donné ce toutou, c'était dans le but de remplacer ceux que je n'avais pu avoir, enfant. Mais il est devenu pour moi ma petite fille. C'est-à-dire moi, petite fille...

Je le déposai devant moi, mais il n'arrivait pas à tenir debout. Joëlle m'offrit de le tenir pendant la séance. Je refusai :

—Non, il doit apprendre à se tenir debout tout seul.

J'étais incapable de libérer ma colère, mais la jeune femme qui avait explosé la veille accepta de m'aider et décida de faire le premier geste en donnant les premiers coups de poing sur les coussins. Aussitôt, j'explosai enfin. Je hurlai ma haine et ma souffrance. Je hurlai ma peine. Je criai à m'user les poumons.

Lorsque je fus épuisée, le calme revint. Je regagnai ma place et je lus les deux lettres annoncées. Je commençai par celle que j'adressais à mon père.

Val-des-Lacs, le 2 avril 2004

Bonjour,

Il est plus que temps que je t'écrive cette lettre. Et, en passant, elle sera écrite telle quelle, sans révision et sans correction. Je veux te rendre ce qui t'appartient : ta merde. J'ai décidé ce soir de reprendre mon pouvoir ainsi que ce qui m'appartenait et que tu m'as pris sans mon consentement : ma vie, mon autonomie, ma fierté, ma dignité et surtout, surtout mon enfance. Je veux récupérer la petite fille que tu m'as prise, la petite fille que tu as violée pendant de nombreuses années.

Tu es un menteur, un manipulateur, tu es un hypocrite et tu étouffes avec ton secret. Moi, j'ai décidé au nom de mes enfants, au nom de mon mari et au nom de ma vie de livrer mon secret... En fait, je devrais dire ton secret. Non, je n'irai pas en enfer comme tu me l'as dit, je vais aller au paradis et, en passant, je vais entrer par la porte d'en avant. Toi, tu iras où tu voudras, c'est ton choix, plus le mien.

Tu m'as longtemps menacée en me disant que si je parlais tu irais en prison, et que je détruirais maman, ma sœur et mon frère, que je détruirais la famille. Tu m'as longtemps remis ou plutôt mis ta responsabilité sur les épaules. Aujourd'hui, je te la remets. Je n'en veux plus. Ta prison, tu l'as construite toi-même et tu y habites encore, mais ce n'est pas la mienne, c'est la tienne.

Moi, aujourd'hui, je sors de la prison dans laquelle tu m'as mise pendant toutes ces années où j'étais sous ta responsabilité. Le père, ce n'était pas moi, c'était toi. La famille ce n'est pas moi qui l'ai détruite, c'est toi. Ma sœur, mon frère et ma mère ne sont pas détruits à ce que je vois : ils vivent toujours et ils sont à mon sens en excellente santé. Et s'ils sont *détruits, ce n'est pas moi qui les ai détruits, ils ont choisi eux-mêmes l'endroit où ils voulaient aller.*

Aujourd'hui je me décharge et je réapprends à vivre. Je suis une femme libre. Et liberté signifie également liberté de parole. Je ne me cacherai plus et je ne ferai plus semblant que rien n'a eu lieu. Je reprends mon pouvoir. Toi, assume les conséquences de tes actes! Assume ce que tu m'as fait, assume ta violence et ta haine. Je ne veux même pas savoir ce que toi, tu as vécu pour commettre des actes aussi écœurants. C'est ton affaire et je ne veux plus de ta merde à aucun prix.

Tu m'as souvent demandé de te dire que je te pardonnais, ou plutôt tu as quêté mon pardon, ou plutôt tu m'as obligée à te pardonner. Tu avais besoin de ce pardon pour ne pas aller en enfer. Ton enfer, c'est toi. Vis avec... Te pardonner? Je n'ai pas à te pardonner, tu as à te pardonner toi-même, et la façon de le faire, c'est à toi de la découvrir. En ce qui me concerne, je deviens la petite fille d'un père qui n'est malheureusement pas toi. Toi, tu es mon géniteur et, le cercle de la roue, je le romps pour moi, pour mes enfants et pour les générations à venir.

Que Dieu protège toutes les petites filles que tu rencontres sur ta route.

Bonne chance.

Ton ex-petite fille et la femme libre que je deviens ce soir.

Je venais de m'enlever un grand poids de sur les épaules. Je lus ensuite la lettre que j'avais écrite à ma mère.

130

Val-des-Lacs, le 2 avril 2004

Bonjour, maman,

Je t'écris une lettre aujourd'hui, mais ce n'est pas pour te juger. C'est plutôt pour me libérer. Mon secret m'étouffe et m'empêche de respirer. Aujourd'hui, j'ai décidé de m'en délester. J'ai écrit une lettre à chacun d'entre vous. Au moment où tu liras ces lignes, mon frère lira probablement la sienne et il saura à son tour ce qui est arrivé. En fait, pour chacun de nous, c'était un secret de polichinelle, puisque, de façon consciente ou inconsciente, tous nous savions. Mes enfants apprendront la vérité dans les semaines qui viennent.

Pour moi tu es également une victime, parce que, après tout, toi aussi tu as été trahie. Mais ce n'est pas à moi de te dire ça, cela n'appartient qu'à toi, face à toi-même. Pour ma part, je me sens comme quelqu'un qui a été abandonné. Je me suis sentie abandonnée par toi... Attention! Lis bien, j'ai dit que je me suis sentie abandonnée. J'avais l'impression que je n'avais aucune place dans ton cœur que tu ne m'aimais pas. Encore aujourd'hui à quarante-deux ans, je me sens rejetée par toi, je n'ai pas l'impression d'occuper la même place dans ton cœur que ma sœur et mon frère. Je n'ai pas l'impression que mes enfants occupent la même place et qu'ils ont la même importance que ceux de mon frère ou de ma sœur.

Mais encore une fois je ne t'accuse pas, je te parle d'un sentiment. Qu'il soit vrai ou faux, il m'habite et il vient du rejet que j'ai vécu dans mon enfance. Aujourd'hui, j'ai besoin de retrouver ma liberté et je ne veux plus vivre de non-dits et de faux-semblants. Ce qui est arrivé est arrivé, ce que j'ai vécu, je l'ai vécu et je veux rompre ce cercle infernal pour mes enfants et pour moi. Je veux rompre le silence et interrompre toute cette haine et cette colère qui me rongent et me détruisent l'intérieur.

Je veux reprendre ma place dans mon cœur et dans mon âme. Je veux me réapproprier la petite fille que j'ai perdue trop jeune. Je veux reprendre ce qui est à moi. Je me libère. Inutile de remettre sur la table les faux pas et les erreurs. Inutile de pointer du doigt qui que ce soit... Le but n'est pas là, le but est de réapprendre à vivre avec une blessure qui doit être cicatrisée avant qu'elle ne me tue.

Je veux que tu saches que je ne garderai plus jamais le silence. Non, je ne crierai pas la vérité sur tous les toits, mais je la dirai à toutes les personnes qui en auront besoin pour grandir et survivre. Je la dirai aussi souvent que je le voudrai et à qui je voudrai. Finies, pour moi, les cachettes. Rien de tout cela ne sera fait dans le but de te blesser, je ne veux que me libérer, rien de plus.

Tu dois avoir peur des regards des autres et des jugements, mais cela, c'est ton problème, pas le mien, et je ne veux pas m'en charger plus longtemps. Oui j'ai été complice du silence, oui je l'ai défendu... Mais sache que c'était d'abord et avant tout pour te protéger. Aujourd'hui, je ne veux plus protéger les autres, je veux me protéger, moi. Je ne veux plus passer pour la menteuse. Ce que je dis est vrai et profondément ancré dans le creux de mon ventre. Il est temps que ça sorte. Oui, je l'ai appelé, mon père, dans mes cauchemars, mais sache qu'à chaque fois c'était toi que j'appelais à l'aide. Je n'ai pas été suffisamment explicite? Tu as raison, cela me concerne. Je prends ce qui m'appartient et je rends aux autres ce qui leur appartient.

Tu as souffert? Je n'ai pas à consoler tes peines, j'ai à consoler les miennes, comme une grande. Peut-

être as-tu déjà été toi-même victime? Je ne le sais pas et cela ne me regarde pas. Mais, ce que je sais, c'est que ton grand-père essayait toujours de toucher à notre sexe, à moi et à ma sœur. Elle peut le nier, ma sœur, je m'en fous... Moi, j'ai vu et vécu ce que je raconte et je ne crois pas que ce comportement soit venu à ton grand-père avec la vieillesse. Ton cheminement à travers tout ça te concerne, comme il a pu concerner ta mère. Moi, j'ai trouvé le mien, et c'est la route de la libération...

Est-ce que je veux t'en parler de vive voix? Non, j'ai la culpabilité trop facile et le réflexe de protection et de compassion pour les autres trop rapide. Je dois d'abord trouver une solution à ces problèmes.

Quand tu seras capable de prendre de façon honnête et franche ce qui te revient et que je serai capable d'accueillir ce qui est de mon ressort, je serai heureuse de t'ouvrir la porte de mon cœur. Ce dont j'ai besoin, c'est de t'entendre dire que tu m'aimes et que tu regrettes du plus profond de ton cœur ce qui est arrivé... que tu regrettes pour moi. Je reprends ce soir le pouvoir sur ma vie et je t'en souhaite autant.

Ta fille qui t'a toujours aimée
Martine

P.S.: La lettre est écrite sans relecture. Oublie la grammaire et lis simplement les émotions que je porte.

Sous un tonnerre d'applaudissements, le thérapeute m'offrit de nouveau l'épinglette avec l'inscription: «Vous n'êtes pas n'importe qui.» Je l'acceptai. Maintenant, je m'en sentais digne.

J'étais épuisée, mais plutôt bien. L'abcès était enfin crevé; le pus s'écoulait. Il me restait maintenant à affronter la réalité. Ma première réalité, c'était de faire la paix avec ma petite fille intérieure, celle que j'avais été. Il me fallait reconnaître sa force, son courage, et surtout apprendre à l'aimer. Ma deuxième réalité, c'était de faire la paix avec moi-même, un processus difficile, car je m'étais toujours sentie coupable de ce qui m'était arrivé. De changer cette fausse croyance représentait tout un défi. Et, finalement, ma troisième réalité consistait à reprendre ma dignité pour être enfin capable de me regarder dans le miroir sans avoir honte et sans me sentir laide et sale. Réapprendre à dormir sans être rongée par la honte, sans être hantée par les cauchemars, sans peur, sans culpabilité et sans reproche pour ce qui pourrait arriver.

Le soir venu, je rêvai d'une toute petite fille qui courait sur une plage de sable immense. Elle avait une robe de nuit blanche et elle courait pieds nus sur la plage en riant. Les bras en croix, elle riait et tournait sur elle-même. Elle tournait souvent les yeux dans la même direction, mais il m'était impossible de voir qui elle regardait. La petite fille était magnifique; elle avait un doux regard et ses yeux brillaient de joie de vivre. Tout était calme autour d'elle; seul le vent caressait ses cheveux bouclés. Elle dansait et dansait avec le vent. Les vagues venaient parfois frôler amoureusement ses petits pieds, la chatouillant légèrement et déclenchant une avalanche de rires. Tout à coup elle ramassa un bouquet de fleurs et se dirigea vers la personne que je n'arrivais pas à voir. Et je me rendis compte que je n'arrivais pas à la voir, parce que c'était... moi!

Elle me remit en souriant le bouquet de fleurs et me regarda intensément quelques instants, juste assez long-temps pour s'assurer que j'avais compris. Elle repartit vers la plage en éclatant de rire. Je réalisai tout à coup que, cette petite fille, c'était moi lorsque j'étais enfant. Mes larmes coulèrent et je restai longtemps, toujours en rêve, à contempler la magnifique petite fille que j'étais avant que les cauchemars ne viennent envahir ma vie. J'aimai enfin cette enfant que j'avais été.

Le lendemain, lorsque je repris pied dans la réalité, je dis enfin, en m'adressant à la petite fille :

«Je te demande pardon. Pardonne-moi de t'avoir abandonnée. De t'avoir oubliée. De t'avoir détestée. De t'avoir rejetée et reniée. Pardonne-moi de t'avoir enterrée au plus profond de mes souvenirs afin de t'oublier à tout jamais. Tu as été courageuse, très courageuse, et je t'admire. Tu es grande et tu es belle. Je n'ai pas su le voir auparavant. Sans ton courage et ta force de vivre, je ne serais pas ici. Je voudrais que tu saches que je t'aime, que je t'aime du plus profond de mon cœur. Je voudrais te dire merci pour le beau cadeau de vie que tu m'as fait.»

Je remis symboliquement mon épinglette à ma petite fille intérieure en lui disant : «T'es vraiment pas n'importe qui!»

34

Une fête triste et exaltante

Revenue à la maison, je postai mes lettres et décidai de dire la vérité à mes enfants avant la fête de Pâques. Symboliquement, le moment était bien choisi, Pâques commémorant la résurrection du Christ. Le Vendredi saint, Joëlle vint à la maison afin de réaliser une démarche symbolique avec les enfants pour leur faire comprendre la réalité en douceur. Malgré ses précautions, l'étalage de toute cette sanie ne fut pas sans leur causer un choc.

Je sortis divers objets qui représentaient mes souffrances. J'avais entre autres une petite boîte de métal contenant les seuls souvenirs que j'avais pu conserver de mon enfance. Ma vie se résumait au contenu de cette simple boîte.

Un grand sac à ordures a été placé au milieu du salon. Aidée de ma fidèle amie, j'amorçai le processus de libération.

Sous les yeux de mes enfants, je jetai dans le grand sac mes blessures et mes souffrances, toutes représentées par un objet :

—Une ceinture qui représentait les coups donnés par mon père.

—Un collier que mon père m'avait donné, représentant mon signe du zodiaque, la Vierge, pour parler du viol et de l'inceste.

— Une corde pour représenter l'étouffement que j'avais vécu dans un silence imposé, pieds et poings liés par la souffrance.

— Des vêtements trop grands qu'on m'avait donnés, qui représentaient les miettes que j'avais toujours eues lorsque j'étais enfant.

Finalement, je sortis mon album de famille, rempli de photos de mon enfance. Une à une elles circulèrent entre les mains de mon mari et de mes enfants. Je les jetai, ne conservant que celles qui me représentaient. Toutes les autres, celles de mon père, de ma mère, de ma sœur et de mon frère se retrouvèrent dans le sac à ordures. Je jetai tout ce qui me faisait souffrir. Je jetai mon passé.

Mes enfants fondirent en larmes. La douleur était oppressante pour tous. La déception était palpable.

Je me sentis soulagée d'avoir enfin livré mon secret à mes enfants, qui avaient de plus en plus de difficulté à me comprendre et à saisir pourquoi je refusais de leur présenter leur grand-père. Il fut convenu que le sac serait brûlé durant la nuit de Pâques et que chacun aurait le droit d'y prendre un objet qu'il pourrait brûler à sa façon afin de soulager sa peine et sa souffrance. Il fut également convenu que chacun pourrait frapper le sac à ordures avec un bâton afin d'évacuer son agressivité avant qu'il ne soit jeté au feu. Pour marquer cette procession un peu spéciale, mon ami prêtre viendrait dire la messe de Pâques à la maison. Il serait accompagné par l'ami de cœur de la plus vieille de mes filles, afin que celui-ci connaisse lui aussi la vérité et qu'il ne soit pas traité en exclu. Maintenant il n'y aurait plus de secret. Maintenant il n'y aurait plus de cachotteries; rien que des paroles libres pour réapprendre à vivre.

Pendant la nuit de Pâques, un grand feu fut allumé dans la cour, et la messe commença. Le prêtre fit une procession de libération. Le temps était venu de frapper le sac. Je demandai à chacune des personnes présentes de venir y chercher un objet pour le détruire à sa façon, et ainsi libérer la haine qui pouvait lui ronger le cœur. Lorsque ce fut fait, je demandai à être la première à frapper le sac. Dès le premier coup, mon bâton resta pris dans le sac.

J'eus soudain l'impression d'être projetée dans le passé, mon père tenant encore le bout du bâton. Je criai, en m'acharnant à dégager le bâton pour frapper à nouveau. Mais, à chaque coup, la même chose se reproduisait, m'empêchant de frapper comme je l'entendais. Je criai de plus belle en mettant encore plus d'énergie dans mes coups. Je demeurais toutefois incapable de déprendre le bâton assez rapidement pour me défouler. Je projetai le sac dans le feu en hurlant ma haine et ma peine. Enfin, je m'effondrai et éclatai en sanglots. Les larmes coulaient le long de mes joues, comme le long de mon cœur et de mon âme. Entre deux sanglots, je m'excusai auprès de mes enfants de ne pas leur avoir permis de frapper le sac avant de le jeter au feu. Ils purent brûler l'objet qu'ils y avaient prélevé, ce qui fit redoubler mes larmes.

J'aperçus soudain la boîte de métal et des photos qui étaient enfouies dans la neige tout près de moi. Agressivement, je plongeai la main dans la neige et en sortis chaque objet pour les lancer violemment dans le feu. Ensuite, à genoux près du feu, je pleurai mon enfance, ma souffrance, ma honte et ma solitude. Je pleurai longuement.

Peu à peu mes sanglots s'apaisèrent. Le prêtre, qui avait prévu que la messe se termine dans la maison, me demanda ce que je souhaitais faire. Je demandai de rester quelque temps seule auprès du feu. Tous reprirent le chemin de la maison. Je sentis cependant une hésitation de la part d'un de mes fils. Je lui demandai:

—Qu'est-ce qui ne va pas?

—J'aurais aimé frapper ta boîte de métal avec mon bâton, dit-il.

—Viens, viens, mon grand, et défoule-toi!

Il s'approcha du feu et donna un coup de bâton timide sur la boîte.

—Frappe, lui dis-je, frappe de toutes tes forces et expulse toute cette agressivité que tu as en toi. Tu as le droit et tu en as la chance. Frappe fort!

Il frappa, de plus en plus fort, et il put enfin libérer toute son agressivité, ainsi que cette haine qui le dévorait depuis la veille. Il se sentit mieux et il retourna à la maison avec son père, me laissant seule auprès du feu.

Je recommençai à sangloter. Le poids de la solitude me pesait sur le dos. J'aurais tant aimé avoir une enfance normale, un père et une mère qui m'aiment. J'aurais aimé avoir des racines et une famille. Mais tout cela était, hélas, irrécupérable. Ce soir-là, je renonçais à tous mes désirs d'enfant qui ne seraient jamais comblés. Désormais, ma famille, ma seule famille serait celle que j'avais fondée avec mon mari.

Je tournai longuement autour du feu afin de m'assurer que chaque objet avait brûlé. Ma souffrance se consumait. Il était temps que je renaisse à une vie nouvelle. La nuit de Pâques, celle de la résurrection de Jésus, serait aussi celle de ma propre résurrection. Mais, pour ressusciter complètement, il me restait encore à accomplir un long cheminement, je le savais.

Je consolai mes pleurs et me dirigeai à mon tour vers la maison. Tournant le dos au passé, je voulais regarder vers l'avenir. L'avenir était devant, le passé, derrière. Ma famille et les gens que j'aimais m'attendaient dans la maison. La vie devait être vécue à son maximum. Et, la vie, elle était devant, du côté de l'avenir, et non pas derrière, sur le versant du passé. Maintenant que le silence était rompu, il fallait affronter les conséquences qui s'ensuivraient. Aurais-je assez d'énergie? Oui! Ma vie n'était pas encore finie. L'amour et l'espoir étaient devant moi. Sans un regard derrière, j'entrai dans ma maison, où régnaient la chaleur, le bien-être et l'amour. Au nom de cet amour, j'irais jusqu'au bout pour retrouver ma dignité. Comment? Que devais-je faire pour cela? Je n'en avais aucune idée, mais je retrouverais cette dignité pour moi et pour mes enfants.

DEUXIÈME PARTIE

La poursuite judiciaire

1

Une décision angoissante

De la longue route qui me mènerait à ma libération, j'avais déjà franchi des étapes considérables. Pendant toute mon enfance et mon adolescence, j'avais vécu dans un milieu familial où on se parlait peu, où on se taisait trop souvent pour éviter de vider les vrais abcès. L'expression des émotions était spécialement mal vue. Cet excès de pudeur s'était perpétué dans les relations entre ma mère et nous, ses enfants, et notre vie d'adulte en était toujours imprégnée.

Or, j'avais réussi à rompre ce mur de verre pour donner de l'espace à la sincérité et laisser ma souffrance s'exprimer librement. J'avais clamé ma vérité à ma mère, à ma sœur et à mon frère. Mes enfants connaissaient mon passé, au moins dans ses grandes lignes. Et j'étais bien déterminée à ne jamais plus revenir en arrière, à l'époque des cachotteries et des silences.

Je savais pourtant que, pour retrouver la paix et la dignité, il me restait encore une longue route à parcourir. Je savais que je devais d'abord mourir, c'est-à-dire faire mourir en moi l'ancienne femme pour donner naissance à une personne nouvelle. Je devais remplacer mon Dieu vengeur par un Dieu d'amour et enterrer du même coup ma culpabilité, ma honte, ma peur, ma soumission, ma victimisation. Il fallait que j'apprenne à m'aimer et pour cela je devais me départir de toutes les fausses croyances sur lesquelles je m'étais appuyée jusque-là. Cette reprogrammation s'annonçait à la fois longue et exigeante.

J'avais une idée de ce que je devais faire. Dénoncer mon père et le livrer à la justice étaient sans doute les solutions les plus appropriées, mais je n'osais les envisager encore. Cette démarche comportait de nombreux impondérables et je devrais peut-être en subir des conséquences inattendues.

L'occasion d'approfondir ma réflexion se présenta lors d'une seconde fin de semaine de thérapie intitulée *Engagement et responsabilisation*. J'y participai à nouveau en compagnie de ma fidèle amie Joëlle.

Plus la fin de semaine avançait, plus je me sentais perdue. Je ne comprenais pas les signes. Je n'arrivais pas à analyser les événements ni à saisir les messages.

J'avais été jumelée avec un homme qui venait de faire face à la justice pour abus sexuels sur sa fille de quatre ans. Il avait gagné son procès et songeait à poursuivre sa femme pour atteinte à sa réputation. Cela voulait-il dire que, si je poursuivais mon père et qu'il était acquitté, il pourrait par la suite se venger de moi? Je l'en savais capable. En outre, j'estimais mes chances de gagner très minces. Je craignais que ma famille, pour éviter la honte et l'opprobre, ne se range pas de mon côté. Je serais donc seule face à mon agresseur. Ce serait deux personnes qui s'affronteraient par témoignages contradictoires. Ma parole contre la sienne! Toutefois, indépendamment de l'issue du procès, une chose était sûre : moi et mon père connaissions la vérité. Toute ma famille aussi, tout compte fait, même si elle optait pour la nier. Je m'isolai et, à l'heure du repas, je fis une très longue promenade pour réfléchir et me calmer.

Deux choix s'imposaient à moi: prendre la fuite et essayer encore de tout oublier, ou bien affronter la réalité. Une heure plus tard, j'avais choisi l'affrontement. Je demandai la parole dès le retour en grand groupe, dans l'intention d'annoncer ma décision.

Mais là, sans crier gare, j'explosai. Je fus surprise moi-même par cette manifestation que je n'arrivais pas à comprendre. Des cris de douleur sortaient de ma poitrine, en provenance de mon bas-ventre. J'étais incapable de les endiguer et, plus j'essayais de les retenir, plus ils devenaient puissants. Je me sentis aspirée. La pièce disparaissait. J'avais perdu la notion du temps et des lieux. Je m'effondrai en pleurant et en hurlant à plusieurs reprises:

—Joëlle, il m'a tuée!

De sa voix douce, elle répondit:

—Oui, mais tu es en train de renaître à la vie.

—Je n'en peux plus! Je suis fatiguée! Je suis si fatiguée!

—C'est normal, tu es en train de naître et, une naissance, c'est douloureux.

La thérapeute me demanda si je voulais me faire bercer par Joëlle en compensation pour les bras de ma mère dont j'avais été privée.

—Non, dis-je, je veux que ce soit par toi!

—Moi, je suis sa petite sœur, dit Joëlle. Toi, tu peux représenter sa mère et faire ce qu'elle aurait voulu que sa mère fasse pour elle: la prendre tendrement dans ses bras et la bercer.

La thérapeute me prit dans ses bras et me berça doucement pour me consoler. Jamais ma mère n'avait fait de même, mais Dieu! que j'aurais aimé ça! Elle me dit:

—Je ne peux pas être ta mère biologique, mais je peux être ta mère spirituelle.

Au souper, je me levai et je pus enfin, sans être submergée par les émotions, m'adresser à l'ensemble du groupe.

—Je m'engage à déposer dans la semaine qui vient une plainte au criminel contre mon père, et à le poursuivre en justice afin de récupérer ma dignité. Et je vous demande de penser à moi et de prier pour moi.

J'avais entendu mes propres cris de douleur et j'avais compris que, peu importaient les conséquences, je devais dénoncer l'inacceptable, non pas par vengeance, mais par amour. Par amour pour moi-même, car je ne pourrais jamais apprendre à m'aimer tant et aussi longtemps que j'accepterais de me laisser dominer par la peur de tout : peur des jugements, de la vie, de la mort et de l'enfer, peur de faire souffrir, peur de l'asile et de mon père. Je portais trop de croix sur mon dos. Il était plus que temps de m'en décharger. En outre, je me devais de me laisser guider par mon souci de justice.

Le soir venu, j'écrivis cette prière à Dieu :

« *Mon Dieu de punition, je veux te dire adieu aujourd'hui. Je te quitte pour suivre une nouvelle route, une route d'amour et de lumière. Non, je ne te trahis pas, non je ne t'abandonne pas; je me choisis.*

« *Mais je dois tout de même, en toute justice, te dire merci: je suis parfaitement consciente que tu m'as sauvé la vie plus d'une fois et que c'est grâce à toi que je vois encore le soleil se coucher et se lever. J'ai eu besoin de toi pour me garder vivante, pour ne pas sombrer, pour ne pas me perdre. J'ai eu besoin de toi pour me défouler, ce qui m'a permis de conserver un certain équilibre, si fragile fût-il.*

« *La grande peur de tes punitions m'a cependant fait grandir et chercher toujours à être meilleure. Je*

146

me suis accrochée ainsi au peu qu'il pouvait me rester de moi-même. Je ne voulais pas faire subir aux autres ce que je subissais.

« Pour obtenir ton pardon, j'ai travaillé sur moi. Pour ne pas me laisser aller à la violence, je me suis fait violence. La peur de toi m'a permis de ne pas tomber, de ne pas sombrer dans l'alcool, la prostitution ou les drogues. Je voulais que tu m'aimes et, pour cela, j'étais prête à accepter toutes les épreuves, comme une fille obéissante. Pour ça, je te remercie.

« Mais, aujourd'hui, je suis enchaînée dans toutes ces fausses croyances en un Dieu de punition et je n'en veux plus. Je n'en ai plus besoin. Il est temps que je renaisse au Dieu d'amour qui ne m'a jamais quittée. C'est par ce Dieu-là que je veux être accompagnée dans ma démarche vers la liberté. C'est dans l'amour que je veux accomplir ma mission. »

2

Trop de croix à porter

Depuis plus de quarante ans, je portais ma croix et celle des autres. Je ne voulais pas faire souffrir ma famille ni lui faire porter le poids du déshonneur. Pour me libérer, je devais rendre à chacun ce qui lui appartenait. Je l'avais déjà fait en partie en écrivant à chacun des membres de ma famille. Maintenant, il me restait à passer aux actes et à faire confiance. Je retournai chez moi avec la certitude que c'était ce que je devais faire.

Le mardi, je pris rendez-vous avec le Centre d'aide aux victimes d'actes criminels, le CAVAC, afin de recueillir toutes les informations nécessaires à ma démarche et d'obtenir support et aide. L'intervenante, que je rencontrai le lundi suivant, m'expliqua tout : les procédures à suivre aussi bien que les conséquences qu'aurait ma décision sur ma vie personnelle et privée. À mesure qu'elle me parlait, ma détermination augmentait. Je voulais porter plainte au criminel immédiatement, incapable d'attendre une seule minute de plus. Elle m'accompagna donc sur-le-champ au poste de police où je rencontrai une patrouilleure-enquêteure qui prit ma déposition en me spécifiant qu'elle ferait un rapport à l'enquêteur. J'insistai avec véhémence :

—Je veux rencontrer l'enquêteur le plus tôt

possible. J'ai peur de moi-même, de reculer et de prendre panique. Vous savez, je ne veux pas me venger. J'ai dépassé le stade de la vengeance il y a longtemps. J'ai besoin d'être entendue! Je souhaite que ma plainte se rende jusqu'au tribunal parce que j'ai besoin de récupérer ma dignité et d'être écoutée. Peu importe ce qui arrivera. Lui et moi nous savons la vérité et je veux qu'il l'entende, cette vérité, parce que je veux me récupérer. Ça fait quarante ans que je survis. Je veux apprendre à vivre!

Elle promit de traiter mon dossier en priorité. Je demandai:

— J'ai peu de chances que cela aille jusqu'au tribunal, hein? Je crains fort que ma famille ne refuse de témoigner en ma faveur. Par contre, je suis certaine que mon agresseur a fait d'autres victimes: il a été trop méchant avec moi pour s'être limité à ma seule personne. Mais je ne sais pas qui c'est... Je suis seule face à lui.

Réconfortante, la patrouilleure-enquêteure expliqua:

— Dans les cas de viol, il n'y a que deux personnes: la victime et l'agresseur. Même s'il n'y a pas de témoin oculaire, nous arrivons souvent à faire condamner l'agresseur. Votre dossier me semble suffisamment étoffé pour aller jusqu'à la cour, mais c'est l'enquêteur qui pourra vous donner l'heure juste. Je vous souhaite bonne chance et je tiens à vous féliciter pour votre courage.

On était le 8 juin 2004. Je quittai les bureaux de la police, toujours accompagnée de l'intervenante. Celle-ci, qui s'appelait Chantal, me confirma qu'elle ferait tout pour que je rencontre l'enquêteur en après-midi. Elle m'assura qu'elle m'accompagnerait à chacune des étapes pour me guider et me soutenir. J'en fus rassurée.

Quelques minutes seulement après mon retour à la maison, je reçus un appel téléphonique de Chantal m'avisant que le rendez-vous avec l'enquêteur Robert Goupil était fixé au lundi 15 juin 2004, à neuf heures. Il souhaitait que je puisse lui fournir au plus tôt tous les documents que je pourrais rassembler, lettres ou écrits de toute nature, afin de se préparer à notre rencontre. Je retournai donc au CAVAC déposer ce que j'avais en main. Heureusement, j'avais écrit en partie mon histoire. De savoir que l'enquêteur disposerait déjà de certaines pièces avant la fin de la journée me rassura : il m'était désormais impossible de reculer et j'avais le sentiment que l'attente serait moins longue.

3

Maman, je n'ai pas le choix

L'attente d'une lettre de ma mère ou d'une réponse au dernier courrier que je lui avais posté m'avait semblé interminable. Or, un jour d'avril, au moment où je ne m'y attendais plus, j'avais reçu une réponse. J'avais lu la lettre à plusieurs reprises et je l'avais rangée, incapable d'en considérer le contenu en toute objectivité, sans porter de jugement. Plus tard, je repris la lettre et la regardai avec un œil nouveau. J'y découvris une femme affligée par la souffrance, envahie par la honte, une femme qui se sentait humiliée et trahie, non pas par sa fille, mais par la vie. Inévitablement, elle souffrirait encore davantage quand elle apprendrait que j'avais déposé une plainte au criminel contre son ex-mari, l'homme en qui elle avait mis une confiance aveugle, certaine d'avoir fondé avec lui un foyer équilibré et heureux. J'étais maintenant capable de lire la lettre sans porter de jugement et avec compassion, mais également sans concevoir de culpabilité, puisque mon choix était fait.

J'avais beaucoup de peine pour ma mère. Je savais qu'elle ne serait pas d'accord avec ma démarche, qu'elle souffrirait. Je comprenais surtout la honte et la peur qui pouvaient l'habiter.

La honte et la peur, elles m'avaient pourchassée pendant quarante ans. Maman aussi avait fait son possible avec les moyens qu'elle avait à l'époque. Elle devait comprendre maintenant que le silence détruit l'âme et que pour grandir il faut parfois affronter la dure réalité. Elle aussi devait entreprendre la démarche qui lui permettrait de s'exprimer librement, et aussi accepter que j'aie le droit de m'exprimer sans contrainte.

Mais je ne pouvais rien pour l'aider. J'avais fini de protéger les autres; c'était de moi que je devais prendre soin et j'espérais que maman soigne elle aussi ses blessures comme j'avais choisi de le faire. Je lui souhaitai tout l'amour nécessaire pour passer à travers l'épreuve qui s'annonçait à l'horizon.

Ah! Comme j'aurais aimé pouvoir discuter calmement avec elle, lui expliquer ma démarche, lui faire comprendre et peut-être partager mes buts! J'aurais voulu lui dire que je n'entendais pas me venger, mais simplement récupérer ma dignité, me rendre justice, me réconcilier avec mon image dans le miroir, me trouver enfin belle et propre, digne d'amour, le mien et celui des autres. Que pour cela je devais apprendre à me tenir debout.

Et je soliloquais dans mon for intérieur, répétant des mots que j'aurais bien voulu ceux d'un dialogue:

«Maman, jamais je ne serai capable de te dire le fond de ma pensée. Jamais je ne serai capable de te dire à quel point tu m'as manqué et à quel point je t'ai aimée. J'ai sacrifié quarante ans de ma vie par amour pour toi, pour ma sœur et pour mon frère. Je sais, tu ne m'as rien demandé et je ne t'ai pas laissé choisir la façon de te laisser aimer. La peur m'a paralysée et j'ai manqué de confiance en toi et en ta capacité de pouvoir m'aimer jusqu'à me protéger. Ne prends pas sur tes épaules cette responsabilité. Elle est à moi.

«Il m'est difficile aujourd'hui, après tant d'années de silence, de dénoncer sans te blesser. Crois-moi, je n'ai pas le choix. C'est à ce prix que je pourrai enfin faire la paix avec l'amour.

« Tu te sentiras humiliée et j'en suis attristée, mais tu n'as pas à te sentir outragée. C'est lui qui m'a violée! Tu te sens coupable? Moi, j'ai choisi de ne pas t'accuser; j'ai simplement choisi de me libérer. Tu crains sans doute le jugement des autres? Je te comprends. Je l'ai craint longtemps, jusqu'à ce que je saisisse que, le pire juge, c'était moi-même, et que dans bien des cas je me jugeais plus sévèrement que toutes les personnes qui pouvaient m'entourer. »

De penser à ma mère m'amenait aussi à songer à Lorette et à Anthonin. Eux aussi, j'allais les faire souffrir, et j'aurais tant voulu éviter cela. À eux non plus, je ne pouvais guère me confier, et toute conversation sincère entre nous était exclue. Mais, tout bas, j'élaborais des plaidoyers où je les exhortais à comprendre mon cheminement :

« Tu crois, ma sœur, que je veux te renier? Tu crois te retrouver devant un choix difficile : trahir ton père ou me trahir? Tu risques juste de te trahir toi-même si tu t'en tiens au seul silence. Il te suppliera comme il m'a suppliée. Il te manipulera comme il m'a manipulée. Mais, je t'en prie, aime-toi suffisamment pour t'en tenir à la vérité. Moi, j'ai demandé à Dieu un procès juste et équitable. Comprends-moi, je désire rompre le silence, dénoncer l'inacceptable et être en mesure d'aider mon prochain et de m'aider moi-même sans peur et sans culpabilité. Je te souhaite la même chose.

« J'ai essayé, pour toi, pour maman et pour Anthonin, de tourner la page, mais j'en suis incapable, car la page, c'est ma vie, et je ne peux la tourner en continuant de me taire. C'est comme si on me demandait de me renier. Je ne dors plus, mes nuits sont hantées par une suite incessante de cauchemars: j'ai peur de moi, de lui, de ce qu'il peut faire subir à d'autres enfants. J'ai le goût de dormir sereinement. Dénoncer me permettra-t-il d'y arriver? Je ne sais pas, mais c'est ma dernière solution. Je n'en ai plus d'autres.

« Il faut que je sorte de cet enfer, de cette prison où je suis depuis quarante ans. Je tiens enfin à regarder en toute liberté le soleil se lever et se coucher, à apprendre à vivre avant que la mort ne vienne me chercher. Je veux pouvoir me dire que, lorsque je mourrai, il y aura une place pour moi au paradis et que j'y serai accueillie. Mais pour ça je dois réussir à être fière de moi et, tant que je garde le silence, je ne peux pas y arriver. Je suis complice de ses actes chaque jour qui passe sans que je dénonce. Toi-même, tu mérites la liberté et, malheureusement, cette liberté passe par la vérité. Si tu y renonces, le mensonge et le silence tortureront désormais ton âme et ton cœur comme ils m'ont fait durant tant d'années.

« Toi, Anthonin, mon frère qui n'as rien vu et rien entendu, mais qui as toujours su, toi qui as peur de ce que l'avenir peut réserver à celui qui t'a donné la vie, toi qui as peur d'être jugé, tu as une grande force que je n'ai jamais eue : celle de savoir t'extraire d'un problème qui ne te concerne pas. Mais tu ne dois pas négliger l'impact que peut avoir l'abus sur un enfant. Plaise à Dieu que tu ne sois jamais placé devant la déception que cause une telle situation. Tu n'es pas responsable, ne l'oublie pas. Ton père a choisi sa voie, comme moi, aujourd'hui, je choisis la mienne. Il doit assumer les actes qu'il a commis et, malheureusement, pour ça, il fallait que je le dénonce. Je le fais pour apprendre à m'aimer, pour réapprendre à vivre, pour protéger nos enfants et tous les enfants qui croisent sa route. »

4

Face à face avec l'enquêteur

La nuit du 14 au 15 juin m'avait paru interminable. J'avais peu dormi, partagée entre la fébrilité et le trac devant l'imminence de la rencontre avec l'enquêteur. J'étais impatiente de concrétiser ma poursuite, mais j'avais conscience aussi de m'engager dans une démarche longue et difficile.

J'arrivai dix minutes avant le moment fixé pour le rendez-vous et j'attendis sagement avec l'intervenante du CAVAC qui m'accompagnait. Enfin l'heure sonna. Un homme d'une cinquantaine d'années vint nous chercher pour nous conduire dans un local sans fenêtre.

Comme il devait avoir pris connaissance de l'ensemble de mes écrits, la déposition devrait être plus facile. Je ne nourrissais aucune attente, convaincue que mes chances demeuraient fort minces que je sois entendue par le tribunal. Robert Goupil avait un air sérieux. Il faut admettre que le sujet ne se prêtait guère à la plaisanterie. Pourtant, il chercha à me mettre à l'aise avant de commencer l'interrogatoire. Il m'expliqua les procédures et me fit connaître mes droits. J'écoutai attentivement. Il termina son exposé par ces mots:

—Pour qu'un enquêteur puisse bien faire son travail et que la victime ait des chances de gagner, il faut d'abord qu'il croie fermement à son histoire.

L'angoisse me saisit immédiatement. Je n'avais jamais été crue par personne; pourquoi me croirait-il, lui? Sans doute avait-il lu mes textes. Que pensait-il de ma cause? La réponse vint sans que j'aie à formuler la question.

—Je voudrais vous dire d'emblée qu'avant même de vous avoir vue, sur la foi des documents que vous m'avez transmis, déjà je n'avais aucun doute sur la véracité des faits rapportés. Je crois entièrement votre histoire. Mais maintenant j'ai besoin de votre collaboration. Vous devez me faire une déclaration verbale des principaux événements de votre vie, en vous en tenant à l'ordre chronologique. Cette déposition vous servira d'aide-mémoire s'il y a procès. Vous sentez-vous prête à commencer?

À l'angoisse avait succédé un immense soulagement. Il me croyait! Je ne pouvais le réaliser. Et il était prêt à m'entendre! C'était impossible. Toute ma vie, tous ceux qui m'étaient proches avaient banalisé les faits, plusieurs ne voulant même pas les entendre jusqu'à la fin, et voilà qu'un pur étranger me croyait avant même que j'aie ouvert la bouche!

Je m'empressai de faire signe que j'étais prête et, lentement, nous commençâmes à retracer les principaux événements de ma vie. Exercice difficile. Raconter d'un bloc autant de mauvais souvenirs me retournait et me faisait terriblement mal. Par ailleurs, j'en étais arrivée à un stade de très grande détresse et je cherchais par tous les moyens à me libérer de la souffrance qui hantait mes jours et mes nuits; la poursuite était à toutes fins utiles mon seul recours. Je n'avais plus rien à perdre car j'avais déjà tout perdu. D'où ma détermination farouche à continuer malgré tout.

À quatorze heures, je n'avais même pas relaté la moitié des événements. Chantal, l'intervenante, me sentait fléchir et proposa une pause. Je commençai par refuser; j'étais pressée d'aller jusqu'au bout. Mais mes nerfs craquèrent soudain et je fondis en larmes en gémissant.

Je n'arrivais plus à reprendre mon calme. J'avais beau respirer lentement et profondément, rien n'y faisait. Je pleurais. Goupil se retira, me laissant seule avec Chantal. Je lui dis:

—J'ai honte, si vous saviez comme j'ai honte. Je m'en veux!

—Vous n'avez pas à avoir honte: vous n'aviez que huit ans! Vous avez été courageuse. Vous êtes la victime, pas l'agresseur.

—Je sais, mais c'est plus fort que moi... J'ai honte d'avoir enduré toute cette souffrance sans rien faire pour me défendre, sans essayer de me protéger!

—Vous avez essayé de vous protéger. Vous avez essayé par diverses stratégies: des stratégies comme une enfant de huit ans peut en élaborer! Vous n'aviez que peu de moyens. Il vous a fallu beaucoup de courage pour passer au travers. Vous n'avez pas à rougir.

—Je sais, mais c'est plus facile à dire qu'à faire. Vous avez raison, mais...

J'étais inconsolable. Lentement, je finis par reprendre la maîtrise de moi-même, mais la panique menaçait sans cesse de me gagner. À ma demande, l'enquêteur revint et je m'excusai à plusieurs reprises de m'être ainsi laissée aller. Il m'annonça:

—Nous allons changer d'approche. Vous avez suffisamment souffert pour le moment. Je vais inscrire dans la déclaration que les mêmes faits se sont répétés lorsque vous avez déménagé à Rouyn-Noranda et à Beaudry et que vous me faites le dépôt d'un document racontant votre histoire. J'en ai suffisamment pour porter des chefs d'accusation contre votre père. Et vous n'avez pas à vous excuser. Par contre, lui, il a à le faire. Croyez-moi, je ferai tout mon possible pour que justice soit rendue. Faites-moi confiance.

—Merci, merci beaucoup!

Il m'expliqua qu'il irait rencontrer le procureur de la couronne le plus rapidement possible et qu'il m'appellerait pour m'informer de la suite des procédures. Je signai la déclaration et quittai le bureau. J'avais mal partout, j'étais meurtrie jusqu'à l'âme, mais en même temps je me sentais soulagée. Je n'étais plus seule à porter mon fardeau.

Le lendemain, Robert Goupil vint chez moi en compagnie de Chantal pour m'informer du nom de la procureure de la couronne qui serait responsable du dossier et pour m'expliquer la stratégie qu'ils avaient élaborée d'un commun accord. Il ne se passerait rien avant le début d'août à cause de la période des vacances, mais également parce qu'ils avaient décidé de concerter leurs efforts pour augmenter les chances d'obtenir des aveux et d'ainsi éviter le procès.

Je ne fus pas déçue de ce contretemps. J'avais décidé de faire confiance à la vie, à cet enquêteur et à son expérience. Il connaissait son métier et il ferait tout son possible pour m'aider, j'en étais persuadée. Ce qui arriverait, me disais-je, serait le mieux pour moi. J'approchais enfin du but. Je grandissais et au bout de ma route une nouvelle vie m'attendait. Je n'étais plus seule, maintenant. J'avais des amis qui m'aidaient, me soutenaient et m'appuyaient dans mes démarches, et maintenant il y avait cet enquêteur qui m'avait dit:

—Vous m'avez remis votre fardeau. Maintenant je le porte pour vous. Reposez-vous et faites le plein d'énergie pour la suite des événements. Nous avons besoin d'un témoin capable de se tenir debout.

—Ne vous inquiétez pas, il est hors de question que je lâche si près du but.

5

La joie d'être entourée

Après leur départ, ce fut une vague de gratitude et d'amour qui m'envahit. Pour une fois, j'étais entendue et comprise.

Mon premier geste fut de communiquer avec mon amie Joëlle pour la remercier encore plus chaleureusement que je ne l'avais fait : merci pour la confiance qu'elle m'avait témoignée, merci pour l'amour qu'elle m'avait donné, merci pour m'avoir guidée et pour m'avoir rendu la foi en une vie plus satisfaisante. Joëlle m'avait aidée à trouver la clé de l'espoir et de la liberté. Elle avait su trouver les mots qui m'avaient enfin permis de faire les pas nécessaires à ma libération. Devant ma souffrance, bien loin de détourner le regard, elle avait été la première à prendre fait et cause pour moi, à s'inquiéter de mon sort, à s'inquiéter de ma souffrance et des effets destructeurs qu'elle avait sur ma vie. Elle m'avait tendu la main et elle était demeurée fidèlement présente à chaque tournant difficile. Je mesurais toute la profondeur de son amitié. Je réalisais à quel point ce support m'avait été précieux.

Tout ce qui m'arrivait depuis que j'avais revu Joëlle, jamais je n'aurais cru que ce puisse être possible. J'étais entourée, tout à coup. J'avais deux excellents thérapeutes dans les Laurentides, un psychologue, une massothérapeute très à l'écoute de mon corps, un médecin prêt à m'appuyer et à me supporter, et maintenant j'avais des amis, de nombreux amis. Ainsi soutenue, je me sentais prête à poursuivre mon ascension vers la reconquête de ma liberté et de ma dignité. J'irais, cette fois-ci, jusqu'au bout de moi-même.

Néanmoins, je connaissais bien mes faiblesses et j'étais consciente qu'il me faudrait les affronter. Mon plus grand handicap était la certitude indéracinable de ne pas être crue et d'être jugée. La foi que m'avait manifestée l'enquêteur n'avait pas suffi à me convaincre tout à fait. Je n'étais pas habituée à une telle attitude et je demeurais méfiante. Est-ce que je rêvais ou si tout cela était réel? Est-ce qu'on ne parlait pas de moi dans mon dos en se moquant de ma naïveté? L'enquêteur et l'intervenante étaient-ils sincères?

De telles craintes m'avaient longtemps empêchée d'avancer et de foncer, et elles m'empêchaient encore de m'épanouir et de me défendre. On ne se refait pas en quelques heures, comme par magie.

En outre, si ma tête admettait sans trop de peine que j'étais innocente, mon cœur continuait de me croire coupable de faire souffrir ma famille! J'avais encore le mauvais rôle, plutôt que celui de la victime. Je ne voulais plus le jouer, ce rôle, mais le dire ou le penser ne suffisait pas à m'en dépouiller. J'aurais bien voulu éviter de faire du tort à ma famille, mais c'était impossible. Je ne pouvais pas, comme eux tous, faire semblant que rien ne s'était passé. Je n'arrivais pas à tourner la page comme ils me le suggéraient.

6

Des clous solides pour la preuve

Au moment où j'avais fait ma déposition, Robert Goupil m'avait rappelé à plusieurs reprises l'importance de lui communiquer le moindre détail susceptible de me faire gagner ma cause, même si mon père plaidait non coupable. Il voulait notamment que je lui révèle un détail intime que seule une personne ayant eu des relations sexuelles avec mon père eût pu connaître. Il avait insisté sur ce point, précisant qu'il s'agissait d'une donnée essentielle pour asseoir ma crédibilité et rendre mon témoignage indiscutable. Je connaissais ce détail, mais j'avais été incapable de le lui mentionner. C'était trop humiliant.

Six semaines avaient passé depuis ma déposition, six semaines où il n'y avait pas eu une seule journée sans que je pense à cette exigence. Chaque fois, j'avais mal au cœur et le goût de vomir me submergeait. Je doutais de pouvoir évoquer cette particularité sans m'effondrer. Était-ce si important? Je convenais que oui, mais à la condition qu'il arrive à faire avouer ce détail à ma mère, et je me demandais bien comment il s'y prendrait. Mais il se pouvait aussi fort bien qu'elle ne veuille pas parler de ce comportement sexuel particulier, par honte ou par pudeur. Cela m'humiliait tant de devoir en parler moi-même. J'avais été si souvent mortifiée dans ma vie. Était-il nécessaire de me faire vivre mon cauchemar de façon aussi intense une autre fois? Tous ces doutes me torturaient, mais j'arrivais au but et je ne pouvais ni ne voulais revenir en arrière. J'étais décidée à tout dire, à mettre toutes les chances de mon côté.

Je devais dire et redire mon histoire, mais surtout je devais plonger dans les détails intimes d'une relation sexuelle non désirée afin de donner des indices à la procureure et à l'enquêteur pour ainsi augmenter mes chances de gagner. Mais le seul fait de connaître aussi intimement les comportements sexuels de mon père me paraissait dégradant; devoir en plus raconter ce qui se passait lorsqu'il me violait! Mon rythme cardiaque augmentait et je sentais des bouffées de pression me monter au visage. Pourtant, c'était un si menu détail, presque rien, une chose sans importance, mais qui pouvait faire toute la différence.

À nouveau, je devais me répéter que je n'étais pas l'agresseur, mais la victime. Je n'arrivais pas à me débarrasser de l'impression que je n'avais pas su me protéger lorsque j'étais petite et que je m'étais ainsi faite complice des abus que je subissais. Je me jugeais sévèrement. Pourtant, je devais me forcer à regarder les choses en face et affirmer haut et fort que je n'avais jamais été consentante, que j'avais été assaillie, abusée et piétinée.

Je me décidai à aller rencontrer l'enquêteur.

— Je m'excuse, je ne voulais pas vous cacher quoi que ce soit, mais j'ai tellement honte de connaître ce détail et ça me mortifie de devoir le partager. Il... Il... Mon Dieu que c'est difficile à dire! Il interrompait souvent la pénétration; il frottait et secouait son pénis avant de me pénétrer de nouveau.

— Croyez-vous qu'il agissait de la même manière avec votre mère? me demanda l'inspecteur.

Des larmes coulèrent le long de mes joues.

—Je ne sais pas. Mais comme il faisait ce geste régulièrement, je suppose que oui. Il pouvait répéter cela plusieurs fois. Dieu que ça m'écœure! Je crois qu'il agissait ainsi pour prolonger l'acte. À chaque fois, c'était pour moi une pénible désillusion parce que je pensais que c'était enfin fini. Mais non, il manipulait un temps son pénis et me pénétrait à nouveau.

L'entretien ne durait que depuis quelques minutes et j'étais déjà épuisée. Il n'est pas naturel de connaître les pratiques sexuelles de ses parents. Cela nous cause un malaise profond. Mais il y avait autre chose, aussi: mon père avait si profondément ancré dans mon esprit la responsabilité des actes qu'il avait commis que je n'arrivais plus à me débarrasser de la montagne de culpabilité qu'il avait entassée sur moi.

En même temps, j'étais ce que j'étais, j'avais vécu ce que j'avais vécu. Il fallait que je me le répète pour surmonter ma nausée. Je n'étais pas parfaite, mais je n'étais pas coupable. Au moment des agressions, je n'étais qu'une enfant qui avait essayé de se protéger et de protéger de son mieux sa famille. Si mon agresseur avait joué son rôle de père, nous n'en serions pas arrivés là.

L'enquêteur pouvait maintenant poursuivre son travail. Il avait tout en main pour procéder aux étapes subséquentes, soit rencontrer ma mère, Lorette et Anthonin. Comment serait-il reçu? Qu'allait-on lui dire? Encore un suspense qui me tenait sur la corde raide et qui me faisait paraître les heures interminables.

7

Confrontée à la justice

Enfin, le téléphone sonna! Robert Goupil avait rencontré ma mère, ma sœur et mon frère. Mon père n'avait toujours pas été interrogé ni arrêté. Il était temps que je rencontre la procureure de la couronne qui avait accepté de prendre ma défense, Me Nancy McKenna. L'entrevue se déroulerait au palais de justice le mardi suivant, 10 août 2004, à quatorze heures. On était jeudi. Il me restait quatre jours à attendre, quatre longs jours avant de savoir ce qu'il adviendrait de ma plainte.

Le mardi arriva plus vite que je ne m'y attendais. L'heure avançait au rythme des battements de mon cœur qui s'accéléraient de plus en plus. J'avais hâte, mais en même temps j'étais inquiète. L'enquêteur vint me chercher à la maison. Il était accompagné de l'intervenante du CAVAC.

Lorsque je rencontrai enfin la procureure, je la trouvai immédiatement fort sympathique et très attentionnée.

Elle prit le temps de m'expliquer par le menu la démarche que nous entreprenions et qui risquait d'être longue et éprouvante. Je l'écoutai attentivement et je compris bien vite les conséquences de l'acte que je posais. Mais j'étais prête.

Pourtant, tout n'était pas si simple et la procureure ne me dorait pas fallacieusement la pilule : il fallait prouver hors de tout doute raisonnable que mon père m'avait abusée sexuellement. Toute ma famille admettait que j'avais été victime, mais chacun affirmait n'avoir été témoin d'aucun acte de violence ou d'abus à mon endroit. Si tous refusaient de parler des faits, mes chances de gagner s'en trouveraient amincies. Les larmes me montèrent aux yeux. J'avais espéré de toutes mes forces être supportée par ma famille, et voilà qu'elle faisait mine de se défiler.

— Votre dossier est solide, poursuivit la procureure. Vous êtes une personne très crédible et vous êtes assez forte pour passer à travers le processus, mais ce ne sera pas facile. L'avocat de votre père vous décrira comme une provocatrice, une manipulatrice, une allumeuse. Il ira même jusqu'à dire que vous désiriez avoir des rapports sexuels avec votre père. Il essaiera toutes les stratégies possibles. Êtes-vous consciente de cela ?

— J'en suis parfaitement consciente. J'ai longuement réfléchi et les six semaines d'attente m'ont permis de bien analyser mes motivations. Je n'ai plus le choix : je veux et je dois m'en sortir. Je veux dénoncer ce qu'il m'a fait subir.

— Vous savez également que nous vivons dans une petite région. Il y a de fortes chances que votre histoire se répande, malgré l'ordonnance de non-publication qui devrait être édictée. Vos collègues de travail, vos amis, votre parenté, tout le monde saura. En êtes-vous bien consciente ?

— Oui, lorsque j'ai porté plainte, j'avais pesé tout ça. J'ai élaboré il y a quelques années un projet qui a pris une dimension nationale et on a beaucoup parlé de moi dans les journaux. Je suis connue pour mes interventions contre la violence faite aux enfants et je sais que les journalistes pourraient s'emparer de mon histoire. J'en ai conscience, mais je suis prête. Je me dis que, probablement, il y a eu d'autres victimes après moi. Ça me semble impossible que je sois la seule. Mon père est un maniaque sexuel incorrigible. Si les journaux publient l'histoire, il y aura peut-être d'autres victimes qui décideront de parler!

— Il me faut également vous dire qu'en tant que victime, vous avez très peu de droits. En fait, vous en avez deux. Il est possible de considérer vos écrits comme étant un journal intime, de sorte que je ne serai pas tenue de les remettre à l'avocat de votre père. De plus, votre identité sera protégée. Les journalistes auront le droit de publier votre histoire, mais pas votre nom. Cela vous va?

— Oui. Pour ce qui est de mes écrits, je vais y réfléchir avant de vous communiquer ma décision finale, mais si cela pouvait vous être utile pour gagner la cause, vous pourriez les déposer auprès de l'avocat de la défense.

— Bon, maintenant, nous allons commencer. L'intervenante du CAVAC ne pourra assister à votre déposition. Il ne doit y avoir que moi, vous et l'enquêteur. Par contre, elle sera juste à côté et si cela n'allait pas, nous pourrons nous interrompre à tout moment. Nous pourrons même continuer une autre fois si c'est trop difficile.

Une fois de plus, la déposition fut pénible. Je dus répéter mon histoire dans les moindres détails et répondre à toutes les interrogations de la procureure. Mes larmes coulaient. Je voyais ma vie défiler au fil de mes paroles. À un certain moment, je ne fus plus capable de continuer. Une longue plainte de souffrance sortit de sa bouche. Me McKenna me proposa d'ajourner la rencontre, mais je refusai.

—Je vais me donner quelques minutes pour me ressaisir et je vais continuer.

Je me levai pour aller prendre l'air. Robert Goupil m'accompagna et se fit rassurant : tout allait bien. Je le savais, mais cela était loin de lever tous mes doutes. Je marchais sur une corde raide entre la vie et la folie. Il me fallait toujours me dominer afin de ne pas perdre mon fragile équilibre. Je regardai intensément l'enquêteur qui grillait rapidement sa cigarette. Je sentais sa compassion, son désir de m'aider. C'était la première fois que je faisais confiance à un autre homme que mon mari. Pouvait-il seulement comprendre ce que cela signifiait pour moi ?

L'heure était venue ; il fallait rentrer et terminer. Je suis retournée dans le bureau de la procureure avec l'enquêteur. Je parvins à tout dire, mais ce ne fut pas sans pleurer abondamment et longuement.

—Vous êtes très courageuse, me dit la procureure. Nous en avons terminé avec les faits. Avez-vous autre chose à ajouter, ou des questions à poser ?

—Je ne crois pas ma mère et ma sœur lorsqu'elles disent n'avoir jamais été témoins des abus que j'ai subis. Je suis désolée et vous ne savez pas à quel point je voudrais pouvoir les croire, mais je n'y arrive pas. Une nuit, j'ai eu connaissance que ma mère s'est levée et a fait le tour de toutes les pièces de la maison. Elle s'est arrêtée devant la porte de ma chambre qui était fermée. Mon père était là. J'ai retenu mon souffle. Si elle ouvrait, elle le verrait et le cauchemar prendrait fin. Mais non, elle a hésité, et est retournée dans sa chambre. Mon père a interrompu ses manœuvres et il s'est dépêché d'aller la rejoindre. J'ai entendu ma mère lui demander où il était, mais je n'ai pas entendu la réponse. Et cette fois où il a mis un oreiller sur ma tête pour étouffer mes cris ? Je me suis débattue. Comment se fait-il qu'elle n'ait rien entendu lorsqu'elle est passée devant ma chambre? Et la visite chez le pédiatre? Je voudrais bien croire à son innocence, mais je ne peux pas. Son subconscient sait sans doute beaucoup plus de choses que son conscient et je crois qu'il ne lui est actuellement pas possible encore d'affronter cette réalité parce qu'elle est trop souffrante.

— Mais ne pensez-vous pas que, lorsque le médecin vous a demandé de sortir, c'était au tour de votre mère de se faire examiner? demanda l'enquêteur.

— Impossible, c'est un pédiatre, que j'ai vu! C'est elle qui me l'a dit! Quant à ma sœur, lorsque nous habitions à Rouyn-Noranda, elle s'est levée un bon matin en disant que papa dormait dans notre lit, à côté de moi. C'est impossible qu'elle n'ait rien vu, mais je comprends qu'il lui est difficile de témoigner contre son père.

Tout était dit. La procureure m'expliqua qu'elle disposait d'assez d'éléments pour déposer la plainte, mais que le procès ne pourrait être évité. Les démarches dureraient environ un an, selon elle.

J'éclatai de nouveau en sanglots : un an, un an encore! Il y aurait beaucoup d'interrogatoires et de contre-interrogatoires qui, à chaque fois, me projetteraient dans les images douloureuses de mon passé.

Quelques minutes plus tard, je m'étais ressaisie et je réaffirmais que j'étais prête et que j'avais l'intention d'aller jusqu'au bout.

— Vous savez, ça fait vingt ans que je vis avec mon conjoint et je suis encore incapable de le voir entrer dans ma chambre sans crier, dis-je en pleurant. Quand je me regarde dans le miroir, je vois une vieille femme de quatre-vingt-deux ans, plissée et courbée. Je ne peux plus reculer, je veux m'en sortir!

Je souffrais intensément. Je voyais mes chances de

gagner ma cause diminuer. Il me serait difficile de réussir, j'en étais consciente, si Lorette refusait de raconter les faits dont elle avait été témoin et si elle continuait d'affirmer n'avoir rien vu. Même si on croyait mon histoire, il subsisterait un doute raisonnable.

Maintenant, les procédures poursuivraient leur cours indépendamment de moi. À partir du moment où la couronne prenait fait et cause pour moi, c'était comme si je n'étais plus partie au procès. Je n'avais plus rien à dire dans la conduite des procédures; je devenais tout au plus un témoin dans ma propre poursuite.

8

Non coupable, mais toujours culpabilisée

Je quittai le palais de justice le cœur gros. J'étais submergée par deux émotions contradictoires : la joie et la peine. Ma mère, ma sœur et mon frère avaient dit qu'ils me croyaient! Jamais je n'en aurais espéré autant. Mais, en même temps, ils étaient choqués parce que je n'avais pas porté plainte vingt ans auparavant et ils se demandaient pourquoi je ne l'avais pas fait. C'était simple, pourtant. Comment aurais-je pu dénoncer papa alors qu'aucun d'entre eux ne m'avait fait signe qu'il me supporterait et m'appuierait? Ce reproche était d'autant plus captieux et sournois que, à l'époque, lorsque j'avais parlé de cette possibilité avec ma mère, elle m'avait dit qu'elle ne voulait pas servir d'instrument pour assouvir ma vengeance, alors que moi je ne parlais pas de vengeance, mais de justice!

Cependant, à ce moment-là, j'étais encore incapable de voir la part de responsabilité de ma famille dans le fait que j'aie gardé le silence si longtemps, de sorte que je me culpabilisais et m'autoflagellais, m'accusant d'avoir jugé ma mère, ma sœur et mon frère. Car j'avais critiqué sévèrement chaque parole, chaque geste et chaque non-dit de ma famille, et le silence de chacun était pour moi un signe de déni; je les avais jugés et j'avais interprété leur attitude comme une trahison.

Il faut dire que, même si je lui avais révélé les faits plus de vingt ans plus tôt et qu'elle s'était séparée de mon père, maman le fréquentait encore, j'en avais eu la preuve. Lorette et Anthonin le voyaient régulièrement. Pour moi, cela équivalait à nier ce que j'avais vécu, à banaliser les crimes dont mon père s'était rendu coupable. Il ne s'agissait pas seulement de partager ou pas une opinion sur une personne; on parlait d'agressions sexuelles sur une enfant, de pédophilie, et je ne pouvais comprendre que les membres de ma famille traitent la chose avec une telle légèreté.

Par contre, je ne pouvais leur demander de cesser de le voir; mais je me sentais trahie et humiliée. C'était moi qui étais mise de côté et c'était lui qui continuait à vivre une vie normale.

Ainsi, jamais je n'avais senti leur appui et, aujourd'hui, ils me reprochaient de ne pas avoir agi! Jamais ils ne m'avaient adressé quelque signe ni quelque suggestion que ce soit à l'effet que j'aurais dû poursuivre. Au contraire, ils avaient opté pour le silence et j'avais accepté de m'y laisser enchaîner. Pour eux, il était inutile de poursuivre; je devais tourner la page et oublier ce qui s'était passé.

Je ne réalisais pas toute la portée de mon geste en me taisant pendant si longtemps. Je m'étais fait la vie dure pour rien. J'avais accumulé vingt ans de souffrances supplémentaires par manque de confiance. Mais comment faire autrement? À ce moment, je n'étais pas prête à affronter toutes les conséquences d'une dénonciation, alors que tout le contexte dans lequel je baignais était défavorable à une telle démarche.

Je pleurai jusqu'au matin. Je me noyais dans la tristesse et le chagrin, ressassant sans fin ma déception de ne pouvoir obtenir un appui inconditionnel de ma famille. Tantôt, je nourrissais ma colère contre ma mère, ma sœur et mon frère, tantôt je leur pardonnais tout sans réserve et je priais pour eux.

Le lendemain, je téléphonai au thérapeute qui m'avait accueillie dans les Laurentides pour lui confier mes sentiments et ma peur de perdre mon procès, pour lui dire aussi l'importance que la victoire avait tout à coup pour moi. J'étais comme une enfant perdue et je cherchais désespérément une bouée à laquelle m'accrocher.

Ma mère avait dit à l'enquêteur qu'elle croyait que j'avais été abusée, et je me demandais si je ne devais pas communiquer avec elle pour que nous nous expliquions. Le thérapeute me déconseilla de le faire, en précisant que tout geste de ma part pouvait interférer négativement dans ma démarche. Sans doute avait-il soupçonné une certaine complicité dans le silence de ma mère et craignait-il que je ne me fasse manipuler. Il me répondit simplement: «Tu as fait ce que tu devais faire. Le reste n'est pas de ton ressort. Il te faut faire confiance. Il y a une force plus grande que toi qui te guide et qui t'aime. Fais confiance à Dieu.»

Cela m'était difficile. Dans le passage à vide où je me trouvais, je ne croyais plus en rien. Mais je savais qu'il avait raison. Je devais lâcher prise et ne plus me tracasser avec ce que je ne pouvais changer.

Il était temps que je prenne dans mes bras la petite fille en moi et que je la berce. Je devais cesser d'attendre ce qui n'arriverait jamais: me retrouver dans les bras de ma mère pour pleurer ma souffrance et me faire consoler avec amour. Cette petite fille, on l'avait oubliée dans le fond du grenier, à la maison de mes parents, longtemps auparavant. Inutile d'attendre qu'on en prenne soin. Je n'avais d'autre ressource que de m'en occuper moi-même, de consoler le gros chagrin qui prenait beaucoup de place dans son cœur.

Jamais je ne saurais ce que c'est que d'être une simple petite fille. Jamais je ne connaîtrais l'insouciance de l'enfance. Jamais je ne pourrais récupérer l'enfance perdue, mais je pouvais récupérer les moments qu'il me restait à vivre, faire la paix avec moi-même pour la suite des choses.

9

Du temps pour guérir

Ainsi donc, la rencontre de la procureure de la couronne avait eu lieu en août 2004. Toute la procédure qui se mettait en place à compter de ce moment ne connaîtrait finalement son aboutissement qu'en mai 2006. Presque deux ans plus tard.

Au départ, je ne me faisais pas une idée très juste ni très réaliste du cheminement dans lequel je m'engageais. La procureure m'avait informée que tout cela durerait sans doute une année. J'en avais été sidérée. Je me voyais tout ce temps ballottée d'interrogatoires en contre-interrogatoires, sans cesse sollicitée par la cour et obligée de m'y rendre presque tous les jours. Ce procès m'apparaissait comme un calvaire quotidien, une année interminable de torture.

La réalité devait s'avérer fort différente. Tout d'abord, il faudrait deux fois plus que le temps prévu pour que le procès aboutisse, ce qui, semble-t-il, est assez normal. En outre, oui, des moments extrêmement pénibles allaient survenir : il y aurait des interrogatoires, des contre-interrogatoires, des confrontations de points de vue. Mais la justice est discontinue à un point qu'il m'était difficile d'imaginer. Pendant toute cette période, quelques dates seulement exigeraient ma disponibilité, séparées par de longues périodes d'attente, peut-être plus éprouvantes encore à certains égards que le feu de l'action. La procédure est complexe, les étapes, nombreuses, et les reports, fréquents. Là encore, il semble que les contretemps soient quelque chose de tout à fait normal. Le néophyte est vite perdu dans ce dédale, et il ne peut s'empêcher de développer une forte impression d'inefficacité du système judiciaire.

C'était vrai. Je n'avais plus qu'à laisser faire les événements, puisque la couronne endossait ma cause, une fois ma démarche initiée. Il ne me restait qu'à attendre. Mais le temps était long. Je n'étais toujours pas sortie de ma dépression et je me demandais parfois comment j'avais pu trouver le courage de franchir les premières étapes de cette course à obstacle. J'avais des moments de total découragement; je pleurais souvent, assaillie par l'angoisse, la honte, le sentiment d'injustice. Le moindre revers ruinait le peu d'optimisme que j'arrivais à accumuler peu à peu par un combat acharné de tous les instants.

Pourtant, toutes ces périodes d'attente me permettaient de réfléchir longuement sur moi et sur ce qu'avait été ma vie. Je prenais conscience que je n'avais jamais fonctionné tout à fait normalement. J'étais trop préoccupée par l'amour, par l'affection, par l'appréciation des autres. J'avais développé depuis mon enfance des réflexes de surcompensation pour mes lacunes, réelles ou imaginaires, et je m'imposais sans cesse des exigences au-dessus de mes forces qui avaient fini par m'épuiser. Je devais m'imposer de nombreux renoncements, et le processus serait long. Sans doute, le reste de ma vie devrait être consacré à ma rééducation.

Je devais, dans un premier temps, renoncer à la perfection. J'avais toujours cherché à atteindre le summum afin de me faire aimer et accepter. J'avais toujours voulu faire plus et mieux que les autres, usant ainsi mon corps plus que nécessaire et me faisant la vie dure à mettre les standards de plus en plus haut. Je ne pouvais jamais être satisfaite de quoi que ce soit parce que la perfection est exigeante, gourmande et difficile à atteindre. Je posais toujours un regard critique sur moi et sur mes réalisations. Je me jugeais sévèrement, bien plus attentive à la faille qui me couvrait d'ombre qu'aux points positifs qui rayonnaient. Je devais accepter d'être juste moi-même, de viser l'excellence mais non plus la perfection qui n'a jamais de limites, de rechercher la satisfaction dans l'imperfection, de baisser les standards de réussite, d'être plus réaliste et moins exigeante.

Dans tout ce que j'entreprenais, seul le succès était acceptable et je voyais le moindre échec comme un facteur d'autodestruction. Du jour au lendemain, il m'était difficile de changer cela, d'accepter les revers comme des occasions positives d'apprentissage.

Il me fallait encore renoncer à être une super-woman, à vouloir travailler plus vite et mieux que les autres, à en faire toujours plus, pour convaincre mon mari et me convaincre qu'il avait bien fait de m'épouser, pour prouver à ma famille et à mes amis qu'il avait fait un excellent choix. Ne plus aller au-delà de mes capacités pour me prouver que je suis une personne de valeur. Découvrir que d'être simplement une femme était bien suffisant.

Et quoi encore? Ne plus tenir à avoir tous les talents, à être indispensable. Ne plus me charger des responsabilités des autres, faire confiance, accepter mes limites et celles des autres, sans nourrir des exigences irréalistes.

De vouloir être aimée m'avait déjà surtaxée. J'étais

devenue ambitieuse pour prouver à mon père qu'il avait tort de me considérer comme nulle. Tout cela en pure perte. Je devais mettre un terme à l'ambition démesurée, débridée, qui tuait ma personnalité. Je n'avais plus rien à prouver à qui que ce soit, surtout pas à moi-même.

Seule ma guérison comptait, et le long processus judiciaire allait me donner du temps pour réfléchir. Il allait m'obliger à me remettre en question et à travailler sur moi-même.

TROISIÈME PARTIE

Le procès

- 1 -

Serpents et échelles

Lorsque j'étais enfant, j'utilisais mon monde imaginaire pour être capable de passer à travers les souffrances sans y laisser ma vie. À chaque fois que mon père abusait de moi, rapidement je m'imaginais que je prenais mon cœur et mon âme dans mes mains, que je les mettais précieusement sous une cloche de verre hermétiquement fermée et que je les enfouissais profondément dans le sol. J'étais convaincue que je pourrais ainsi les protéger et les garder intacts le plus possible. Je ne pouvais rien pour mon corps, mais je pouvais essayer de sauver mon âme et mon cœur. Quand mon père en avait terminé, je les reprenais pour continuer à vivre à peu près normalement. Avec le temps et avec l'augmentation de la violence, j'en étais venue à laisser presque en permanence mon cœur et mon âme sous la cloche de verre, bien cachés aux yeux de tous.

J'avais pourtant dû déterrer la cloche pour construire ma vie avec mon conjoint et avoir des enfants. Cependant, une partie de moi était restée sous la cloche de verre. Maintenant que j'avais dénoncé mon père et que le moment de l'arrestation et du jugement approchait, il me fallait déterrer la dernière partie de moi-même. Il y avait bien long-temps que je ne m'étais sentie aussi nue et vulnérable.

Mais, pour guérir, je n'avais pas d'autres choix: je devais me libérer entièrement. Ma vie bascula, mes sentiments se mirent à me culbuter en tous sens. Je vivais dans les montagnes russes, mes émotions montant ou descendant au rythme des procédures.

Subitement, je me retrouvai sur une planche de jeu de serpents et échelles en tant que pion qui se déplace selon les chiffres obtenus lorsque les dés sont lancés. J'avais été la première à lancer les dés en dénonçant. Maintenant que c'était fait, ce n'était plus moi qui lançais les dés, mais la justice.

Le but du jeu est d'arriver le premier à la dernière case. Il y a cent cases à franchir. Des serpents et des échelles descendent ou montent et entraînent le joueur selon les coups de dés. Les échelles permettent au joueur de gravir plusieurs cases d'un seul coup, mais les serpents le font redescendre aussi rapidement. Tout est question de hasard.

Pour moi, cependant, le jeu était complètement modifié et il n'était nullement question de hasard. Il y avait bien eu une case départ, mais il n'y avait aucune case d'arrivée. Les échelles et les serpents étaient aussi nombreux les uns que les autres, mais il était impossible d'en déterminer la longueur. Le but du jeu n'était pas de gagner, mais de gravir plus d'échelles qu'on ne dévalait de serpents.

Plus question de s'arrêter, une fois les premiers dés lancés. Il fallait avancer. Même mes émotions se mêlaient de la partie: parfois, la confiance me faisait monter une échelle; à d'autres moments, mes angoisses et mes perplexités me faisaient glisser le long d'un serpent. Ma guérison elle-même avait pris l'allure du jeu. Lorsque je consolidais mes renoncements, j'escaladais une échelle, mais rapidement le naturel l'emportait sur les résolutions, et la descente était douloureuse.

2

Des liens familiaux malmenés

Plus de deux semaines s'étaient écoulées et j'étais toujours sans nouvelles de l'enquêteur et de M^e McKenna. Il me fallait, semble-t-il, m'habituer à ces délais aussi mystérieux qu'imprévisibles. Dieu sait si je n'avais pas fini d'attendre!

Un matin, lorsque je me levai, je me rappelai un drôle de rêve qui avait ravivé certains souvenirs. Que faire? En parler avec l'enquêteur ou laisser aller les choses? Je décidai d'aller rencontrer Robert Goupil pour lui faire part de mes réminiscences. Il avait souvent insisté pour que je lui raconte tout ce qui me revenait en mémoire et je ne demandais qu'à l'aider à étayer la preuve.

—J'ai deux souvenirs qui me remontent en tête depuis une semaine. Le premier concerne un événement qui s'est produit au Rapide-Deux lorsque j'étais adolescente. Mes parents organisaient toujours à l'automne un tournoi de pêche pour la famille de ma mère. Mes oncles, mes tantes, mes cousins et mes cousines venaient à ce tournoi, prétexte à des retrouvailles annuelles. Cette année-là, les chambres avaient été réparties par famille. La nôtre était installée dans une pièce située au deuxième étage. Il y avait un lit simple le long du mur adjacent à la porte pour mon père et ma mère et trois matelas étendus sur le sol pour moi, ma sœur et mon frère. J'occupais le lit du milieu. Mon père, qui avait beaucoup bu ce soir-là, est venu se coucher près de moi. Réalisant ce qu'il faisait, j'ai protesté vigoureusement. Il n'en était pas question; toute la famille était là, et plus particulièrement ma mère. Je me suis débattue, refusant qu'il reste dans mon lit. Il a résisté en disant qu'il ne voulait rien faire, qu'il voulait juste dormir avec moi. J'ai élevé la voix en le repoussant de plus belle. Incapable de me maîtriser plus longtemps à cause de son état d'ébriété avancé, il s'est retiré, mais il a pris la direction du corridor. Je me suis levée, suivie de ma mère, pour voir ce qu'il faisait. Il urinait dans le passage, convaincu qu'il était dans la salle de bain. Ma mère était au comble de l'humiliation. Moi, j'avais tellement honte de lui que j'avais le goût de vomir. Le deuxième événement concerne ma sœur Lorette. Lors d'une de nos discussions sur le vice de mon père, alors que nous différions d'opinion quant au danger qu'il pouvait représenter pour les enfants, elle m'a affirmé que papa lui avait dit qu'il était guéri de sa pédophilie, parce qu'il avait suivi une thérapie avec un psychiatre. Mon père lui aurait donc avoué avoir commis ce crime.

L'enquêteur m'écoutait attentivement. Il répliqua :

—J'ai interrogé votre famille à plusieurs reprises et tous vous appuient sans réserve dans votre démarche. Personne ne doute de votre témoignage. Mais tous affirment n'avoir rien vu et indiquent que votre père a toujours nié avoir eu des rapports sexuels avec vous. Ils ont l'air très crédibles. Ce qui les a choqués, ce sont les lettres que vous leur avez écrites. Il me semble que le problème relève d'un manque de communication et d'une mauvaise interprétation de vos mots et de vos gestes. Vous avez la chance d'avoir une famille qui vous appuie; vous devriez peut-être entrer en contact avec elle afin de rétablir les faits avant le procès. C'est une étape difficile qui s'en vient, très difficile à vivre, et si nous pouvions éviter de briser vos liens familiaux, cela serait moins pénible pour vous. Ils seront tous présents lors de votre témoignage et ce ne sera pas agréable pour eux de vous entendre. Peut-être vaudrait-il mieux vous expliquer avant. J'ai longuement parlé avec eux. Votre mère semble prête à faire des efforts, mais votre sœur et votre frère refusent d'effectuer les premiers pas en vue d'un rapprochement avec vous. Votre sœur est actuellement très malade; elle est en arrêt de travail pour cause d'épuisement professionnel et elle n'est pas très solide sur ses jambes; c'est également le cas de votre beau-frère; ce n'est guère facile dans la maison actuellement. J'ai demandé à plusieurs reprises à votre sœur si elle avait peur de témoigner et il semblerait que non. Elle n'a rien vu ni rien entendu, mais elle est incapable d'accepter votre démarche. Elle refuse catégoriquement de faire les premiers pas et de provoquer une explication. Votre frère a beaucoup de difficultés et il se trouve dans une drôle de situation par rapport à votre père, de sorte que je serai probablement obligé de procéder à l'arrestation beaucoup plus vite que prévu : actuellement, votre père est son partenaire de chasse, mais, compte tenu de ce qu'il vous a fait, votre frère ne veut plus aller à la chasse avec lui et il ne sait pas comment le lui dire sans mentionner les démarches juridiques entamées contre lui. Je pense que vous avez la chance de rétablir les ponts avec votre famille et que vous devriez au moins essayer.

Voilà que les remords m'envahissaient à nouveau. Je faisais souffrir les membres de ma famille et je me sentais responsable de toutes leurs afflictions. Pourtant, j'avais bien entendu à plusieurs reprises l'enquêteur me répéter que je n'étais responsable ni de leur souffrance ni de leur réaction. C'était mon père, le responsable.

Je comprenais très bien le sens de son intervention, même si elle avait été malhabile. J'avais la chance d'avoir une famille derrière moi et il était important qu'elle demeure positive tout le long des procédures, que je sente son support lorsque je témoignerais devant le tribunal. Il n'avait pas tout à fait tort, mais en même temps il me suggérait une démarche à la fois difficile et hasardeuse. J'avais éprouvé le pouvoir de manipulation de ma famille et, à ce moment, je me demandais si leur prétendue disponibilité au dialogue n'était pas une stratégie pour reprendre leur domination sur moi. Comme je connaissais ma faiblesse, j'avais peur d'entrer en contact avec eux et de me faire avoir. J'avais quarante-deux ans de vécu avec cette famille dysfonctionnelle. J'avais par rapport à elle des comportements de victime qui m'empêchaient de prendre la place qui me revenait. En contrepartie, eux entretenaient à mon égard une attitude de dominants; j'avais toujours été le souffre-douleur et cela ne pouvait changer d'un seul coup de baguette magique. Je ne voulais pas de nouveau me retrouver à faire mille et une pirouettes pour ne pas blesser ou faire souffrir.

Je remerciai Goupil en lui promettant de réfléchir à la situation.

Je sentais que je dévalais le plus long des serpents, celui qui menait à la case départ. Sur le coup de l'impulsion, je faillis me rendre chez maman pour m'excuser, mais j'avais le cœur trop lourd et je me sentais incapable d'affronter ses reproches. J'allai plutôt au CAVAC rencontrer Chantal, l'intervenante qui s'occupait de mon dossier. Devant elle, mes larmes débordèrent. C'était l'impasse. Comment réussir à rétablir les liens avec ma famille sans me sentir une fois de plus humiliée et responsable du bonheur des autres? Encore une fois, de victime, je devenais coupable.

Je comprenais la motivation de l'enquêteur; il voulait m'éviter des souffrances supplémentaires lors du procès. Mais j'étais incapable de faire les premiers pas sans retomber dans le modèle de relation dont je voulais précisément me sortir. J'aimais profondément les membres de ma famille, mais je refusais de me mettre une fois de plus en position d'infériorité.

Non, j'allais me tenir debout avec ou sans eux. Je fermai les yeux et j'envoyai de nombreuses pensées d'amour à Anthonin, à Lorette et surtout à maman. L'enquêteur m'avait longuement parlé de ma mère et des efforts qu'elle faisait pour m'aider à gagner ma cause. Elle collaborait au-delà de toutes ses espérances. Intérieurement, je la remerciai pour tout le courage dont elle faisait preuve.

«Merci, maman, si tu savais comme je t'aime et comme j'apprécie ce que tu fais pour moi! Si je pouvais te le dire de vive voix, te le faire sentir! Mais nous sommes différentes, toutes les deux, même si nous nous ressemblons. Moi, j'ai besoin de chaleur et de contacts humains, alors que toi, tu as peur des contacts. Je comprends: ton parcours de vie n'a pas été facile; il a été douloureux et surtout décevant. Merci pour le courage dont tu fais preuve et sache, même si je suis incapable de te le dire, que je suis fière de toi et que mon cœur est rempli de compassion et de pardon.»

Peut-être qu'un jour je pourrais reprendre contact avec ma famille, que des frontières seraient abattues, mais pour le moment je ne ressentais qu'un seul besoin incontournable, celui de prendre soin de moi et de ma souffrance.

Le lendemain, je rencontrai de nouveau l'enquêteur en compagnie de Chantal. Nous revînmes sur l'échange de la veille et je pus expliquer pourquoi je ne pouvais, pour le moment, faire des gestes pour me rapprocher de ma famille. Cet homme était sensible aux tourments que je vivais et il ne cherchait qu'à déployer tous les moyens pour que les choses se déroulent le plus en douceur possible. Je le remerciai chaleureusement de me faire partager son expérience et lui exprimai ma gratitude pour toute l'aide qu'il m'apportait. Lui-même, sans doute, ne pouvait comprendre tout le réconfort qu'il m'apportait par ses paroles et son attitude. Je grandissais, et c'était grâce à lui. Il regrettait de m'avoir blessée, mais j'avais besoin d'entendre ses mots pour bien me situer dans le contexte et pour affronter la suite des événements.

Cette fois, je m'étais arrêtée au pied d'une échelle et j'avais fait un bond en avant. Pour une fois, je m'étais choisie.

3

En attente de l'arrestation

Les dés étaient à nouveau lancés : le mandat d'arrêt avait été émis ainsi qu'un mandat de saisie du dossier médical de mon père. L'enquêteur pensait être en mesure de procéder à l'arrestation le mardi suivant.

J'appris que mon père avait été interné en psychiatrie durant quelques jours, lorsque ma mère l'avait confronté à ses agissements, après que je lui eus dit la vérité, il y avait de cela vingt ans. J'appris également que le psychiatre avait essayé de faire une conciliation entre mon père et ma mère, alléguant que ce n'était pas un si petit événement qui pouvait changer les choses aussi rapidement. Maman aurait fortement réagi à une telle affirmation et aurait quitté le bureau du psychiatre très en colère. Je compris soudain certains comportements de ma mère face aux thérapies et son manque de confiance envers les professionnels de la psychiatrie. Une vague de compassion me submergea. Comme cela avait dû être avilissant de voir sa relation matrimoniale ravalée de façon aussi cruelle! Elle aussi avait été manipulée par cet homme sans scrupule qu'était mon père. Que de souffrances! Ma mère avait eu beaucoup de courage, de convictions et d'amour pour résister à autant de pression.

Plus que six jours avant l'arrestation, plus que six

jours d'attente avant de connaître la réaction de mon père et de pouvoir évaluer les chances que ma cause aboutisse à un résultat positif pour moi.

J'étais devant une drôle de situation : sur la même case, une échelle et un serpent. C'est que les propos de l'enquêteur m'avaient malgré tout ébranlée et que les doutes continuaient de m'assaillir. Que faire? Reprendre contact avec maman qui se montrait si courageuse, ou ne rien faire. Si je reprenais contact, gravirais-je l'échelle ou glisserais-je le long du serpent?

Je décidai de communiquer avec mon ami thérapeute dans les Laurentides pour le consulter. Sa réponse fut catégorique : « Ne fais rien avant d'avoir parlé avec la procureure de la couronne. Tu peux contaminer ton dossier, et l'avocat de la défense de ton père peut t'accuser d'avoir voulu influencer ta mère. Ne fais rien et attends; tu as fait la seule chose que tu devais faire : dénoncer. Le reste est indépendant de ta volonté et tu dois veiller à ne pas interférer dans le processus qui se poursuit. Lorsque tu connaîtras la date de ton procès, avise-moi et je ferai tout mon possible pour être présent afin de t'épauler. N'aie pas peur, tu n'es plus seule. »

L'attente se poursuivit, avec les jours qui s'écoulaient un à la fois, bien paisiblement, alors que mon cœur qui n'en pouvait plus palpitait de plus en plus rapidement. Je ne savais plus quoi faire pour occuper mon esprit, pour me donner du courage et tromper ma fébrilité et mon inquiétude. Comment mon père réagirait-il? Deviendrait-il violent? Voudrait-il se venger? La panique menaçait sans cesse d'envahir ma réflexion et de me déposséder de toute logique. Alors même que, jour après jour, je gravissais cette drôle d'échelle à laquelle il manquait des barreaux, je voyais en bas les yeux du serpent qui me fixaient.

Le plus difficile était de combattre mes fausses croyances. Il ne fallait pas que je les écoute, mais la tentation était forte. Je luttais contre moi-même, mon manque de confiance et surtout mon impatience. Mais les choses arrivent quand elles doivent arriver, non lorsqu'on le veut. Il faut parfois savoir attendre pour de meilleurs résultats. Depuis que j'étais mariée j'avais perdu cette patience; j'éprouvais toujours le besoin de régler tout immédiatement ou de prendre la fuite. Cette fois-ci, aucune des deux stratégies ne me servirait. J'avais semé et la récolte n'était pas encore prête.

À mesure que l'échéance approchait, les questions se faisaient plus pressantes et je me demandais avec angoisse si mon agresseur admettrait son crime et comment ma mère, ma sœur et mon frère réagiraient à l'arrestation. Ouf! Je manquais d'air, je manquais d'espace. Je ne voulais pas me créer de fausses illusions. L'enquêteur m'avait dit que si de nouveaux éléments s'ajoutaient, cela pourrait retarder la procédure. J'avais tellement hâte de savoir ce que serait ma prochaine année : quand aurait lieu le procès, si je serais obligée de témoigner, quelles étaient mes chances de gagner! La sentence n'avait aucune importance pour moi, mais le jugement en avait une. Je voulais qu'il soit reconnu coupable afin de récupérer mon droit de parole. En même temps, j'étais consciente que c'était de mon père qu'il s'agissait, même s'il avait commis des actes répréhensibles. Il est loin d'être naturel de porter plainte contre son père, et surtout de le faire condamner.

Et si jamais l'arrestation était remise? Je devais me préparer mentalement à affronter toutes les éventualités.

4

Ce mardi tant attendu

Rien! L'heure passait. Toujours rien! Je n'avais plus d'emprise sur les événements, mais cela ne m'empêchait pas de piaffer d'impatience. Cette attente n'était pas saine. Elle m'épuisait. Non, je ferais comme si tout était normal, ne changeant ni mes habitudes ni mon rythme de vie. Je ne resterais pas à la maison pour attendre un appel qui peut-être ne viendrait pas.

Je m'occupai donc à des activités de plein air avec mon fils. Par la suite, je rendis visite à des amis pour revenir à la maison en fin d'après-midi préparer le repas du soir. Personne n'avait téléphoné. Je compris que l'arrestation n'avait pas eu lieu. Mes pensées se mirent à divaguer, impossibles à endiguer. Et si on avait renoncé à la poursuite? Si le procureur général avait décidé qu'il n'y avait pas assez d'éléments de preuve pour amorcer les procédures? Si le mandat d'arrestation avait été refusé, à cause d'un dossier trop inconsistant? Si le dossier médical de mon père ne révélait rien? Si tout à coup l'enquêteur ne croyait plus en moi? Et si, et si, et si?

Lorsque le téléphone sonna, je sursautai. C'était Chantal:

—Bonjour! As-tu eu des nouvelles?

—Non, rien. Et toi?

—Oui... J'ai téléphoné à l'enquêteur il y a quelques minutes.

—Et puis? L'ont-ils arrêté?

—Non, il n'a pas été arrêté.

Mon estomac se noua et les larmes me montèrent aux yeux aussitôt.

—Pourquoi?

—L'enquêteur n'a pas reçu les mandats qu'il avait sollicités. Il n'a donc pu consulter le dossier médical de ton père et procéder à son arrestation. Mais je tiens à te dire que tout va bien: il m'a affirmé avoir suffisamment de preuves à son dossier pour l'arrêter. Ce n'est qu'une question de procédure. Il veut être certain d'avoir le plus d'éléments possible. Ne t'inquiète surtout pas, tout va bien.

—Ouf! Merci de m'avoir téléphoné. J'en étais à m'inventer toute une série de scénarios négatifs. Tu me réconfortes. Merci beaucoup.

Elle raccrocha. J'avais le goût de pleurer et en même temps je ne ressentais aucune émotion. Faire confiance qu'il arriverait ce qu'il y avait de mieux pour moi... Je n'avais pas d'autre choix.

5

Le vieillard et la petite fille

Ma vie prenait une tournure différente. Je n'arrivais plus à voir les gens ni les choses de la même façon. En allant magasiner, je vis à plusieurs reprises des enfants qui spontanément venaient me parler. Une petite fille m'aborda en me demandant mon nom.

—Martine. Et toi?

—Orence.

—Orence?

—Non! Orence.

—Je... je ne comprends pas bien.

Sa mère intervint.

—Elle s'appelle Laurence.

—Oh! Laurence. Tu t'appelles Laurence! Tu sais, tu as un bien joli nom. Quel âge as-tu?

—Deux ans et demi, me répondit-elle fièrement.

—Oh! Tu es grande, maintenant.

Mais déjà je n'étais plus attentive à la petite fille. Les images se bousculaient dans ma tête. Moi, à deux ans, j'étais déjà abusée par mon père. Dieu! que j'étais petite! Je regardais l'enfant sourire à tous les horizons, jouer et courir. Moi, à deux ans, je devais réfléchir à ce qui allait se passer la nuit suivante.

Je ne voyais plus tout à coup les enfants avec le même regard. Juste derrière moi, il y avait une petite fille de trois ans. À cet âge, j'avais mal partout dans mon corps. Une autre petite fille de quatre ans : j'étais incapable de m'asseoir convenablement à table. À cinq ans, je marchais les jambes légèrement écartées pour alléger mes souffrances. J'avais peur de mourir, d'être abandonnée. J'avais peur de l'enfer, peur de respirer, aussi.

Combien d'enfants parmi ceux que je voyais subissaient actuellement le même sort ? Chaque enfant que je regardais me ramenait à la petite fille que j'avais pu être et aux épreuves que cette enfant avait subies. Comment avait-elle fait pour passer à travers autant de souffrances ? Je ne savais pas, mais j'avais pleinement conscience de l'horreur de mon enfance. Je ne voyais plus les enfants de la même façon. Il me venait une immense estime pour eux et pour leur courage.

À l'opposé, je rencontrais aussi beaucoup de personnes âgées. Certaines étaient très vieilles ; d'autres éprouvaient des difficultés à marcher. D'autres encore avaient le visage pétri de rides, lesquelles gommaient inexorablement le souvenir de leur jeunesse pulpeuse. C'est à mon père qu'elles me faisaient penser : « Il est vieux aujourd'hui. C'est un vieillard que je vais faire condamner, qui ira en prison. »

Si je l'avais dénoncé vingt ans plus tôt, il aurait été encore jeune. Est-ce que tout cela valait toujours la peine ? N'était-il pas trop tard ? « Vingt ans, il s'est écoulé vingt ans. Combien de personnes a-t-il fait souffrir durant tout ce temps ? »

Un vieillard passa devant moi : il aurait pu être mon père. Je jetai sur lui un regard de tristesse et, au plus profond de mon cœur, je compris ce que je me répétais chaque jour, à savoir que je ne voulais pas me venger mais dénoncer. Récupérer ce qu'il m'avait volé, retrouver ma dignité. Et puis, dans un sens, dénoncer, c'était rendre justice à cet homme âgé et blanchi sous le harnois qui, peut-être, avait été un père de famille exemplaire.

Je tournai le dos. Maintenant, je ne jetterais plus le même regard sur les personnes âgées. J'aurais un sentiment de compassion pour leurs souffrances passées.

La procession des images

Je revoyais sans cesse les agressions dont mon père m'avait abreuvée. Je revivais chacune des scènes, une à une, comme si mon esprit cherchait à expulser toute cette violence, comme s'il cherchait à vomir cette souffrance. Et le film recommençait sans cesse. J'avais toujours vécu avec ces images, mais je n'étais jamais arrivée à en comprendre le sens profond ni le pourquoi.

À la réflexion, je réalisai que cette représentation mentale ininterrompue avait conditionné tous mes gestes depuis fort longtemps; depuis mon enfance, en fait. Toute ma vie, j'avais essayé d'étouffer les souvenirs tenaces qui me hantaient jour et nuit. Pour m'évader, je me noyais dans le travail. En faire toujours plus, toujours plus vite. Non, je n'avais pas seulement cherché à atteindre des standards plus élevés que les autres, histoire de gagner l'amour, l'appréciation, le respect de mon entourage; j'avais surtout mis en œuvre une stratégie pour me protéger des images. Il s'agissait de ne pas penser, d'occuper mon esprit pour échapper au piège d'un film sans fin. Lorsque mon travail devenait routinier, les images réaffirmaient leur domination sur ma pensée et il me fallait fuir à nouveau. Seule solution : changer de travail.

À la maison, c'était le même phénomène. Tout le

monde se demandait comment je faisais pour effectuer autant de tâches sans m'épuiser, et je ne comprenais pas ce qu'on me disait. Je n'avais pas l'impression d'en faire plus que les autres et pourtant... Je m'occupais seule de la maison avec tout ce que cela représente, puisque mon mari travaillait au loin; la ferme m'occasionnait un important surcroît de travail, comme la transformation des produits de la ferme; l'éducation de mes cinq enfants m'accaparait beaucoup, de même que leurs activités artistiques et sportives de toute nature et les exigences de leur cheminement scolaire. En plus, deux de mes enfants souffraient d'asthme et nécessitaient des soins attentifs. Pendant ce temps, je travaillais à temps plein à l'extérieur et mes fonctions étaient très exigeantes.

Bien sûr, j'en avais trop fait et j'avais hypothéqué dangereusement ma santé. Ma dépression n'était certes pas le fait du hasard.

Dans l'état où je me trouvais, force m'était de réduire mes activités et cela me préoccupait. Par ailleurs, j'avais toujours craint de révéler à quiconque l'existence des images qui me poursuivaient. Est-ce que je serais internée, diagnostiquée schizophrène ou maniaco-dépressive, compulsive ou atteinte de toute autre maladie mentale? Pour avoir beaucoup lu sur le sujet, je savais que je n'étais pas malade, mais je craignais par-dessus tout un complot dirigé contre moi. Et aussi, qu'est-ce que j'avais donc?

Ce fut à Chantal que je décidai de confier un jour mon problème. Ce qu'elle me dit fut pour moi une révélation.

—Tu n'as jamais entendu parler du stress post-traumatique?

—Bien oui... mais je ne sais pas exactement ce que c'est.

—C'est un état d'anxiété. Il se manifeste par des

images que l'esprit n'arrive pas à absorber et qu'il fait revivre pour les assimiler. Ce phénomène se produit chez les personnes ayant subi des traumatismes graves. Plus le traumatisme a commencé jeune dans l'enfance et plus il a duré longtemps, plus les flash-back peuvent être importants... Depuis quand vois-tu ces images?

— Depuis toujours. Aussi loin que je me souvienne, j'ai toujours vécu avec ça. Pas moyen de m'en débarrasser, même quand je conduis, quand je dors, quand je parle ou je travaille. Avant, j'arrivais à les noyer sous l'abondance des tâches, mais maintenant je n'y arrive plus. Je n'ai plus l'énergie de travailler tout le temps. J'ai vraiment peur de ne plus être capable de travailler un jour. Sûr, je vais devenir folle. Et qu'arrivera-t-il à ma famille, dans ce cas? J'ai cinq enfants à faire vivre et à faire instruire, et le salaire de mon mari n'est pas suffisant pour y arriver.

Tout cela n'était pas de nature à calmer mon angoisse. Pour l'instant, je n'avais pas de problème vu que je pouvais compter sur les prestations d'assurance maladie. Mais après? Les assurances invalidité reconnaissaient-elles le syndrome de stress post-traumatique? J'avais entendu dire que le personnel médical était loin d'être unanime pour admettre cet état comme une maladie.

Je doutais de pouvoir reprendre le travail après le procès. Rien n'avait changé depuis que j'avais intenté des poursuites. Je voyais les mêmes images, ni plus ni moins. En retournant travailler, j'allais retomber dans le même piège, essayer de gommer mes flash-back par une surabondance de travail et m'épuiser à nouveau. Et, épuisée, je l'étais déjà. Longtemps j'avais pu me permettre de trop en faire pour fuir mes hantises; ça marchait plus ou moins, mais j'étais jeune et je survivais au surmenage. Aujourd'hui, je n'avais plus vingt ans.

Je ne dormais pratiquement pas la nuit et je devais

compenser le jour par des siestes qui me permettaient de tenir le coup. Si je rentrais au travail, cela ne me serait plus possible.

— Est-ce qu'il arrive que des personnes ne soient plus capables de travailler à cause du stress post-traumatique? lui demandai-je.

— Oui, je connais justement un cas d'inceste où la personne ne peut plus travailler. En tant que victime d'actes criminels, elle a une pension du gouvernement représentant quatre-vingt-dix pour cent de son salaire.

C'était là une nouvelle avenue qui se présentait à moi et qui me rassurait un tant soit peu. Mais devais-je attendre avant de faire une démarche dans ce sens, ou bien valait-il mieux m'adresser immédiatement au gouvernement? Y avait-il une date limite pour faire une demande?

Beaucoup de questions et, pour le moment, peu de réponses. Nous convînmes que l'intervenante s'informerait des délais pour solliciter une indemnisation permanente auprès du gouvernement. De mon côté, je vérifierais mon contrat d'assurance. Sans doute fallait-il obtenir un diagnostic d'un médecin et d'un psychiatre, et j'étais disposée à faire les démarches à cet effet. Je tenais à ce que ma famille ait le nécessaire. Tant mieux si je pouvais guérir et retourner au travail. Mais sinon...

Je me disais aussi que si jamais je pouvais bénéficier d'une indemnisation, je rendrais à la société ce qu'elle ferait pour moi en m'investissant bénévolement dans divers organismes communautaires, sans dépasser mes limites physiques et psychologiques, cependant. Loin de moi l'idée d'exploiter qui que ce soit.

7

Menottes aux poings

Deux jours s'écoulèrent. On était maintenant le 2 septembre 2004. Mon père n'avait toujours pas été arrêté et j'attendais en trompant mon impatience avec tous les moyens à ma portée. Je ne pouvais m'empêcher d'imaginer mille et un scénarios. Que se passait-il donc?

Peut-être qu'il avait su ce qui l'attendait et qu'il s'était suicidé. Peut-être avait-il pris la fuite. Essayerait-il de me contacter pour me menacer? Tenterait-il de s'en prendre à ma famille? Était-il en train de menacer maman, Lorette et Anthonin pour qu'ils ne parlent pas? Leur offrait-il de l'argent contre un témoignage qui lui soit favorable? Et s'il mettait à exécution toutes les menaces qu'il m'avait faites durant mon enfance? Pourquoi ne l'avaient-ils toujours pas arrêté?

Seule son arrestation me permettrait de connaître la suite des événements. En attendant, je ne pouvais qu'imaginer le pire, ou le meilleur. Il ne me servait à rien d'anticiper, je n'avais aucun pouvoir sur rien.

J'allai magasiner avec une de mes amies. Pendant qu'elle payait ses achats à la caisse, je vis en gros titre dans un journal qu'un homme venait d'être arrêté pour agression sexuelle sur un mineur. L'homme avait été arrêté menottes aux poings. Menottes aux poings!

Les mots résonnaient dans ma tête. Pensive, je voyais se dérouler sous mes yeux l'arrestation de mon père.

À la sortie du magasin, je dis à mon amie:

— Te rends-tu comptes qu'il sera arrêté menottes aux poings!

— Qui ça? demanda-t-elle.

— Bien, mon père!

— Alors? Qu'est-ce que tu croyais donc?

— Crois-tu qu'ils vont vraiment lui mettre les menottes?

— Oui. C'est normal, il a commis un acte criminel.

— Oui, mais il aura les menottes aux poings!

— Il n'aura que ce qu'il mérite. Il n'avait pas le droit de commettre de tels actes à ton égard. Il doit assumer les conséquences de ses crimes.

— Je sais, mais te rends-tu compte de l'humiliation qu'il va vivre? Que vont penser ses voisins? Cela va lui faire de la peine!

— Oui et il le mérite! Voyons, toi! Tu n'as pas à mettre les souliers de ses émotions, cela ne te regarde pas! Tu n'es pas responsable de ses émotions. Il n'a que ce qu'il mérite, c'est tout!

Arrête de mettre les souliers de ses émotions... C'était pourtant vrai! Je ne cessais de mettre les souliers des émotions et des souffrances des autres: celles de mon père, de ma mère, de Lorette ou d'Anthonin. Et moi, dans tout ça?

8

Enfin arrêté!

Et ce fut cette journée-là, à seize heures trente, que le téléphone sonna. C'était Chantal.

— Oh! As-tu eu des nouvelles?

— Oui, il a été arrêté ce matin. L'enquêteur l'a interrogé durant plusieurs heures, mais il a refusé de parler. Comme il avait le droit de consulter un avocat avant l'interrogatoire, il a utilisé ce privilège. Il a refusé de répondre à toutes les questions. Il n'a strictement rien dit, alléguant que son avocat lui avait recommandé de ne répondre à aucune question.

— Comment a-t-il réagi?

— Il a très bien réagi. Il a été très docile. Mais nous n'avons eu aucune information de sa part. Il a comparu cet après-midi au palais de justice. J'ai assisté à toutes les rencontres et je dois te dire qu'il a plaidé non coupable.

— Oh! Est-ce qu'il y avait quelque chose dans son dossier médical qui pourrait l'incriminer?

— Non, rien, strictement rien. Le psychiatre a seulement écrit dans son rapport que ton père le consultait parce que sa femme demandait le divorce et l'accusait d'avoir eu des rapports sexuels avec sa fille. Il y est spécifié que ton père nie complètement avoir abusé de toi. Mais la procureure de la couronne ne base pas sa preuve sur le dossier médical de ton père, plutôt sur ton témoignage et sur celui de ta mère... Est-ce que tu vas bien?

—Je ne sais pas... Je n'arrive pas à savoir comment je me sens.

—Veux-tu que je continue, ou si tu préfères que j'arrête? J'ai hésité entre aller te voir ou te parler au téléphone. Ai-je bien fait de t'appeler ou aurais-je dû me rendre chez toi?

—Euh... Ça va... Mais il a tout nié! Quelles sont mes chances?

—La procureure est forte, même très forte. Elle n'a pas consenti à te défendre pour perdre, mais pour gagner. Si elle te défend, c'est qu'elle estime ses chances excellentes... Est-ce que tu vas bien?

Je sentais l'inquiétude de Chantal. Pour ma part, je n'arrivais pas à comprendre mes émotions.

—Je ne sais pas. On dirait que je ne sens plus rien. C'est plutôt comme si j'avais reçu un coup de poing dans le ventre et que je manque d'air.

—Robert Goupil était très déçu de n'avoir obtenu aucun renseignement de ton père: déçu pour toi et déçu pour lui. Il l'a interrogé pendant plusieurs heures, mais ça n'a rien donné. Il n'a rien dit. Il était calme, mais piteux. L'enquêteur était épuisé. Il aurait aimé obtenir un aveu ou un témoignage incriminant. Il a dit à ton père: «Je sais que vous avez commis ce crime et vous allez payer pour ça!» Lors de sa comparution, neuf chefs d'accusation ont été retenus contre lui. Je vais te les énumérer, mais tu vas recevoir le tout par la poste.

Je n'arrivais pas à comprendre tous les termes juridiques que Chantal débitait. Comme les années d'agressions avaient chevauché deux lois différentes, les chefs d'accusation se répétaient avec quelques modifications. Les premières accusations regroupaient les actes commis entre 1963 et 1971 selon la loi de 1955. D'autres chefs concernaient les crimes commis entre 1972 et 1983, aux termes de la loi amendée en 1971. Ce que je retins, c'est qu'il était accusé d'agressions sexuelles sur une mineure, sur son enfant et sur une personne majeure à qui il était lié par le sang, sans son consentement.

—Ton père vient juste d'être remis en liberté, et Goupil est parti avec lui pour saisir toutes ses armes à feu. Il a été remis en liberté sous conditions. Je vais t'énumérer les conditions, mais tu les recevras également par la poste. Es-tu certaine que tu vas bien?

—Je ne sais pas.

—Veux-tu que je continue, ou qu'on se fixe un rendez-vous demain matin?

—Je... je... je ne sais pas. Continue! Je veux connaître ses restrictions.

Il y en avait beaucoup. Ce que je retins, c'est qu'il n'avait pas le droit d'entrer en contact de quelque façon que ce soit avec moi ou maman, ni de nous intimider ou de proférer des menaces à notre endroit. Il ne pouvait quitter le périmètre de la MRC de Rouyn-Noranda et du Témiscamingue, ni se rendre dans le quartier où j'habitais avec ma famille. Il avait l'obligation de quitter immédiatement tout endroit où je pourrais me trouver: magasin, restaurant, et autres. Il devait se tenir à une distance de plus de cent mètres de moi.

—Je ne pense pas qu'il déroge à ces consignes, mais ce qu'il faut que tu comprennes, c'est que tu ne dois pas lui céder un seul pouce. Si tu te sens en danger, tu composes le 911, et s'il déroge à une seule des règles, tu téléphones à l'enquêteur. Il a signé au bas de la feuille attestant qu'il a pris connaissance des restrictions et qu'il s'engage à les respecter. S'il enfreint ses conditions de libération, Mᵉ McKenna a été très claire : elle s'objectera à sa mise en liberté et il passera tout le temps des procédures en prison. Tu comprends bien ce que je te dis? Tu ne dois pas lui céder un seul pouce. Je serai là pour t'aider.

Après un temps de silence que Chantal respecta, je relançai la conversation.

—Je suis déçue. Je savais qu'il plaiderait non coupable mais j'avais quand même espéré.

—Nous avons tous espéré. Comme il a soixante-dix-neuf ans, nous avions espéré qu'il avouerait avant la fin de sa vie, mais ce n'est pas le cas. Je te comprends.

—S'il avait avoué, il me semble que le pardon aurait été plus facile, tu comprends?

—Oui, je comprends.

—Et cela veut dire que je passe par le chemin le plus long et le plus difficile. J'espérais emprunter la voie rapide, mais il semble que ce ne sera pas le cas.

—Non, malheureusement, mais tu sais au moins à quoi t'en tenir. La date de sa prochaine comparution est le 15 novembre. Tu ne seras pas citée à comparaître et tu n'es pas obligée d'être présente, mais moi j'y serai. J'assisterai à chacune des rencontres pour te représenter. Toi, normalement, tu ne comparaîtras qu'au mois de février.

—Ce sera long comme procédures?

—Sans doute. Mais dis-toi que nous sommes avec toi. Je vais travailler à t'éviter toutes les sources possibles de stress afin que tu sois encore plus solide lors du procès.

La conversation s'est poursuivie durant près d'une heure. Chantal hésitait à me laisser seule; elle me demandait sans cesse si mon mari était rentré du travail. Je promis de la rappeler le lendemain ou d'aller la voir si j'en ressentais le besoin et je raccrochai.

9

Amère déception

Mes émotions étaient toujours aussi confuses. Je devais m'occuper, m'occuper l'esprit, surtout. Je sortis corder du bois, mais la rage me gagna rapidement. J'étais en colère contre mon père qui n'avait pas avoué; il allait encore prolonger ma souffrance; je rageais de voir que le cauchemar allait durer aussi longtemps qu'il pourrait étirer les procédures.

Il me connaissait aussi bien que je le connaissais. Il n'hésiterait pas à se servir de chacune de mes faiblesses. J'étais bien au fait de son pouvoir de manipulation et de son habileté à mentir. Qui gagnerait? Qui? Et, s'il gagnait, il me dirait: «Je te l'avais bien dit, tu ne peux rien contre moi. Je t'avais mise en garde, tu ne m'as pas cru, et vois où cela t'a menée.» S'il gagnait, il me blesserait, il ferait tout pour me faire payer son humiliation. Je savais qui il était et ce dont il était capable. J'avais beau mettre les gens en garde, moi seule savais jusqu'où il pouvait aller.

Je voyais son sourire: le sourire qu'il avait lorsque j'étais petite. Je le voyais jubiler devant un verdict de non-culpabilité, jouer le bon Samaritain pardonnant à sa fille ingrate avec le sourire, en lui tendant la main. Je le voyais raconter à tous: «Elle est malade: elle a toujours été malade. Ce n'est pas sa faute. Mais moi, je lui pardonne. Dans le fond, elle fait pitié. J'ai gagné et elle a perdu, il ne pouvait en être autrement. Je suis innocent. Elle a toujours eu l'imagination fertile. Mais, voyez-vous, je suis bon et je suis prêt à lui pardonner et à l'aimer comme un bon père. Pauvre fille!» Je voyais le coq se pavaner devant tous. Il avait toujours joué la carte du père de famille aimant et attentionné. Mais là, ce qui serait différent, ce serait la valorisation qu'il tirerait de son acquittement en se présentant comme une pauvre victime qui a assez de cœur et d'amour pour pardonner à la vilaine pécheresse.

Ma colère se tourna vers Lorette. «Elle est le bât qui blesse», m'avait dit Me McKenna. Si elle maintenait son témoignage, il y avait de fortes chances qu'il reste un doute raisonnable. Car mon père n'essaierait certainement pas de prouver son innocence; il tablerait sur le doute raisonnable. Pourquoi Lorette refusait-elle de parler? Pour de l'argent? Pour l'héritage? Papa lui avait affirmé qu'il s'était fait soigner pour sa pédophilie et je ne comprenais pas qu'elle cache ce détail si important et surtout si incriminant. Ou bien elle m'avait menti, ou encore papa lui avait menti... M'aurait-elle menti consciemment pour me déstabiliser? Possible! Sur les trois enfants de la famille, il pouvait bien y en avoir un qui ait hérité des talents de menteur et de manipulateur de mon père! Pourquoi refusait-elle de témoigner? À cause de la lettre? Et si je ne lui avais pas écrit cette fameuse lettre, aurait-elle témoigné? Et si cette foutue lettre était la cause de tous les mensonges? Pourquoi avais-je donc eu la mauvaise inspiration d'écrire une lettre à ma sœur et à mon frère? Et si, à cause de ces lettres, je perdais ma cause? Dieu que c'était compliqué!

Je m'assis sur une bûche. Mon cœur était lourd et chargé d'orage. Je regardai un sentier bien droit qui se dessinait dans le bois, en me demandant pourquoi ma route à moi n'était jamais droite, pourquoi je devais toujours affronter des épreuves. Qu'est-ce que j'avais à apprendre que je n'avais pas encore appris?

Ah! mourir, dormir à tout jamais pour ne plus penser, pour ne plus voir les images! Me suicider? Non, j'en étais incapable. Mais je connaissais un moyen de mourir: retourner travailler, travailler jusqu'à l'épuisement total, jusqu'à ce que mon cœur flanche. C'était possible, j'avais déjà frôlé cette mort. J'étais tellement convaincue que la fatigue m'emporterait que j'avais dit à mon mari, avant d'arrêter de travailler:

—Je vais mourir durant l'année.

—Quoi, avait-il répondu, tu veux te suicider?

—Ben non, voyons! Mais je meurs d'épuisement. Je n'arriverai pas à passer une autre année.

J'y étais arrivée parce que je m'étais donné une seconde chance en démissionnant.

Et je revenais à mon obsession. Gagner ou perdre! Tout le monde me disait que j'avais déjà gagné, du moment que j'avais dénoncé. Ces gens avaient raison, ma tête le savait, mais mon émotion ne pouvait s'en convaincre. J'avais besoin de ce verdict de culpabilité qui peut-être ne viendrait jamais.

Il y avait mes enfants dans le décor. Si je perdais, me jugeraient-ils? Croiraient-ils que j'avais inventé toute cette histoire? En tout cas, il pourrait rester un doute dans leur esprit; même s'ils demeuraient fidèles à leur mère, ils ne sauraient trop quoi penser. Et mon mari, que penserait-il lorsqu'il entendrait toutes les monstruosités que mon père ne manquerait pas de dire sur moi?

Norbert me répétait souvent: «Tu imagines l'extraordinaire personne que tu es avec tout ton vécu! Imagine tout ce que tu peux faire avec ça!» Mais à quoi servirait un tel vécu si je ne pouvais le partager parce que mon père aurait gagné? Je ne pourrais m'en servir pour aider les autres sans encourir des poursuites pour libelle diffamatoire! Au moindre geste, mon père me remettrait brutalement à ma place pour me montrer qu'il est le plus fort.

Sur un plan plus personnel, je me demandais comment j'affronterais tous les mensonges que mon père allait colporter.

Les larmes me montèrent aux yeux, mais je refusai obstinément d'en laisser couler une seule. De rage, je repris le travail. Non, je n'allais pas me laisser abattre. Je devais le gagner, ce procès, m'y préparer de mon mieux, y mettre toute mon énergie.

J'avais encore la terrible sensation de me tenir à bout de bras pour ne pas sombrer. Décrocher! Il fallait que je décroche, que je fasse confiance. Je devais prendre soin de moi, cesser de noyer ma vie dans le travail, ralentir mon rythme d'activité. Je devais prendre le temps de regarder le soleil se lever et se coucher, plutôt que de compter les jours.

Je me laissai longuement bercer par ces pensées positives, et me calmai enfin.

10

Déconvenue ou aiguillon?

Je rencontrai bientôt Robert Goupil, qui souhaitait me communiquer les détails de l'arrestation de mon père. J'étais toujours accompagnée de Chantal, l'intervenante du CAVAC. La colère de l'enquêteur était encore palpable, même si une semaine s'était écoulée depuis l'arrestation. De ne pas avoir obtenu d'aveu, c'était pour lui comme un échec personnel. Pourtant, à plusieurs reprises l'agresseur avait presque cédé sous la pression. Mais rien, il n'avait rien avoué.

— Je vous l'avais dit, qu'il ne parlerait pas. Il est rusé et très menteur, affirmai-je. Vous n'avez rien à vous reprocher, vous avez fait de votre mieux.

— Justement, je n'ai pas l'impression d'avoir fait de mon mieux. C'est l'effet de surprise qui a été raté. On aurait dit qu'il savait qu'il allait être arrêté cette journée-là. Il était censé aller jouer au golf; son départ était prévu pour dix heures vingt-six. Nous étions quatre policiers présents à proximité de son domicile, prêts à l'arrêter lorsqu'il sortirait de sa maison. L'heure passait et il ne sortait pas. Il y avait près de deux heures que nous faisions le pied de grue. Le doute nous a saisis. Et s'il était sorti avant que nous arrivions pour aller déjeuner avec ses partenaires de golf? Rapidement, nous avons regagné nos voitures pour prendre la direction du terrain de golf. Nous avons vérifié auprès de ses partenaires, qui étaient déjà en place pour le départ. Il avait annulé sa réservation quelques heures plus tôt. Nous avons donc repris le chemin de sa maison. Moi, je suis allé au palais de justice afin d'obtenir le mandat pour entrer. Pendant ce temps, il est sorti et les policiers en place ont procédé à son arrestation. J'étais très mécontent de n'avoir pas été présent.

— Comment a-t-il réagi?

— Il a été très docile, comme s'il s'attendait à nous trouver là. Il n'a manifesté aucune surprise ni aucune résistance. En arrivant au poste de police, il a demandé à téléphoner à son avocat, qui lui a recommandé de garder le silence et de ne répondre à aucune question concernant les abus sexuels. Il n'a rien dit, mais ses réactions non verbales ont confirmé sa culpabilité. Il n'a jamais nié avoir commis les actes qu'on lui reproche. Habituellement, les personnes innocentes réagissent vivement devant de telles accusations. Dans son cas, rien, le mutisme total. Il a failli avouer lorsque je lui ai demandé s'il avait, au moins une fois, fait l'amour avec vous. Il lui a fallu trente secondes avant de répliquer: «Mon avocat m'a dit de ne pas répondre à cette question.» Je lui ai fait valoir que votre dossier était solide et que ses chances de gagner étaient faibles. Après plusieurs heures de silence, il a finalement dit que la vérité éclaterait au grand jour.

— Il a dit ça?!

— Oui.

— Mais il est malade! Il n'a pas de cœur!

— Oui, il a un cœur.

— Non, il n'a pas de cœur!

— Oui, il a un cœur, et il a des remords. Je n'ai pas

réussi à le faire parler et je n'ai plus le droit de l'arrêter, mais je peux continuer à le questionner. J'ai déjà laissé un message sur son répondeur; il n'a pas retourné mon appel. Je vais continuer de le talonner. Parfois, il arrive que le coupable cède sous la pression. Ce n'est pas parce qu'il a plaidé non coupable qu'il ne changera pas d'idée en cours de route. L'avocat qui le défendra n'est pas dupe: votre père sera obligé de parler et de témoigner. Devant le tribunal, il ne pourra pas se contenter de garder le silence; il devra répondre aux questions. Le dossier de la procureure de la couronne est très, très solide et, lorsque l'avocat de votre père en prendra connaissance, il comprendra rapidement que ses chances de gagner sont minces. Aucun avocat n'aime perdre une cause; ce n'est pas bon pour la réputation. Il y a de fortes chances qu'il recommande à son client de plaider coupable et qu'il essaie de négocier une peine de deux ans moins un jour, ce qui éviterait à votre père de faire de la prison. Me McKenna a l'intention de demander cinq ans ferme. Comme les deux avocats ont de fortes chances de ne pas trouver de terrain d'entente, il y aura procès. Mais je vous répète que la preuve est solide, très solide: vous avez d'excellentes chances. Il arrive également que, lors du procès, au moment où l'agresseur voit la victime se présenter à la barre, il lève la main et demande un temps d'arrêt pour changer sa plaidoirie de non coupable à coupable. Tant qu'il n'est pas convaincu que la victime ira jusqu'au bout, il attend. La peur que les faits soient racontés la pousse à changer d'avis. Dans votre cas, je ne suis pas inquiet, je sais que vous irez jusqu'au bout.

«La vérité éclatera au grand jour», avait-il dit. Il voulait un procès, eh bien, il l'aurait! Oui, la vérité éclaterait au grand jour et ce ne serait pas lui qui cette fois sortirait gagnant. J'étais plus déterminée que jamais. Oui, j'irais jusqu'au bout et il le perdrait, son foutu procès. Je dirais tout, et devant tout le monde. Tous allaient savoir quelle sorte d'homme il était. Il voulait que la vérité éclate? Elle éclaterait. Le temps, l'attente, plus rien n'avait d'importance. J'allais gagner. J'avais un peu plus d'un an pour me préparer. C'était bien suffisant et j'allais être ferrée, il pouvait y compter. J'allais aussi prendre toutes les mesures possibles pour éviter le stress, libérer mon esprit de toutes mes inquiétudes pour être fraîche et dispose lors du procès.

Chantal me proposait déjà de m'accompagner dans ma préparation. Dans les prochaines semaines, nous irions rencontrer les responsables du milieu scolaire de mes enfants pour donner des consignes de sécurité. Nous expliquerions toutes les procédures aux enfants, nous contacterions la commission scolaire, la direction d'école, l'enseignante et le professeur de soutien de mon plus jeune afin de mettre en place une structure d'aide aux devoirs. Nous éplucherions les facteurs de stress afin de diminuer l'angoisse le plus possible pour me permettre de prendre des forces et de bien m'outiller pour le procès.

Ma détermination était inébranlable. J'allais gagner. Il voulait la vérité? Il allait l'avoir!

11

La reine contre le fou du roi

Comme prévu, je reçus par la poste les chefs d'accusation retenus contre mon père. Il y en avait neuf, mais, compte tenu des recoupements dus à l'amendement au code criminel de 1972, ils se rapportaient à cinq objets différents seulement:
– relations sexuelles sans consentement (code criminel 135 et 143);
– rapports sexuels avec une personne de moins de 14 ans (code criminel 138 et 146);
– attentat à la pudeur (code criminel 141 et 149);
– rapports sexuels avec une personne ayant des liens du sang (code criminel 142); inceste (code criminel 150);
– rapports sexuels avec une personne de plus de 14 ans et de moins de 16 ans (code criminel 146).

On m'avait expliqué qu'il était possible que certains chefs d'accusation ne soient pas retenus lors de l'enquête préliminaire, mais ma détermination était telle que j'avais confiance, tout à coup: je réussirais et les neuf chefs seraient retenus. Il avait abusé de moi, il m'avait détruite, manipulée, violée; il méritait d'être accusé et condamné. Non, je ne voulais pas me venger, mais je tenais à ce que la vérité éclate; elle éclaterait et il serait tenu responsable des atrocités qu'il avait commises.

On m'informa aussi que le tribunal avait émis une ordonnance de non-publication qui concernait non seulement mon nom, mais également le récit des faits mis en preuve. Les journalistes ne pourraient publier ou diffuser une seule ligne. Qui avait demandé cette mesure? La réponse n'était pas claire. Une chose était certaine, cependant, c'est que l'avocat de mon père l'avait souhaitée.

C'était pour moi un soulagement. Je n'avais pas envie que tout le monde me parle de mon cas. Par contre, mon thérapeute m'avait souligné: «Il y a peut-être d'autres victimes qui pourraient se déclarer si l'histoire était publiée.» Y avait-il effectivement d'autres victimes, pour que mon père tienne à ce que l'histoire ne se répande pas? J'en parlai à l'enquêteur. Il hésita avant de me répondre; il essayait de jauger mes sentiments. Peut-être y avait-il d'autres victimes, peut-être pas. Valait-il la peine que j'expose au grand jour toute cette histoire et que je subisse les pressions sociales qui ne manqueraient pas de m'atteindre? La question resterait sans réponse, puisque l'ordonnance de non-publication avait été émise.

Mais ce qui m'avait frappé le plus dans l'acte d'accusation, c'était l'en-tête. Il y était écrit: La Reine contre...

La Reine contre... Je comprenais qu'il s'agissait de la couronne contre mon père, mais le titre frappait. Voilà que j'étais devenue reine et que je combattais le fou du roi. Lorsque j'étais petite, c'était le roi qui s'amusait avec le pion... Il y aurait échec, échec et mat contre le roi devenu fou.

12

Gagner, mais pourquoi?

Je résolus de suivre une nouvelle thérapie de groupe portant toujours sur le thème de la souffrance liée à la défection du père. J'espérais aussi mieux comprendre et éventuellement m'armer contre la souffrance occasionnée par la carence maternelle. Je ne tardai pas à être confrontée à ce champ de réflexion, car, dans le groupe, il y avait trois personnes qui ressemblaient beaucoup à ma mère par leur côté très rationnel. Elles avaient une très grande capacité d'analyse, mais tout passait par la tête, et non par le cœur. Deux d'entre elles, pourtant, étaient très sensibles et elles arrivèrent bientôt à ouvrir enfin leur cœur et à exprimer leurs sentiments. La troisième restait de glace, bloquée dans son rationnel, insensible presque à sa propre souffrance et à celle des autres.

Cette personne ressemblait en tous points à maman qui se refusait le droit aux émotions, qui en avait peur et qui se sentait faible si elle les exprimait. Avec les années, ma mère s'était complètement retranchée à l'écart de toute sensibilité, pour se protéger contre je ne savais quoi. Cette distance m'avait toujours fait souffrir.

Maman savait-elle, ou avait-elle senti que son mari était mal équilibré et qu'il lui serait impossible de protéger tous ses enfants? Pressentait-elle qu'il lui serait impossible de protéger ses deux filles? Avait-elle choisi de façon inconsciente, devant son incapacité de les protéger toutes les deux, d'en abandonner une? Elle n'était pas méchante; elle avait même un grand cœur. C'était peut-être la raison pour laquelle son cœur et sa tête s'étaient complètement détachés l'un de l'autre. Moi, je pleurais très facilement et elle détestait les larmes, qu'elle voyait comme un signe de faiblesse. Sans doute redoutait-elle ce qu'elles pouvaient cacher, ce qu'il lui était impossible d'affronter. Je n'avais aucun moyen de vérifier les scénarios que j'élaborais, mais, aujourd'hui, maman m'avait choisie : elle avait parlé en ma faveur lors de sa rencontre avec l'enquêteur. J'étais toute disposée à lui pardonner.

Je lui écrivis une lettre, même si je ne pouvais la lui poster durant les procédures. Je ressentais le besoin profond de lui dire que j'appréciais au plus haut point sa sollicitude à mon égard et que je déduisais de son geste qu'elle aurait tout fait pour que ma route soit plus facile si elle avait pu m'aider. C'était mon père qui avait tout compromis.

Je rêvais aussi de la rassurer en lui affirmant que son choix était non seulement courageux, mais salutaire. Car, je n'en doutais pas, il lui en avait coûté de témoigner en faveur de sa fille; elle avait dû admettre qu'elle n'avait pas su voir ni interpréter mes signes de détresse, qu'elle n'avait pas su protéger son enfant. Je saluais son humilité et sa force de caractère, en me disant que j'avais hérité de ces atouts et qu'ils m'aideraient à passer sans dérailler à travers les épreuves qui m'attendaient.

Ma lettre rédigée, j'étais contente de moi. Cela faisait à peine une journée et demie que j'étais là et mon objectif de départ était atteint. Maintenant, je n'avais plus qu'à écouter les autres. Je ne savais pas ce qui m'attendait.

Lors de l'activité du samedi soir, nous devions tous faire un vœu et c'était à moi de commencer. Je pris donc la parole.

—Lors d'un des exercices que nous avons faits aujourd'hui, on nous a demandé d'écrire dix phrases qui commencent par *j'aimerais* et par la suite de reprendre chacune des phrases en les faisant débuter par *j'ai peur*. La première phrase que j'ai écrite était: «J'aimerais gagner mon procès.» Cela a donc donné: «J'ai peur de gagner mon procès.» C'est vrai que j'aimerais le gagner, ce procès, mais je me suis aperçue que ça me fait peur également. J'ai peur des conséquences que cela aura sur ma vie, des changements que cela va y apporter. Je fais face à l'inconnu et cet inconnu m'effraie.

Immédiatement, un des thérapeutes réagit:

—Je crains pour toi si tu perds. J'ai l'impression que c'est ton ego qui parle et que tu ne veux pas gagner pour les bonnes raisons.

Je me sentis immédiatement émotive: pour moi, le mot ego signifiait méchanceté. Je me sentis mauvaise comme mon père me le disait quand j'étais petite. J'eus l'impression d'être projetée en arrière et de redevenir l'enfant méchante qui devait être punie.

—Je ne veux pas gagner pour me revaloriser; j'ai seulement besoin que justice soit faite.

—Comprends que, ce procès, tu dois le gagner, mais pas devant les hommes d'abord et avant tout. Je ne crois pas en la justice des hommes, mais je crois en la justice de Dieu. J'ai peur que tu sois déçue et que cela te détruise. La justice des hommes est bien souvent ingrate et décevante et, si tu mises sur elle, tu risques d'être terriblement désappointée.

Les larmes me montèrent aux yeux. Comment pouvais-je gagner mon procès face à Dieu alors qu'il n'avait jamais répondu à aucun de mes appels? Que j'étais convaincue qu'il ne m'aimait pas? Cela voulait-il dire que je devais renoncer à gagner et me préparer à la défaite? Si je me conditionnais à l'échec, jamais il ne me serait possible de gagner!

Je ne dormis pas beaucoup cette nuit-là. Je ne pensais qu'à fuir. Partir et retourner à la maison, dans mon monde confortable, dans ma petite bulle. Norbert, qui m'avait accompagnée, dormait déjà profondément en m'entourant amoureusement de ses bras. Je ne pouvais fuir sans l'inquiéter.

Que voulait Dieu? Qu'est-ce qu'il essayait de me faire comprendre depuis tant d'années que je n'arrivais pas à saisir? Trouvait-il que je manquais de modestie, que je n'étais pas assez humble, que j'étais égoïste, imbue de moi-même?

Le lendemain, dès le début de la rencontre, je levai la main et ce furent toutes ces questions que je jetai à la face du groupe.

—J'ai toujours souhaité être seulement comme les autres, mais c'est plus fort que moi: je suis différente et j'attire la différence. Je suis toujours la première partout. Mon cas apparait à deux endroits dans la littérature médicale! J'ai passé un temps fou à l'hôpital, dont un mois aux soins intensifs, et aujourd'hui une personne qui subit les mêmes opérations n'est hospitalisée que quelques jours. Toute ma vie, je n'ai entendu que ça: «Vous êtes la première!» Si je vous disais tout, la liste serait longue. Là, je fais un procès: on m'annonce que la saisie d'un dossier médical comme preuve est une première et que la procureure de la couronne envisage d'apporter le cas en Cour supérieure si l'avocat de mon père conteste la procédure. Comble de tout, le CAVAC m'annonce qu'en général, aucune indemnisation salariale n'est accordée aux victimes d'inceste. Je serai donc encore une fois la première à tracer la voie pour les autres. Je suis tannée d'être la première.

— Tannée et en colère! dit le thérapeute.

— Oui, je suis en colère contre Dieu et je me rends compte que, le procès, ce n'est pas contre mon père que je veux le gagner, mais contre Dieu. Je veux qu'il me prouve qu'il m'aime! Je veux qu'il me prouve qu'il a entendu mes prières. J'ai besoin qu'il me rende justice!

— Ce que je vois, c'est que tu devras faire le procès de Dieu. Tu dois changer l'image de ce Dieu qui ne t'a pas aimée.

L'heure passait. Mon temps était écoulé et j'avais besoin de réfléchir à tout ça. Le retour exigeait six heures de route. Ce devait bien être suffisant pour faire le point!

13

Le procès de Dieu

Avaler une fois de plus des pilules pour chasser le mal de tête avant qu'il ne soit définitivement installé. Je n'avais pratiquement jamais pris de médicaments; maintenant, il m'en fallait pour combattre mon mal de tête et de dos, mes brûlures d'estomac, ma dépression nerveuse, et il m'en fallait encore d'autres pour dormir. J'en avais plus qu'assez de doper mes souffrances, de m'accrocher aux béquilles que la médecine me tendait avec trop de complaisance. De toute façon, aucun médicament ne venait à bout de mes images. Dès que mon cerveau se détendait, une sonnette intérieure résonnait, et le film reprenait comme pour me dire : «Ne dors pas! Si tu dors, tu ne pourras voir venir un éventuel danger!»

J'en voulais à ce Dieu qu'on disait d'amour et qui n'avait pas répondu à la plus simple de mes prières. Je convenais avec le thérapeute que je devais lui faire impitoyablement son procès, à ce Dieu qui me haïssait et qui ne m'avait mise sur terre que pour assouvir une quelconque vengeance. C'était mon anniversaire, le 18 septembre 2005. Un bon jour pour ça. Pour commencer, en tout cas.

Et je ne me privai pas. Je m'adressai à lui pour lui cracher ma colère en une longue série d'imprécations.

Je me vidai le cœur sans trop choisir mes mots. Je vomis toute ma bile, et j'en avais gros d'accumulé. Je le défiai de descendre sur terre et de venir me parler dans le blanc des yeux. Je lui demandai des comptes pour toutes les fois où il avait toléré qu'on me torture, qu'on me violente, qu'on me piétine, qu'on m'humilie.

Je ne lui avais jamais rien demandé : ni beauté ni richesse; juste de me protéger un peu, de faire en sorte que la souffrance soit moindre. Tout au contraire, ça avait été l'escalade. Et jamais la moindre réponse. C'était à se demander si Dieu existait! J'étais de plus en plus confuse dans ma foi. Pourtant, je tenais à ce qu'il existe, ne fût-ce que pour me défouler sur lui de toutes mes frustrations.

Maintenant, je voyais mon procès perdu, et c'était lui, une fois de plus, qui était l'artisan de ma défaite. Une fois de plus, il n'entendrait pas mes prières, il m'abandonnerait encore. Il laisserait tout le monde m'humilier et me rejeter. Il écouterait plutôt mon tortionnaire. Moi qui avais toujours respecté ses consignes, devais-je devenir à mon tour un requin, un prédateur pour qu'il m'entende? Œil pour œil, dent pour dent! Devais-je écraser les faibles et les malheureux comme mon père l'avait fait pour qu'il pose enfin les yeux sur moi?

Des chefs d'accusation, j'en avais un trop-plein : abandon, manipulation, mensonge, déni d'amour, vengeance, abus de confiance, haute trahison, tout y passait. J'avais le goût de hurler à la mort, jusqu'à ce qu'il vienne enfin me chercher, qu'il me délivre de mes chaînes.

Et pourtant, ma rage finit par s'épuiser, du fait même de sa propre violence. Au fond, j'avais besoin de Dieu. Lui seul pouvait encore me donner au moins l'illusion d'être aimée. Malgré tout, je n'arrivais pas à le condamner. Trop longtemps il avait été mon seul recours, mon seul confident, mon unique planche de salut. Encore aujourd'hui, à qui pouvais-je tout confier de mes peines et de mes souffrances, alors que j'étais coupée de ma famille, alors que j'étais réduite à écrire à mes proches des lettres que je ne pouvais leur poster.

Et je finissais par supplier Dieu de m'aider à croire en sa justice plutôt qu'en celle des hommes. Car j'avais beau laisser libre cours à ma colère, l'idée que Dieu ne m'aimait pas persistait.

Je me souvins d'une parabole que m'avait servie un jour mon ami prêtre.

— Le père jésuite français Auguste Valensin avait été professeur de philosophie toute sa carrière et, à la fin de sa vie, des anciens élèves le visitaient à l'hôpital pour lui demander, entre autres choses: «Croyez-vous à tout ce que vous nous avez enseigné? Votre Dieu, il existe vraiment?» Il a répondu: «Voici ce que je dirai à Jésus, le Christ, lorsque je paraîtrai devant lui: "Regarde les défis que j'ai relevés en croyant que tu étais mon salut; les pardons que j'ai accordés en croyant que tu m'avais tant pardonné; les joies qui m'ont émerveillé en croyant que tu étais source et sommet de la vie; les distances que j'ai franchies en croyant que tu m'accompagnais. Regarde ce que j'ai réalisé en croyant que tu existais. Je suis fier de l'homme que je suis devenu en croyant en toi. Si tu n'existes pas, tant pis pour toi, regarde ce que tu manques!"»

Il y avait une leçon pour moi dans ce témoignage, un motif de faire la paix. Parce que j'avais cru en lui, j'avais accompli des choses extraordinaires. En tout premier lieu, j'avais survécu à toutes mes souffrances, je m'étais mariée et j'avais eu cinq enfants qui étaient aujourd'hui ma force et mon courage. J'avais élaboré un immense projet qui avait rayonné dans le monde entier, pour lutter contre la violence faite aux enfants, et j'avais créé divers comités dans les écoles de mes enfants pour améliorer la qualité de vie du milieu. J'avais même gagné le prix de la personnalité de l'année au Québec, décerné par le groupe Radio-Énergie, et obtenu une mention d'honneur de la Commission des droits de la personne. J'avais semé l'amour autant que j'avais pu, généreuse de mon temps, de mon cœur, de mon amour. J'avais eu une vie très bien remplie. C'est à travers mes souffrances et mes images que j'avais accompli autant de choses.

Mais, en même temps, je songeais que c'était sans résultat que je faisais tout pour me sortir de mon état dépressif. Je rencontrais régulièrement Chantal, l'intervenante du CAVAC. Je consultais le psychologue, le médecin, la massothérapeute. Je suivais à l'occasion des thérapies de groupe, mais je n'arrivais jamais au bout de mes souffrances. On continuait de me dire que j'en faisais trop, et je ne savais pas quoi faire pour lâcher prise.

Le procès de Dieu était commencé, mais il était loin d'être terminé. Je ne pouvais me libérer de mes fausses croyances en une seule journée. Longtemps après mon anniversaire, la rancœur continuait de me poursuivre et je ne pouvais m'empêcher de ressasser ma haine qui, à force de gonfler, ne manquait pas de déborder sans cesse sur ma famille, sur mon agresseur surtout, dont je continuais de payer les crimes. Il avait non seulement hypothéqué mon présent; il avait pourri mon avenir et toute ma vie.

J'en voulais à ma mère de n'avoir pas su lire ma détresse, de n'avoir pas su me protéger ni m'aimer comme j'aurais pu m'y attendre. Rien vu! Rien entendu! Allons donc! Avait-elle vraiment cru plus son mari que moi? J'en doutais, mais c'est à moi que j'en voulais d'avoir été et d'être toujours la source de ses souffrances et de la trahison charnelle de son mari. Je haïssais ma sœur Lorette de ne pas être capable de dire la vérité. J'en avais assez de la comprendre. Comme mon père, elle cherchait à me rabaisser en laissant entendre que je n'étais qu'une manipulatrice, une menteuse. Elle aussi croyait davantage en lui qu'en moi et en plus elle exposait ses enfants aux dangers de la pédophilie. Elle ne voyait pas que, toute ma vie, je n'avais cherché qu'à la protéger. Mon frère Anthonin non plus n'avait pas cru en moi et je lui en voulais d'avoir fait de moi le mouton noir du clan. Il avait volontiers répété les paroles de mon père pour me rabaisser. Il s'était conformé aux modèles proposés par la famille sans se poser de questions.

14

Briser le cycle de la violence

La paix s'installa, et ce fut beaucoup grâce à Chantal. Nous avions de fréquentes rencontres qui étaient l'occasion d'échanger. Un jour, elle vint chez moi afin de m'aider à atténuer le plus possible avant le procès toutes les sources d'angoisse qui pouvaient m'affecter. Il y avait mes enfants et l'année scolaire qui ne serait pas facile, autant pour moi que pour eux. Tous auraient à vivre des émotions nouvelles. Mon fils de dix ans, avec ses devoirs, exerçait de la pression sur le peu d'énergie dont je pouvais disposer; nous devions rencontrer son équipe école pour mettre en place une structure de soutien scolaire. Chantal me demanda à brûle-pourpoint :

— Est-ce que les raisons qui motivent ta poursuite contre ton père ont changé? J'aimerais que tu me rappelles pourquoi tu l'as entamée.

La question me coupa le souffle. Mes raisons avaient-elles changé? Oui et non. Oui, peut-être. Il y avait Dieu. Il y avait la remarque de la thérapeute. « Gagner devant Dieu plutôt que devant les hommes. »

— Euh! Non, mes raisons n'ont pas vraiment changé. Je veux que justice soit faite. Non, je veux premièrement récupérer ma dignité.

Nous discutâmes un long moment avant de

prendre la direction de l'école. Je lui parlai de ma colère, qu'elle considéra comme normale, dans les circonstances.

Je n'avais pas entamé le processus dans un esprit de vengeance. C'était clair pour moi que je ne voulais que récupérer ce qui était à moi et rendre ce qui ne me revenait pas. Mais je compris au fil de la discussion que l'orgueil de la victoire avait pris beaucoup de place. Je voulais gagner pour prouver au monde entier que je disais la vérité. Pour me prouver que je n'étais pas folle comme me l'avait tant dit mon père. Je devais maintenant faire abstraction de tout ça et être simplement fière d'avoir dénoncé l'inacceptable, d'avoir enfin brisé le cercle de violence dans lequel j'étais prise. J'avais fracassé le mur du silence qui avait des effets négatifs sur moi et qui pouvait également en avoir sur mes enfants.

Plus tard, sur le chemin du retour, comme si elle avait entendu mes pensées, Chantal dit:

—Je lis actuellement un livre qui parle des conséquences de nos actes sur les vies ultérieures. Une théorie fumeuse, mais séduisante, et qui jetterait un nouvel éclairage sur pas mal de choses. Par exemple, en dénonçant ton père, tu aurais mis fin à un cycle de violence qui inévitablement se poursuit avec nos enfants ou nos petits-enfants, s'il est tenu secret. Tu aurais protégé tes enfants contre une situation qui aurait pu se répéter dans leur propre vie.

—J'entends beaucoup parler de cette théorie, ces temps-ci, répondis-je.

—Je te le dis pour ce que ça vaut, mais dans mon métier on voit souvent des situations se répéter...

Était-il possible que les mêmes situations se présentent d'une génération à l'autre? Ma mère ne croyait pas beaucoup à ces hypothèses que, à ma souvenance, elle avait toujours considérées comme suspectes sans que je puisse savoir à la suite de quelle mauvaise expérience. Peut-être était-ce vrai, peut-être était-ce faux. Aucune importance.

Ce qui comptait, c'était que les propos de Chantal venaient proposer une explication à mon destin, donner à mes malheurs avec un à-propos déroutant une signification profonde. D'avoir peut-être une mission noble à accomplir m'aidait à surmonter les épreuves.

Par une curieuse association d'idées, je réalisais que je n'avais jamais été abandonnée par Dieu. Ce n'était pas vrai que j'avais toujours été malheureuse. J'avais connu des moments de bonheur et j'en connaîtrais encore. Ce n'était pas vrai que Dieu n'avait jamais répondu à mes appels. Il avait répondu dans la mesure où j'étais prête à entendre la réponse.

Je me rappelai plusieurs événements heureux, certains entre autres qui avaient enluminé ma vie un temps, alors que je fréquentais l'université.

- 15 -

Doux souvenirs

J'habitais le sous-sol d'une maison qui avait été aménagé pour les étudiants. Il y avait quatre chambres équipées chacune d'une petite cuisinette. Un salon et une salle de bain commune complétaient les lieux. Deux des chambres situées à l'avant de la maison possédaient de petites fenêtres. Les deux du fond, légèrement plus grandes, n'en avaient aucune. Je considérais avoir beaucoup de chance, puisque j'occupais l'une des deux chambres situées à l'avant. Le sous-sol était minable, mais je m'y sentais bien.

Comme je ne voulais pas d'aide monétaire de ma famille, je vivais des moments difficiles. Maman m'aurait aidée, sans doute, si elle avait été au courant de mon indigence, mais je ne souhaitais pas être obligée de rembourser mon père de mon corps. Mes revenus étaient maigres et je m'obligeais à ne manger qu'un seul repas par jour pour ainsi avoir de quoi me nourrir durant toute l'année scolaire.

Un soir, la faim me tiraillait l'estomac et je n'arrivais pas à trouver le sommeil. Incapable de tenir plus longtemps, je décidai de manger immédiatement mon repas du lendemain. Le ventre rassasié, je m'endormis. Mais le lendemain vint trop vite et la réalité me rattrapa. J'avais terriblement faim et j'anticipais la nuit difficile que j'aurais à passer, une fois de plus l'estomac vide. Aucun de mes amis ne connaissait ma situation précaire.

Tout à coup, on frappa à ma porte. Robert, un confrère de classe, entra, chargé de nombreux sacs d'épicerie, et me dit:

—Je voulais inviter des amis à souper, mais c'est impossible de le faire chez moi. Comme tu es parmi les invités, j'ai décidé de venir faire le souper chez toi et j'ai convié une dizaine de personnes. J'espère que cela ne te dérange pas?

« Dérangée! Moi, être dérangée! Jamais de la vie! J'ai tellement faim! » pensais-je. Incroyable! Robert passa une partie de la journée à cuisiner dans ma petite cuisinette. L'odeur était alléchante. Je ne me souviens plus du plat de résistance, mais je me souviens du dessert, composé de bananes flambées au cognac avec de la crème glacée. Un vrai délice! Et je me régalai.

Quelque temps après, la chambre voisine de la mienne se libéra. Il y avait déjà un certain temps qu'elle était à louer et personne ne se présentait. Par une belle journée d'automne, j'entendis frapper vigoureusement à la porte. J'hésitai avant d'aller répondre. Les coups redoublèrent. Manifestement, j'étais la seule locataire présente. Je me décidai à aller répondre. Un jeune homme dans la trentaine entra sans même y avoir été invité. Il avait des habits qui le faisaient ressembler à un militaire. Il tenait sur son épaule un immense sac de toile contenant tout ce qui lui appartenait. Je n'eus pas le temps de réagir.

—J'ai vu qu'il y avait une chambre à louer, dit-il en se dirigeant vers le salon.

—En effet, mais...

—C'est laquelle?

—C'est celle-là.

Le jeune homme, d'un air déterminé, se dirigea vers la chambre, en ouvrit la porte et lança son sac sur le lit.

—Ça me plaît, dit-il. Combien louez-vous?

Je paniquais quelque peu. Je dis nerveusement:

—En fait, ce n'est pas moi la propriétaire. Je... je suis locataire. La propriétaire demeure juste au-dessus et je ne crois pas qu'elle soit là. Peut-être devriez-vous passer une autre fois?

Il me regarda intensément. Un malaise indéfinissable me saisit. C'était un bel homme, mais il y avait quelque chose de louche, de différent chez cet inconnu, quelque chose qui m'inquiétait.

—Eh bien! dit-il en souriant, je vais l'attendre ici.

—Bien... euh, c'est bien. Je dois vous laisser, j'ai des devoirs à terminer.

Rapidement, je quittai la pièce et refermai avec soin la porte de ma chambre derrière moi. L'angoisse me gagnait peu à peu. Que voulait cet homme? Que venait-il faire ici? À son âge, il avait certes terminé ses études! Pourquoi ne vivait-il pas dans sa propre maison? Pourvu que la chambre ait déjà été louée pour qu'il reparte au plus vite!

Je collai mon oreille sur la mince paroi qui me séparait de l'inconnu pour entendre ce qu'il faisait. Il semblait défaire sa poche et s'installer. Bientôt, je n'entendis plus aucun bruit. «Quel bizarre de personnage, pensais-je. Et si c'était un bandit en fuite, un voleur ou un violeur? Pourvu que la propriétaire refuse de le garder.»

Vers quatre heures, la propriétaire rentra. Aussitôt, j'entendis mon voisin se lever et monter. Mentalement, je fis une prière: «Seigneur, fais en sorte que la chambre soit déjà louée!» J'entendis la propriétaire revenir avec le jeune homme. Selon toute apparence, ils s'entendaient très bien. Lui la remercia et s'installa pour de bon dans la chambre voisine. O.K. Je n'avais pas le choix, mais, lorsque je me coucherais, je m'assurerais que ma porte soit bel et bien verrouillée.

Le soir venu, le jeune homme sortit de sa chambre. Où pouvait-il bien aller par cette froide nuit d'automne? Il rentra aux petites heures du matin. Le lendemain, il se leva tôt et sortit de nouveau. Le même scénario se répéta jour après jour, nuit après nuit. Où trouvait-il le temps de dormir? Probablement durant le jour lorsque j'étais à l'université.

Un jour, il frappa à ma porte.

—Bonjour, dit-il. J'ai remarqué que tu n'avais pas de bottes d'hiver. Tu dois avoir froid aux pieds, à te promener ainsi avec ta paire de vieilles espadrilles?

—Je mets des bas de laine et cela me tient les pieds au chaud, répondis-je.

—Oui, mais tu dois quand même avoir froid aux pieds et l'hiver est à nos portes. Voici un coupon te donnant droit à une paire de bottes d'hiver gratuite dans le magasin de chaussures situé pas très loin d'ici.

Ma surprise était à son comble. J'aurais bien aimé prendre le coupon, car il était vrai que j'avais froid aux pieds, mais je m'en sentais incapable. Il y avait des gens dans le monde qui en avaient plus besoin que moi et, si je n'avais pas été à ce point orgueilleuse, j'aurais accepté l'argent de maman, même si j'avais dû rembourser. Je n'étais pas une vraie pauvre puisque j'avais un moyen de ne pas vivre dans cette grande misère.

—Je suis désolée, mais je ne peux pas accepter. Il y a des gens qui en ont plus besoin que moi. Offre ton coupon à une autre personne. Je te remercie beaucoup.

—Je pense que tu es cette personne qui en a besoin.

—Non, je ne suis pas cette personne. Il y a des gens dans cette ville beaucoup plus pauvres que moi.

—Tu es incapable de recevoir, toi! dit-il d'un ton affirmatif. Si un jour tu changes d'idée, tu sais où me trouver.

Je refermai ma porte. J'avais les larmes aux yeux. Jamais je n'accepterais l'aumône de qui que ce soit. Jamais je ne devrais rien à qui que ce soit. Jamais plus je ne rembourserais avec mon corps les cadeaux qu'on me faisait. Je m'en sortirais bien toute seule.

Plus tard, lors d'une soirée d'hiver, il revint frapper à ma porte :

—J'ai remarqué que tu n'avais pas de manteau d'hiver. Tu dois avoir froid?

—Non, je n'ai pas froid. Je mets trois chandails à manches longues sous mon imperméable...

Mais qu'avait-il à ne pas se mêler de ses affaires? Là, il m'agaçait.

—Oui, je sais, mais bientôt nous serons en plein mois de janvier et l'hiver est humide par ici. J'ai un coupon te donnant droit à un manteau d'hiver gratuit dans une boutique spécialisée. Je te l'offre.

—Non, merci, dis-je sèchement. Offre-le à une personne qui en a plus besoin que moi.

—Tu es vraiment une drôle de fille. Tu refuses toute l'aide qu'on t'offre. Pourquoi?

—Je ne suis pas une vraie pauvre. Offre-le à une personne qui en a vraiment besoin.

—Moi, je pense que c'est toi qui en as besoin. Pourquoi refuses-tu mon aide?

—Parce que je ne la mérite pas.

—Tu as de la difficulté à te laisser aimer. Si tu changes d'idée, tu sais où me trouver.

—Je ne changerai pas d'idée. Offre-le à quelqu'un d'autre.

Mais où pouvait-il bien prendre tous ces coupons gratuits? Il ne travaillait pas, c'était certain. Qui était-il? Et que me voulait-il?

Un jour, j'eus la réponse à toutes mes questions. Il frappa doucement à ma porte en demandant:

—Je peux entrer? J'ai besoin de te parler.

Hésitante, je lui ouvris et l'invitai à s'asseoir.

—Je voudrais te raconter ma vie. Je suis un ex-détenu. Ça fait à peu près un an que je suis sorti de prison. J'ai été emprisonné pour meurtre et parce que j'étais le chef d'un des plus grands réseaux de drogue. En fait, je n'ai jamais commis de meurtre, mais j'ai engagé des gens pour le faire. Je te raconte tout si tu veux bien me laisser du temps pour le faire.

Bien que peu rassurée, je m'assis près de lui pour écouter attentivement son histoire.

—J'étais très, très riche. Je menais la grosse vie: yacht, voyages, maison opulente avec piscine intérieure. Bref, je vivais dans le luxe. J'avais tout ce que je voulais et j'avais les moyens d'acheter tout ce que je désirais. J'étais marié et j'ai des enfants. Je n'avais aucun scrupule. Moi, pourvu que la drogue se vendait, je me foutais complètement de qui la consommait. On la vendait autant à des enfants, qu'à des adolescents ou à des adultes. J'ai fait exécuter les gens gênants par des tueurs à gages et cela, sans aucun remords. J'étais puissant. Moi, je ne consommais jamais de drogue ni d'alcool, mais je profitais de la faiblesse des gens pour m'enrichir et j'ai très bien réussi. Un jour, la police a commencé à remonter la filière. Je savais que mon arrestation était imminente. J'ai donc caché mon argent. Et l'inévitable est arrivé. J'ai été arrêté et j'ai tout perdu: mes amis, ma femme, mes enfants, ma maison, tout. Je n'avais plus rien. J'ai fait plusieurs années de prison et, durant ces années, pour ne pas devenir fou, j'ai lu la Bible. Je ne sais pas combien de fois je l'ai lue et relue. Mais j'y ai entendu le message de Dieu et je me suis complètement converti. Lorsque je suis sorti de prison, j'ai retrouvé l'argent que j'avais caché et j'ai construit deux maisons de désintoxication pour les drogués, l'une à Québec, l'autre à Montréal. J'aide les jeunes de la rue à reprendre espoir et je les dirige vers l'une de mes deux maisons pour les désintoxiquer. Je le fais gratuitement. Le soir, lorsque je quitte ma chambre c'est pour trouver ces jeunes et les sortir de leur misère. Le jour, je cherche des commanditaires pour m'aider dans mes œuvres. C'est de cette façon que j'obtiens des coupons gratuits dans les magasins. Je les offre, le soir venu, aux gens dans le besoin. Est-ce que tu me juges pour ce que j'ai fait?

J'étais complètement prise au dépourvu. La franchise du jeune homme m'avait touché le cœur. Je n'en croyais pas mes yeux. J'avais un disciple de Dieu sous les yeux.

—Non, je ne te juge pas. Au contraire, j'ai beaucoup d'admiration pour toi. Je n'en reviens pas de ton courage et de ta générosité.

—Je rends ce que j'ai pris, répondit-il.

—Et que sont devenus ta femme et tes enfants?

—Ma femme ne veut plus me voir et elle ne veut plus que j'approche mes enfants. Elle ne savait pas le métier que je faisais. Je respecte sa volonté.

—Oh! Ça doit être difficile pour toi!

—Oui, mais j'assume les conséquences de mes actes. Je voudrais savoir pourquoi tu refuses mon aide.

—Je... je ne peux pas le dire. Je... je ne suis pas capable, mais je ne la mérite pas. Je ne suis pas quelqu'un de bien. Je ne mérite pas que tu t'attardes à vouloir m'aider. Il y a des gens dans la rue qui sont plus dans le besoin que moi.

—Je sais que tu as faim. J'ai rencontré des religieuses qui donnent des sacs d'épicerie gratuitement aux gens dans le besoin. Je leur ai parlé de toi.

—Je ne peux pas accepter. Il y a des gens qui ont plus faim que moi.

Il se leva dans l'intention de prendre congé.

—Je te donne leur adresse. Il y aura à chaque semaine un sac d'épicerie pour toi. Les bénéficiaires ne voient jamais de religieuses. Ainsi, l'anonymat est respecté. Elles mettent les sacs d'épicerie dans le corridor donnant accès au sous-sol avec un nom écrit dessus. Tu n'as qu'à prendre celui identifié à ton nom. Personne ne le saura, pas même moi. Salut!

J'étais émue. Le lendemain, je pris ma bicyclette pour identifier le couvent des religieuses. Longtemps, je tournai devant l'édifice. J'avais tellement faim! En même temps, je me sentais tellement indigne que je n'osais prendre cette main tendue. Je décidai d'aller voir où était situé le corridor. Je m'engageai dans l'entrée. Il n'y avait personne. Je vis le corridor et, sur les bancs, il y avait des sacs d'épicerie portant des noms différents. J'hésitai de nouveau et me dirigeai vers la sortie. Finalement, je décidai d'aller voir s'il y avait bien un sac d'épicerie à mon nom. Il était là! Plein de légumes, de fruits, de fromage, de lait, d'œufs! J'hésitai encore une fois: et si je privais un miséreux en prenant ces denrées... Je ramassai rapidement le sac et pris la fuite comme une voleuse. Le soir, j'eus droit à un magnifique souper. Par la suite, une fois par semaine, je me rendis chez les religieuses prendre mon sac d'épicerie, en remerciant Dieu pour toutes ces générosités.

Plus jamais je n'ai souffert de la faim par la suite. Toujours la vie mettait sur ma route des gens bien intentionnés qui m'aidaient sans connaître ma situation.

Il y avait aussi le camp Chicobi qui était devenu ma seconde famille.

J'avais dormi sur un banc de parc sur le mont Royal pour savoir ce que ressentaient les clochards, et c'est là que j'avais appris que chaque banc avait son propriétaire. J'avais joué de la musique dans les rues des villes. J'avais fait beaucoup de choses différentes que peu de gens font dans une seule vie. J'avais vécu chaque heure et chaque minute en ne pensant pas au lendemain.

Oui, j'avais été injuste envers Dieu: jamais il ne m'avait abandonnée. J'avais toujours été protégée. Je me souvenais entre autres d'avoir passé la nuit dans les bas-fonds de la ville de Québec avec une ex-prostituée. Un des proxénètes, lorsqu'il m'avait aperçue, m'avait pointée du doigt et avait dit:

—Nous avons un ange parmi nous. Vous m'entendez tous! Nous avons un ange parmi nous et je défends à qui que ce soit de lui faire du mal. Elle n'est pas comme nous, elle est pure. Elle aura le droit de circuler la nuit partout dans la ville de Québec et vous serez tous responsables de la protéger. Le premier qui la touche, je le tue. C'est bien compris?

Je n'y avais passé qu'une seule nuit, mais j'avais compris la dure réalité de ces hommes et de ces femmes. Je voulais abattre le plus de préjugés possible et c'est la raison pour laquelle, dans le cadre de mes études, j'avais fait un travail sur les prostituées et sur les meurtriers. J'avais rencontré plusieurs assassins à la prison d'Orsainville: ces hommes vivaient de grandes souffrances. J'avais vu leur cœur et j'avais constaté qu'ils étaient bons, mais que la vie ne leur avait pas été favorable. Grâce à mon voisin de chambre, j'avais fait la connaissance d'un ex-détenu, meurtrier au premier degré, aujourd'hui croyant et pratiquant, devenu célèbre grâce aux livres qu'il écrivait. Il m'avait donné une croix ayant appartenu à un ami qu'il avait connu en prison et qui s'était suicidé. Avant de se donner la mort, il lui avait dit :

—Je te remets cette croix que je porte sur moi. Tu la donneras à une personne qui la mérite vraiment.

Et c'est moi qu'il avait choisie. Aujourd'hui, vingt ans plus tard, je l'avais toujours. Aujourd'hui, vingt ans plus tard, j'avais un mari et cinq enfants adorables. Non, je n'avais pas toujours été malheureuse. J'avais rencontré tant de personnes formidables et j'avais vécu tellement de choses passionnantes. Lorsque je regardais en arrière, je ne pouvais que me dire : quelle merveilleuse vie j'ai vécue! Oui, j'avais connu beaucoup d'épreuves, mais, à travers elles, j'avais côtoyé beaucoup de gens extraordinaires. Sans même me donner la peine de réfléchir, je pouvais évoquer des dizaines de noms. J'aurais voulu nommer toutes les personnes que j'avais opportunément rencontrées sur ma route que je n'aurais pas pu. Je pouvais faire la paix avec mon Dieu. Il avait toujours été avec moi, non pas comme spectateur de mes souffrances, mais comme soutien dans les épreuves que j'avais traversées.

En quête d'espoir

Ces pensées positives auraient dû m'inoculer une sérénité durable, mais tel n'était pas le cas. Ma tête était un manège de foire foraine, et les jours de déprime succédaient aux jours d'optimisme. Le plus ardu, c'était de retrouver confiance en la vie, de réinventer l'espoir.

Je regardais ma maison, grande et spacieuse, chaleureuse et accueillante, cette maison où régnait l'amour familial, et je n'arrivais plus à croire à ce bonheur quotidien que la vie m'accordait. Combien de temps cela allait-il durer? Quelle serait la rançon que j'aurais à verser pour le monde d'amour qui m'entourait? Depuis ma petite enfance, chaque chose que j'avais eue, chaque espoir, chaque bonheur avait été payé à gros prix et je ne pouvais plus croire à la gratuité de la vie et de l'amour. Trop longtemps, j'avais été conditionnée. La vie m'avait trop souvent bafouée.

En outre, ma confiance en moi était gravement hypothéquée. Assurément, j'étais loin d'avoir l'énergie nécessaire pour retourner au travail, et pourtant cette attente oisive minait ma foi, mon espoir de reprendre un jour une vie normale. L'avenir ne me semblait guère prometteur et je me tracassais pour le lendemain. J'avais peur de manquer de tout, que mes enfants soient malheureux.

Je me demandais si je devrais consacrer le reste de mes jours à reconstruire mon estime de soi, ma capacité d'espérer, et si j'arriverais jamais à laver toutes les souillures accumulées sur mon corps par mon agresseur pendant des années. Son odeur collait toujours à ma peau, son corps continuait de briser le mien. Mon ventre était toujours transpercé de part en part par ses assauts sauvages, grossiers et irrespectueux. Je ne comprenais pas mon mari ni mes amis ni les gens de m'aimer autant. Je n'avais jamais été aussi bien entourée et je n'arrivais pas à y croire. Je ne trouvais aucun, mais aucun motif de m'aimer moi-même. Comment les autres pouvaient-ils m'aimer? Que voyaient-ils en moi qui m'échappait?

Lâcher prise, faire confiance... J'avais dénoncé mon agresseur. La justice avait pris le relais de ma volonté, mais je n'en demeurais pas moins préoccupée.

Et ce procès qui n'avançait pas, qui semblait au point mort, tant les étapes étaient espacées dans le temps, tant elles donnaient peu de résultats. Combien faudrait-il d'années pour arriver au bout du processus? On m'avait dit un an, au départ, mais cela me paraissait d'un fol optimisme quand je voyais tout le chemin qu'il restait à parcourir et la paresse chronique du système, plus enclin à remettre les choses qu'à les faire évoluer.

Néanmoins, les premières phases du procès devaient me permettre de reprendre tant soit peu la maîtrise de ma vie.

17

À peine deux petits pas

Le 15 novembre 2004, mon père devait de nouveau comparaître devant le juge afin de déposer son plaidoyer. Il ne s'était pas présenté, mais il s'était fait représenter par son avocat qui, à l'étonnement de tous, n'avait pas de plaidoyer à remettre. Il s'était contenté de demander que ce dépôt soit reporté pour être fixé à la même date que la prochaine séance d'orientation. Le 6 décembre 2004 avait été retenu.

Ce jour-là, j'arrivai au tribunal accompagnée de Chantal et de Norbert. L'agresseur n'était toujours pas là, mais son avocat le représentait à nouveau, et le plaidoyer avait été enregistré à l'avance. Il plaidait non coupable. L'avocat demanda que l'enquête préliminaire soit fixée au 17 mars 2005, en exigeant que la plaignante témoigne. L'enquête se déroulerait devant juge seul, toujours selon les exigences de l'avocat de la défense. Le tribunal estimait que l'interrogatoire et le contre-interrogatoire dureraient environ trois heures.

À partir de ce jour, je sentis que je gravissais enfin l'autre versant de ma dépression. Je savais maintenant à quoi m'attendre. Jusqu'alors, j'avais rêvé plus d'une fois du procès et du harcèlement psychologique auquel j'aurais à faire face. J'en éprouvais beaucoup d'appréhension. Mais je savais maintenant dans quelle direction nous allions : le procès était devenu inévitable, à moins d'un coup de théâtre au demeurant peu probable. Je ne vivais plus dans l'insécurité, à me demander ce qui arriverait le lendemain, et plusieurs de mes questions devenaient caduques. Pourtant, je devais bientôt comprendre que, le plus difficile, ce n'était pas de ne pas savoir s'il y aurait procès ou non. C'était de franchir les temps morts entre deux étapes de la procédure.

J'allais enfin témoigner. L'angoisse me pétrissait le ventre, mais je soutins le regard de l'avocat. Oui, je serais là et je serais prête.

Encore trois mois d'attente. C'était beaucoup, mais je les mettrais à profit pour me préparer mentalement et physiquement, pour me remettre bien en mémoire aussi toutes les agressions que j'avais subies. Mon procès, je le gagnerais. Mon père ne me détruirait plus jamais; j'allais me réapproprier ma vie.

En quittant le tribunal, je décidai que j'inviterais à assister à l'enquête préliminaire toutes les personnes qui comptaient pour moi et qui étaient significatives dans mon cheminement. Je voulais me libérer de mon secret. Je tenais à ce que tous connaissent mon histoire : ceux qui continueraient à m'aimer m'aimeraient pour ce que j'étais vraiment. Ma guérison passait selon moi par le dévoilement de mon passé. Plus jamais je ne voulais accepter l'inacceptable, plus jamais je ne voulais être victime. Je devais être capable de me tenir debout, de m'aimer et de me respecter.

18

Un grand coup d'épée au flanc

Avant de déposer ma plainte, j'avais beaucoup écrit sur les sévices que j'avais subis, tant sexuels que physiques, afin d'ordonner mes idées et de retracer tous les événements que je pouvais me rappeler avec précision, en les situant dans leur ordre chronologique. Au moment où j'avais rencontré Robert Goupil la première fois pour faire ma déposition, il avait déjà pris connaissance de mes textes. Plus tard, lors de mon entrevue avec la procureure de la couronne, j'avais également déposé mes écrits, où j'avais consigné la plupart des faits, surtout les principaux et les plus marquants.

Écrire permet de bien peser ce que l'on a à dire et d'en mesurer la portée. D'avoir exposé ainsi les faits a ajouté de la rigueur et de la crédibilité à mes interventions. Ces notes précises étaient pour moi comme pour M^e McKenna une référence et un aide-mémoire, de sorte que notre démarche gagnait en cohérence.

Le 25 janvier 2005, la procureure de la couronne me fit part de sa décision de déposer mon récit comme preuve. L'angoisse me saisit aussitôt. Je craignais que mon père utilise ces écrits pour me détruire. Je devais rêver souvent par la suite qu'il venait assassiner toute ma famille durant la nuit.

Mais si ce 25 janvier fut pour moi une date extrêmement cruelle, ce fut pour une autre raison. J'appris en effet que ma mère et ma sœur avaient décidé de plaider en faveur de mon père et d'affirmer que j'avais inventé toutes les horreurs que j'avais écrites. L'avocat de la défense avait informé ma mère du dépôt de ma plainte et des faits que je reprochais à mon agresseur; elle avait affirmé que c'était impossible.

Ma mère aurait dit: «Je la crois mais je n'ai rien vu» ou «J'ai vu mais je n'ai rien pu faire», cela m'aurait fait moins mal. Mais qu'elle dise que je fabulais, cela ne passait pas. J'avais tout perdu durant mon enfance et mon adolescence, et voilà que l'on me retirait la seule chose qui me restait: l'espoir fragile que je commençais à peine à me forger. De penser que toute ma vie j'avais tâché d'épargner les membres de ma famille et qu'ils me sacrifiaient sans plus de remords m'était intolérable. J'en éprouvais un très fort sentiment d'injustice.

Mais, le plus douloureux, c'était certes de devoir faire le deuil de mes proches, de ceux que j'aimais et de qui je croyais être aimée. Car leur trahison ne pouvait mener qu'à une seule conclusion: nos positions respectives devenaient irréconciliables et j'étais irrémédiablement rejetée des membres de ma famille.

J'ai longuement pleuré avant de finalement réaffirmer ma résolution. J'irais jusqu'au bout de mon cheminement, peu importaient les embûches et les circonstances. Non, ma sœur, ma mère et mon père ne réussiraient pas à me détruire une seconde fois, à m'enfermer de nouveau entre les murs du silence. Si tous m'abandonnaient, je n'avais plus rien à perdre et cela renforçait encore ma . détermination. Je choisis de me présenter la tête haute. J'affronterais les épreuves en faisant confiance à la supériorité de la vérité sur le mensonge. Et pourquoi pas miser sur Dieu une fois de plus!

19

Jours de colère

Les semaines qui suivirent ce 25 janvier 2005 me furent des plus pénibles. J'étais persuadée déjà que Lorette et maman m'avaient trahie une première fois lorsque j'étais enfant et adolescente, qu'elles m'avaient fait défaut alors que j'avais besoin d'elles. Je leur avais pardonné. Mais leur seconde trahison me semblait relever de l'acharnement. Assurément, elles prouvaient par là qu'elles avaient toujours eu l'intention de me détruire.

Je n'arrivais pas à croire qu'elles avaient choisi de témoigner contre moi, en faveur de l'agresseur. Elles savaient toutes les deux que j'avais raison, que je n'avais pas inventé ces faits, que je n'avais pas fabulé. Mais voilà qu'elles prenaient le parti du silence et du mensonge. Rien ne m'attendrissait à leur égard. Je ne pouvais leur concéder aucune circonstance atténuante. Je ne pouvais évoquer leur défection sans être immédiatement envahie par une grande vague de colère.

J'avais le cœur rongé par la violence de mes propres sentiments. Pour essayer d'évacuer ma rage, je décidai une fois de plus de m'inscrire à une thérapie. Au fil des activités, je me rendis compte que ma hargne était principalement dirigée contre ma mère. Qu'elle témoigne contre moi me révoltait au-delà de toute rationalisation. On aurait dit que son déni m'était plus douloureux que toutes les souffrances que mon père m'avait fait endurer.

Ce fut par l'écriture que j'entrepris de me défouler tout d'abord. J'écrivis une lettre à maman, une lettre que jamais, très certainement, je ne lui ferais parvenir, mais où j'exprimai sans entrave, en vrac, tout ce que j'avais contre son attitude. Elle n'avait jamais entendu ma détresse, elle ne m'avait pas protégée, elle m'avait dit des paroles blessantes lorsque j'étais jeune. Tout ça me remontait à nouveau dans la gorge, devant sa détermination à me renier encore, et je le lui criais à travers les mots de ma lettre.

Elle n'avait pas voulu voir la vérité et elle se voilait encore la face aujourd'hui. Elle refusait l'évidence. Elle craignait d'entendre cette réalité qui me détruisait et qui aurait pu détruire l'image fallacieuse que nous projetions de la famille parfaite, fonctionnelle. Je n'étais que le reflet de son échec comme mère et elle m'avait haïe pour ça. J'en avais assez d'oublier qui je suis et de graduellement cesser de vivre. J'en avais assez de porter les blâmes. Elle m'avait privée de tout lorsque j'étais petite et elle voulait aujourd'hui que je porte les fautes et les erreurs qu'elle n'était pas capable d'assumer. C'était mon père, le responsable, l'agresseur. Pas moi! Et j'étais consternée de constater que ma mère avait elle aussi une part de responsabilité.

Aujourd'hui encore, elle s'offusquait que je parle. Elle n'admettait pas que je risque de briser sa trop chère image, son apparence, les apparences. Ce qui était arrivé était arrivé, qu'elle le veuille ou non. Quel intérêt aurais-je eu d'inventer de pareilles atrocités? Quel intérêt ou quel avantage en aurais-je tiré? Celui de perdre ma famille en plus de tout le reste, en plus de tout ce qu'on m'avait volé avec la complicité de son silence?

Non, elle ne voulait tout simplement pas voir la vérité. Elle n'avait jamais voulu la voir. Comme toujours, elle préférait me condamner plutôt que d'affronter la réalité. Mais quel intérêt y trouvait-elle? Ses mensonges, en tout cas, l'enfermeraient dans sa prison aussi sûrement que mon agresseur serait incarcéré pour ses crimes. Le pire juge, ce serait elle, et non pas les autres devant qui elle faisait tout pour ne pas compromettre son image.

Une fois que je lui eus écrit tout ça, je fus étonnée de constater que ma colère n'avait pas diminué d'un cran. Elle me comprimait la poitrine et il me fallait l'évacuer. Je demandai à un des thérapeutes de m'accompagner dans cet exercice. Lentement, je lui lus ma lettre. Les mots se bousculaient. La peine me submergeait. Lorsque ma fureur éclata enfin, ce fut une véritable crise de nerfs, une explosion de violence incontrôlée. Pendant plusieurs minutes, je frappai des coussins au point de m'en blesser les mains. À la fin, je m'effondrai en larmes, en hurlant:

—Je n'y arriverai pas! Je n'y arriverai jamais! C'est trop difficile, j'ai trop souffert. Je n'y arriverai pas! Je n'en peux plus!

Avec douceur et tendresse, Joëlle me prit dans ses bras pour me consoler et, lentement, je repris la maîtrise de mes émotions. L'air entrait beaucoup plus facilement dans mes poumons. J'avais expulsé beaucoup de haine et ma colère avait disparu. Il m'était possible d'être plus objective et d'éprouver de la compassion pour ma mère, qui avait sûrement été profondément blessée dans sa propre vie pour ainsi nier la réalité. Je pouvais maintenant passer à une autre étape, celle du pardon.

20

Couper le cordon ombilical

Plus que quelques jours avant le 17 mars. En fait, douze jours exactement. Le temps filait à une vitesse folle. J'avais l'impression de vivre une grossesse dont le terme approchait. Le jour de l'enquête préliminaire, cela ferait exactement neuf mois et neuf jours que j'avais déposé ma plainte. Et je ressentais réellement les douleurs de l'enfantement; j'avais mal au ventre et au cœur. Je voulais absolument gagner.

Que serait-il, mon Dieu, ce procès, si la seule enquête préliminaire me faisait vivre toute une gamme d'émotions différentes! Bizarrement, j'avais vraiment l'impression que l'accouchement aurait lieu à ce moment-là. J'étais inquiète à la pensée que je vivais peut-être d'illusion encore une fois. Pour que l'accouchement ait lieu, il aurait fallu que l'agresseur plaide coupable.

On me l'avait soutenu à plusieurs reprises et je le comprenais : j'avais déjà gagné du seul fait de dénoncer. Mais cela ne me suffisait plus depuis janvier. La trahison de ma mère avait marqué un point tournant dans mes motivations. Je voulais maintenant lui prouver que je disais la vérité, que je n'avais rien inventé et que je n'étais pas folle. Je n'avais rien à me prouver, à moi, puisque je connaissais la vérité. Mon père aussi la connaissait et je n'avais rien à lui démontrer à lui non plus. Mais maman!

Je réalisais que j'entretenais toujours l'espoir fou et peu réaliste de reconquérir ma mère. Je rêvais qu'elle m'aime enfin et qu'elle m'accepte pour ce que je suis. J'espérais toujours qu'elle me prenne dans ses bras en me disant les mots qui auraient racheté toutes mes souffrances. Les mots d'une mère à son enfant!

Il fallait bien pourtant que j'affronte la vérité : ma mère ne pourrait jamais répondre à mes aspirations ni combler ce besoin. Elle vivait avec ses propres blessures et avec la honte de n'avoir pas su protéger son enfant. Je la connaissais trop bien pour ne pas savoir qu'elle ne serait jamais capable de m'accueillir et de m'écouter. L'une de mes amies m'avait dit dernièrement qu'elle avait attendu jusqu'à la mort de sa mère pour entendre ne fût-ce qu'une seule fois les mots « Je t'aime ». Jusqu'à la toute fin de sa vie, sa mère avait trouvé le moyen de lui faire des reproches. Elle n'avait jamais entendu les mots tant espérés. Il risquait fort d'en être ainsi pour moi. Je souhaitais tant entendre ma mère me demander pardon. Mais, pour demander pardon, il faut être en mesure de se regarder sans fausse pudeur, et maman n'était manifestement pas encore rendue à cette étape.

Elle avait dû souffrir énormément pour s'enfermer ainsi entre des murs de briques si épais que les émotions et la vérité ne pouvaient y trouver place. Qu'avait-elle donc vécu? Qu'est-ce qu'elle avait enfoui si profondément dans sa mémoire pour être convaincue que j'avais tort de vouloir retrouver ma dignité? Si elle ne voulait pas regarder à l'intérieur d'elle-même, c'est qu'il s'y cachait certainement des choses terrifiantes qui la blessaient ou qui l'avaient blessée profondément. Elle n'avait jamais voulu que je vive mes émotions. C'était sans doute que ces émotions la confrontaient à quelque chose de redoutable.

L'hypothèse dont Chantal m'avait entretenue à propos d'un cycle d'agressions qui se perpétue de génération en génération me revenait à l'esprit. Et je me demandais si maman avait subi l'inceste, elle aussi. Chose certaine, son grand-père, c'est-à-dire mon arrière-grand-père, ne se gênait pas pour nous tripoter la vulve, à Lorette et à moi, lorsque nous étions petites. Il vivait avec mes grands-parents maternels et il n'aimait rien davantage que de passer la main sous notre jupe.

—T'aimes ça! qu'il disait, le vieux cochon.

Quand on s'éloignait trop de ce vieillard lubrique de quatre-vingt-dix ans, on entendait la voix de ma grand-mère ou celle de maman qui disait:

—Va tenir compagnie à ton arrière-grand-père. Il est vieux et s'ennuie.

Étaient-elles vraiment inconscientes, ces femmes, de ses manies déplorables? Pour ma part, je n'ai jamais pu me convaincre que ses perversions ne lui soient venues qu'avec la sénilité et le grand âge. Et celles qui ne pouvaient faire autrement que de les soupçonner, sinon les connaître, auraient dû nous en protéger davantage.

251

21

Des agressions subtiles

Je crois que j'en voulais à maman plus qu'à papa. Il me revenait à l'esprit certaines blessures douloureuses qu'elle m'avait infligées lorsque j'étais enfant. De façon involontaire? Peut-être, mais j'avais de la difficulté à m'en convaincre.

La première dont je me souvienne survint lorsque j'avais deux ans environ. Nous étions chez grand-maman. Elle m'a mise sur un lit pour prendre une photo. Mon cœur débordait d'une joie que je n'ai pu contenir. Elle a ri de moi et je me souviens encore de ses paroles : « Mais qu'est-ce qu'elle fait là? Viens voir la drôle de face qu'elle fait. » Elle riait interminablement. Elle riait trop. Lorsqu'elle a voulu prendre une seconde photo, j'ai levé le bras. Je ne voulais plus.

Son rire m'avait tant humiliée que j'en ai toujours gardé le souvenir, comme une honte inexpiée. Après, j'avais toujours tout fait pour que maman n'ait plus jamais honte de moi. J'avais échoué : jamais je n'avais réussi à la satisfaire. Sans doute étais-je malhabile dans mes efforts, mais je crois que le motif premier de mes échecs était qu'elle ne m'aimait pas.

Et moi, j'insistais pour obtenir son affection; plus elle me repoussait, plus je cherchais à m'en rapprocher. Je voulais lui ressembler. J'avais même endossé ses souffrances dans ce but. Maman ne s'était jamais trouvée belle, elle n'aimait pas se regarder dans le miroir et il en allait de même pour moi. Elle n'aimait pas son physique; je détestais le mien. Elle ne se sentait pas digne de son mari. Elle trouvait qu'il était trop beau pour s'attacher à une femme comme elle, et je reproduisais le même modèle avec Norbert; je me sentais indigne, je ne me sentais pas assez belle ni assez bien pour lui.

Du plus loin que je pouvais me souvenir, j'avais été en symbiose avec maman. Elle porte en elle une grande blessure que j'ai endossée par fidélité. Si elle était morte lorsque j'étais petite, je serais morte avec elle, je crois. Or, cette fidélité d'animal familier la dérangeait et la révoltait. J'étais encombrante et elle me repoussait. Je crois même que, parfois, de façon inconsciente, je la provoquais pour susciter en elle une émotion, pour m'attirer un geste d'amour ou de compassion. En pure perte. Et chaque fois, bien loin de m'apporter l'apaisement, mes tentatives ratées me valaient de nouvelles blessures. J'avais longtemps cru que je ne méritais pas mieux.

Parfois ma mère escamotait mon anniversaire lorsque mon père travaillait à l'extérieur de la région, ce qui ne serait rien, en soi, si nous avions tous été traités de la même manière dans la famille. Mais je ne me souviens pas qu'elle ait jamais oublié l'anniversaire de ma sœur et de mon frère.

—Pourquoi faire deux anniversaires? me disait-elle en souriant. Nous fêterons ton anniversaire lorsque ton père sera de retour.

Il faut dire que mon anniversaire et celui de mon père n'arrivent qu'à une journée d'intervalle. Il est né le 17 septembre, et moi le 18. Il faut croire aussi que la mémoire est une faculté qui oublie... Mes parents allaient plutôt au restaurant fêter l'anniversaire de mon père.

De mon côté, je n'oubliais jamais celui de ma mère; dès que j'en eus l'âge, je me mis à lui faire un beau gâteau chaque année. À la Saint-Valentin, je l'envoyais faire du ski et je lui préparais un bon souper. Je lui offrais aussi un cadeau. Un jour, elle a dit à mon père en ricanant méchamment, bien fort pour que j'entende:

— Elle va encore me donner son éternelle boîte de chocolats aux cerises.

Si elle avait voulu me blesser, c'était fort réussi. J'avais beau me démener pour lui faire plaisir, lui cuisiner des plats compliqués, lui cuire du pain qu'elle aimait chaud, je ne trouvais jamais grâce à ses yeux. Elle a effectivement eu sa boîte de chocolats aux cerises, mais ce fut sa dernière.

Je revivais souvent aussi un épisode de ma vie d'enfant dont la blessure n'arrivait pas à cicatriser. Je n'allais pas encore à l'école; je devais avoir quatre ans. Ma mère avait décidé de nous faire une surprise, à ma sœur, à mon frère et à moi. Comme il pleuvait dehors et que nous ne pouvions sortir pour jouer, elle nous a dit:

— Laissez-moi quelques minutes pour me préparer dans ma chambre. Lorsque je vous appellerai, vous entrerez à tour de rôle. Je commence par le plus jeune et je finis par la plus vieille. Vous m'avez comprise?

Fous de joie devant ce nouveau jeu, nous avons fait signe que oui de la tête. Rapidement, elle appela mon petit frère. Nous avions beau tendre l'oreille, impossible de rien entendre. Intriguées, nous avons attendu sagement. Mon frère est sorti avec un petit camion jaune en disant que c'était mon tour. J'étais tout excitée. Qu'est-ce qui m'attendait de l'autre côté? Le sourire aux lèvres, j'entre en prenant bien soin, selon la consigne de maman, de refermer la porte derrière moi. Ma mère est là, assise près de la fenêtre.

—Viens t'asseoir sur le lit près de moi.

Je m'empresse d'obtempérer, de plus en plus intriguée. Le sourire aux lèvres, elle me dit :

—Aujourd'hui est un jour spécial. Je suis allée magasiner et j'ai acheté quelque chose juste pour toi, mais tu dois choisir.

Faisant durer le suspense, elle se penche et ouvre le dernier tiroir de sa commode. Elle en sort deux boîtes. Des casse-têtes! L'un représente un bébé et l'autre trois adorables petits chiots.

—Prends bien ton temps, me dit-elle, choisis bien celui que tu désires le plus.

Le choix est difficile. J'ai toujours aimé les bébés, mais les petits chiots sont si mignons! J'hésite.

—Tu peux prendre celui que tu veux. Le choix te revient.

Le bébé est beau, mais les chiots m'attirent trop.

—Je choisi le casse-tête avec les petits chiots.

—Quoi! Les chiots? Tu me déçois beaucoup! J'ai spécialement magasiné pour toi et j'ai choisi le casse-tête du bébé pour te faire plaisir! s'exclame ma mère.

Je sens une vague de culpabilité m'envahir. Une peine immense gonfle mon cœur. Une fois de plus, j'ai déçu ma mère.

—J'ai mis des heures à essayer de trouver un casse-tête représentant un bébé. J'en ai mis, du temps, pour ça! Je pensais que c'était les bébés que tu aimais! Tu me déçois!

Elle attrape un papier-mouchoir au moment où une seule larme glisse sur sa joue. Elle ajoute :

—Je ne réussirai jamais à te faire plaisir, à te satisfaire! Tu me fais beaucoup de peine.

Je n'en peux plus, j'éclate en sanglots en m'excusant.

—Je suis désolée... Je... je ne voulais pas te faire de la peine...

—Trop tard!

—Est-ce que je peux changer?

—Non! Sors de ma chambre!

—Maman, hurlé-je en pleurant. J'aime les bébés. Je veux changer de casse-tête.

—Non! Sors de ma chambre!

—Maman, s'il te plaît, je veux changer! Je suis désolée! Je me suis trompée, c'est le bébé que je veux!

—Trop tard. Tu me déçois. Tu me déçois beaucoup!

La colère semble envahir tout son être. Elle ne pleure plus. Elle me fixe avec ses yeux remplis de haine.

—Sors de ma chambre!

—Je t'en supplie, maman, je ne voulais pas te décevoir... Donne-moi le casse-tête du bébé...

—Sors de ma chambre, et tout de suite! hurle ma mère.

La mort dans l'âme, je sors avec le casse-tête des chiots. Ma sœur n'est restée que quelques secondes dans la chambre de ma mère. Elle, la chanceuse, elle n'avait eu aucun choix à faire. Elle est ressortie en me montrant fièrement le casse-tête représentant le bébé.

—On échange? lui dis-je.

—Non.

Elle monte dans notre chambre commune en exhibant fièrement sous mes yeux son casse-tête. Je la suis. Elle s'installe sur le plancher et commence à l'assembler.

—Regarde comme le mien est beau. Tu ne veux pas que nous les échangions?

—Non.

—Tu n'as jamais aimé les bébés, moi oui. Change avec moi, s'il te plaît!

—Non.

Pendant que j'essaie en vain de la convaincre de faire l'échange, elle a déjà assemblé son casse-tête et savoure son œuvre.

—Oh! Tu l'as déjà fini. Tu veux me le prêter? J'aimerais pouvoir le faire.

—Non!

—Regarde, ma boîte est neuve. Tu serais la première à faire mon casse-tête si tu me prêtes le tien!

—Non, dit ma sœur en ne quittant pas son casse-tête des yeux. Maman me l'a donné à la condition que jamais je ne te le prête, et j'ai promis.

Sur ce, ma sœur a ramassé tous les morceaux du puzzle et a quitté la pièce.

Aujourd'hui, près de quatre décennies plus tard, je ne pouvais m'empêcher de me demander quelle aurait été la réaction de maman si j'avais choisi le casse-tête représentant le bébé. Et, malheureusement, la réponse à ma question me venait spontanément.

En prenant parti pour mon agresseur, maman avait mis un comble à sa cruauté et j'avais été brutalement confrontée à l'inévitable. Oui, je n'avais pas le choix de couper le cordon ombilical, pour ne pas renier qui je suis, pour demeurer d'abord et avant tout fidèle à moi-même.

Trop longtemps, j'avais vécu les émotions des autres; je devais maintenant vivre les miennes. J'avais voulu ressembler à maman, mais ma quête était dès le départ vouée à l'échec. J'étais fondamentalement différente. Jamais je ne pourrais atteindre sa capacité de faire abstraction de ses sentiments, de demeurer d'une froideur glaciale en toutes circonstances. Je suis une personne sensible et émotive.

Et, je l'admettais enfin, c'est très bien ainsi.

Les fauves de la nuit

Il ne me restait que six jours d'attente avant l'enquête préliminaire. Quatre heures du matin. Les heures de mes nuits insomniaques s'égrainaient avec une lenteur désespérante. Mes images m'envahissaient totalement et l'appréhension me tenait éveillée.

Au cours de la journée, j'avais rencontré Me McKenna afin de me préparer pour le contre-interrogatoire. Les émotions m'avaient prise d'assaut. J'avais tellement pleuré que c'était à se demander si j'arriverais à tenir lors du procès. J'étais complètement retournée par deux phrases que ma mère me répétait sans cesse et qui peuvent paraître banales pour le commun des mortels : «Arrête de jouer à l'enfant martyre! Arrête de te plaindre!» Plus je racontais mon histoire, plus je me rendais compte que je ne jouais pas à l'enfant martyre; j'en étais réellement une. J'avais désespérément essayé de dire à maman ou de lui faire comprendre ce que je vivais, et chaque fois le verdict tombait avant même que j'aie pu terminer : «Arrête de jouer à l'enfant martyre!»

Alors que la nuit égrainait ses heures, le trac m'envahissait, voisin de la détresse. La nuit grossissait les monstres qui me terrorisaient. Je voyais l'avocat de la défense. Je l'entendais qui m'attaquait et qui cherchait à me discréditer. Il faisait des suppositions insultantes sur mon compte et je l'entendais professer sa foi dans la version de l'agresseur. Il me tendait des pièges subtils qu'il me fallait voir et désamorcer, moi que le tribunal impressionnait, moi qui étais mal à l'aise dans ce lieu étrange et solennel.

« Il me faut faire confiance, Seigneur, croire que tu seras là pour m'aider à trouver les mots justes en réponse à ses questions. Je ne veux pas anticiper, je ne veux pas essayer de comprendre où il veut aller avec ses insinuations. Dire et répéter la vérité, en toute sincérité, en toute spontanéité.

« Soutiens-moi, Seigneur. Il n'y aura une fois de plus qu'une seule trace de pas dans le sable, car j'ai besoin que tu me portes un peu. J'ai mal aux jambes, aux genoux, j'ai mal partout. »

Il y avait tant de détails auxquels il me fallait penser, que je ne pouvais me payer le luxe d'oublier. Tant de détails qui pouvaient faire la différence entre la victoire et l'échec, même s'ils me semblaient sans importance. Et les agressions imposaient dans ma mémoire une présence si intense que je revivais mes cauchemars chaque fois que je les évoquais.

Expliquer pourquoi je n'avais pas parlé, pourquoi j'avais accepté que la violence dure aussi longtemps, pourquoi je ne m'étais pas débattue dans ma chambre alors que je l'avais fait en d'autres circonstances. Tant de pourquoi qui me donnaient le goût de vomir.

- 23 -

Libération symbolique

Trois jours avant l'enquête préliminaire, je résolus de procéder à une mise en scène symbolisant la rupture de mes liens avec ma famille. C'était pour moi une façon de concrétiser cette rupture; je cherchais, avant de m'engager dans le nœud du procès, à me libérer des entraves que pouvaient représenter encore mes proches. Cette étape était nécessaire si je voulais exprimer librement qui je suis, m'affirmer, m'inscrire dans ma vérité.

J'achetai quatre ballons gonflés à l'hélium: un mauve pour mon père, un rose pour ma mère, un jaune pour ma sœur et un rouge pour mon frère. J'attachai à chacun un billet porteur d'un seul mot, représentant ce que je leur souhaitais avant de leur accorder la liberté. Je demandai à Joëlle de m'accompagner et nous nous rendîmes au cimetière, sur la tombe où une de nos amies était inhumée. Je la priai pour me donner du courage:

« Suzie, je désire rendre la liberté à chacun des membres de ma famille. Je suis déterminée à exprimer sans peur, sans crainte et en toute liberté ce que je suis profondément. Je ne veux plus cacher mon histoire et faire semblant que rien n'est arrivé pour préserver une fausse image de ma famille. Je décide aujourd'hui de m'assumer et j'espère que chacun d'entre eux sera un jour capable d'en faire autant. Je veux vivre des liens authentiques et vrais. Je ne veux plus vivre de non-dits et de mensonges. Aucun esprit de vengeance ne m'habite. Aujourd'hui, je reprends simplement mon droit de parole, ma liberté d'être et de m'exprimer. Je voudrais dire à ma famille que je le fais avec amour et dans l'amour. »

Je pris le premier ballon, celui de maman :

« Maman, j'ai inscrit sur ton ballon le mot *paix*. Je souhaite que la paix s'installe dans ton cœur et que tu trouves le courage un jour de te pardonner. C'est une étape difficile. Je peux te le dire, je l'ai vécue. Je te souhaite de réapprendre à vivre et à aimer. Je te souhaite la paix de l'âme et de l'esprit. Adieu, maman, et sois heureuse. »

Je laissai le ballon prendre son envol dans le ciel. Le second ballon était celui de ma sœur.

« Lorette, j'ai inscrit sur ton ballon le mot *liberté*. La dernière fois que je t'ai parlé, tu m'as dit que tu travaillais à construire un mur de protection tout autour de toi, pierre par pierre. Moi, ce que j'entends, c'est que tu te construis actuellement une prison. Je le sais parce que je l'ai fait moi-même pendant toutes ces années où je n'ai pu dénoncer mon agresseur par peur de vous blesser. Je te souhaite la liberté : liberté de vivre, d'aimer, de parler, de pardonner. Sois heureuse, Lorette, mais n'oublie pas que, pour être libre, il faut savoir regarder la réalité telle qu'elle est. »

Le ballon jaune s'envola lui aussi. Au tour de mon frère, maintenant.

« Anthonin, j'ai inscrit sur ton ballon le mot *amour*. Tu as toujours eu des difficultés en amour. Je crois qu'elles sont dues au passé douloureux qui étouffe notre famille. Je souhaite que tu puisses, grâce à ma dénonciation, trouver l'amour qui t'a tant manqué lorsque tu étais enfant. Je crois sincèrement que tu le mérites. Mais sache que l'amour se trouve dans la vérité et dans la capacité à l'accueillir et à l'accepter. Sois heureux, Anthonin. »

Lorsque je lâchai le ballon, il alla se coincer hors de portée dans les branches d'un arbre. Joëlle me fit remarquer que j'avais peut-être un allié dans mon frère. Nous observâmes un moment de silence.

Je pris une grande respiration. Il me restait le ballon de mon père. J'aurais voulu que le procès se déroule dans l'amour, et non dans la haine. Que ce soit le moins douloureux possible. Une telle sérénité ne pouvait être envisagée avec sérieux, j'en étais consciente. Aucun accouchement ne peut avoir lieu sans douleur.

« Je ne sais pas comment je dois t'appeler. Dire le mot papa me brûle trop la gorge et les lèvres. Le mot père, lorsqu'il te désigne, me donne l'impression de trahir tous les hommes qui ont aimé leurs enfants avec tendresse et sans violence. Je ne sais pas comment t'appeler, mais je veux te dire que j'ai inscrit le mot *responsabilité* sur ton ballon. Je te souhaite de prendre pour une fois dans ta vie tes responsabilités et d'assumer les conséquences qui vont avec les forfaits que tu as commis. Je te souhaite de te libérer de ce lourd fardeau, de ce lourd secret avant de mourir. Par ce procès, je t'offre l'occasion de te racheter pour toutes les souffrances que tu m'as fait subir. Te responsabiliser pour les actes que tu as commis, ce serait une façon de demander pardon, mais surtout une occasion unique d'apprendre à te pardonner. Que Dieu te guide dans ta décision. »

Je rompis mon dernier lien avec cet homme. Son ballon s'envola et disparut aussitôt dans le ciel comme celui de maman et de Lorette. Il ne restait que celui d'Anthonin qui restait inexorablement accroché à l'arbre.

Pensives, nous rentrâmes à la maison. La cérémonie que j'avais imaginée allait-elle porter ses fruits? Il me semblait en tout cas que je respirais mieux.

- 24 -

L'enquête préliminaire

Déjà jeudi. Je me levai tôt pour bien me préparer et soigner mon apparence. Je mis un tailleur noir et épinglai à mon corsage un petit cœur que m'avait offert mon thérapeute lors d'une activité de groupe et qui portait cette inscription: «Vous n'êtes pas n'importe qui!» J'enfilai un collier de perles et mis les boucles d'oreilles assorties, un cadeau que mon mari m'avait offert à mon trentième anniversaire de naissance. Dans mon soutien-gorge, je glissai un ange de verre que Joëlle m'avait offert à Pâques. Je voulais sentir la présence de ces deux êtres durant mon témoignage.

Mon cœur battait à tout rompre. Mais j'étais prête. Durant la nuit, j'avais beaucoup réfléchi et j'avais pris une décision importante: je renonçais à vouloir prouver que ce que j'avais à dire était vrai. Je savais qu'on me croyait et je serais entendue. De nombreuses personnes avaient foi en moi, et ces appuis m'étaient aiguillon aussi bien qu'encouragement.

Je me dirigeai avec mon mari vers le palais de justice. Je craignais que mon père ne se présente pas, lui qui avait pour habitude d'être mystérieusement malade lorsqu'il était confronté à la réalité. Une fois de plus, j'imaginais le pire. Et s'il était hospitalisé? Et s'il s'était suicidé?

Un des procès de la veille avait été ajourné au lendemain matin, de sorte qu'il me fallut attendre que le tribunal en ait terminé. J'eus le temps de passer l'assistance en revue et je constatai que de nombreuses personnes étaient venues pour me supporter et m'encourager. Les deux thérapeutes qui, à de nombreuses reprises, avaient encadré mes réflexions s'étaient déplacés. Il y avait Joëlle et tous mes amis qui étaient venus parce qu'ils m'aimaient, ainsi que tous ceux qui priaient pour moi et qui se préoccupaient de ma comparution.

J'avisai soudain une femme avec qui j'avais été très amie, mais que je n'avais pas revue depuis plusieurs années. Mon cœur déborda de joie et de reconnaissance pour cette personne qui avait pris de son temps pour m'accompagner dans cette étape cruciale de ma démarche. Je lui sautai au cou, mais au même moment mes yeux croisèrent ceux de mon père qui attendait dans le corridor. Son regard était rempli de haine et de colère. C'était le même qui me faisait si peur lorsque j'étais petite. L'air me manqua. Ce fut un choc violent. J'avais tant espéré voir dans ses yeux une lueur d'amour, de compassion et surtout de remords, mais non. Il n'y avait absolument rien d'autre que de la haine et de la colère. Il y avait plus de vingt ans que je ne l'avais pas vu et il n'avait pas changé. Mais ma perception à moi avait évolué : longtemps, je n'avais pas voulu voir qui il était vraiment. Maintenant, je ne pouvais plus me mentir. Il avait délibérément cherché à me détruire lorsque j'étais enfant. Je redressai les épaules, alors même que ma détermination se durcissait.

L'avant-midi s'écoula sans que je sois appelée à témoigner. Les audiences furent suspendues pour le dîner. Le stress et la fatigue m'envahissaient. Depuis tôt le matin, j'étais crispée dans l'attente de cette enquête préliminaire qui éprouvait mes nerfs à l'avance, et le trac tendait mes muscles au point qu'ils me faisaient mal. J'étais comme un oiseau en cage, j'étouffais. Je fus incapable d'avaler quoi que ce soit.

Enfin, à quatorze heures, on m'appela à la barre. J'entrai comme je l'avais souhaité : la tête haute. L'interrogatoire commença.

La procureure de la couronne me fit relater l'ensemble de mes tribulations. Je ne tardai pas à être malmenée par l'émotion et, à plusieurs reprises, je dus m'arrêter pour laisser mes larmes s'apaiser. Chaque fois, je sentais la main réconfortante de M^e McKenna qui me caressait subtilement le dos et je reprenais courage. Mais, lorsque je relatai la journée d'enfer que j'avais vécue pour un simple lapin bleu en peluche, je m'effondrai, courbée en deux dans l'espace des témoins. La procureure s'approcha et me demanda :

— Ça va ?

Je tournai la tête vers elle, et le regard de ses yeux bruns profonds me ramena à la réalité. Je n'avais tout de même pas attendu quarante ans pour me dégonfler au dernier moment. Je rassemblai mes forces et repris mon récit, jusqu'à ce que j'entende M^e McKenna dire :

— Je n'ai plus de questions, Votre Honneur.

Ces mots ne marquaient pas la fin de mon calvaire, au contraire. Le pire était à venir et je sentais monter la panique. C'était maintenant le tour de l'avocat de la défense. « Non ! Non ! Je ne suis pas prête ! Je suis morte d'épouvante ! » me disais-je tout bas. Mais, lorsqu'il posa la première question, instinctivement je répétai à plusieurs reprises dans ma tête : « Je n'ai plus rien à prouver, je n'ai qu'à dire la vérité. » J'avais retrouvé mon calme ; j'étais d'attaque pour affronter toutes les questions, fussent-elles insidieuses.

Je me suis alors entièrement concentrée à établir un

corridor entre moi et le juge. Je n'ai jamais regardé l'avocat de la défense. Après coup, je crois que ce réflexe était approprié, dans la mesure où il m'évitait de me laisser distraire ou intimider. J'ai regardé la procureure à deux reprises, lorsque j'ai senti que j'allais perdre la maîtrise de mes émotions. Son regard m'apaisait. J'avais fait le deuil du procès. Tant pis si je le perdais : mon but était d'être crue et j'avais le sentiment de l'être, devant les signes d'encouragement, même discrets, du juge. L'important, c'était que je me respecte, que j'aie confiance en moi et en ce que je disais.

Je ne tardai pas à me rendre compte que je maîtrisais la situation et que je démontrais une assurance dont, l'instant d'avant, je ne me serais pas crue capable. L'avocat essaya de m'intimider et de me déstabiliser à plusieurs reprises, mais sans jamais y parvenir. Le temps filait à vive allure ; cela faisait quatre heures que je témoignais ; il était dix-huit heures. Il n'était plus possible de poursuivre. La séance fut ajournée au lendemain.

Cette suspension d'audience ne faisait pas mon affaire. J'aurais voulu que tout se termine ce jour-là, quitte à poursuivre le contre-interrogatoire en soirée. Mais j'allais devoir passer une autre nuit à anticiper le lendemain. Je me disais que l'avocat de la défense aurait le temps de mieux se préparer, de réviser la journée et d'affuter ses armes. Il aurait le temps d'élaborer une nouvelle stratégie pour me faire perdre pied. J'imaginais le pire et l'angoisse me faisait mal, à force d'être extrême. J'étais très fatiguée, bien sûr, après cette journée éprouvante, mais le stress et l'adrénaline m'empêchaient de le sentir.

De plus, je ne pouvais compter sur personne pour apaiser mes craintes et partager mon anxiété : il m'était interdit de parler de mon témoignage à quiconque. Comme je me savais incapable de mentir, il était hors de question que je triche. Je me serais crue obligée de me dénoncer moi-même le lendemain.

Ce fut vêtue d'une longue robe noire que je revins à la cour le vendredi 18 mars. Le contre-interrogatoire reprit. Encore plus rapidement que la veille, la situation tourna en ma faveur. L'avocat de la défense était impuissant à faire en sorte que je me contredise, et c'était lui, maintenant, qui était déstabilisé, surtout parce qu'il prenait conscience que son client lui avait peut-être menti. C'était, en tout cas, ce que je ressentais.

En moins d'une heure, tout fut expédié. Lorsque le juge me dit que je pouvais quitter la salle, je ne pouvais y croire et il dut me le confirmer à plusieurs reprises pour me convaincre. Il s'adressait à moi aimablement; il prit le temps de me remercier pour mon témoignage.

On m'aurait enlevé un lourd fardeau de sur les épaules que je n'aurais pas été plus légère. Mon soulagement était total et je pouvais maintenant me réjouir.

Quelques minutes plus tard, Me McKenna me rejoignit pour m'informer que l'agresseur était cité à procès et que la date de l'audience serait déterminée le 16 mai prochain. Elle me félicita chaleureusement. Elle était manifestement ravie : l'enquête s'était déroulée à son entière satisfaction.

—Vous pouvez être fière de vous, et j'espère que vous l'êtes. Vous avez livré un excellent témoignage. Vous avez été cohérente et constante dans toutes vos réponses. Pas une seule fois vous n'avez dérogé à votre déclaration. Je suis très contente.

De mon côté, je me confondais en remerciements à l'égard de la procureure et de l'enquêteur.

—Maintenant, reposez-vous et essayez de ne plus penser à ça d'ici le procès. J'aime autant vous le dire tout de suite : nous partons pour la guerre, et mon intuition me dit qu'il ne bougera pas de ses positions et qu'il ne plaidera pas coupable. Le processus sera probablement très long. Je ne pense pas que cette cause soit réglée avant 2006. D'après mes informations, l'avocat de la défense va essayer de vous faire passer pour folle. Nous allons avoir à nous battre contre de très vieux mythes: la folie et la dépression.

—C'est drôle, je vais devoir affronter ma plus grande peur, celle d'être déclarée folle. Toute ma vie, mon père m'a dit que, si je parlais, c'est ce qui m'arriverait et que ma mère ne me croirait pas; elle dirait que j'avais inventé toute cette histoire et que j'étais folle. Et voilà que, quarante ans plus tard, ça se passe exactement comme ça. J'ai déjà été évaluée deux fois dans le passé, par deux psychiatres différents et, les deux fois, on a conclu que j'étais une personne équilibrée. Jamais je ne croirai que j'aie pu changer autant ces derniers mois!

—Quand avez-vous été évaluée la dernière fois?

—Il y a environ un an, presque jour pour jour.

—Qui vous a évaluée?

—Je ne me souviens plus du nom du spécialiste, mais j'ai le rapport à la maison.

—Bien... D'ici le procès, ne l'oubliez pas, il vous faut bien prendre soin de vous. Vous me le promettez?

Je promis. J'étais tellement soulagée que j'aurais promis n'importe quoi sous l'effet de l'enthousiasme. De toute manière, elle avait raison. Ces derniers jours m'avaient apporté bien des préoccupations et il me fallait refaire mes forces, rattraper le sommeil perdu, aussi.

C'est la tête haute que je quittai le palais de justice au bras de mon mari.

25

Encore et toujours l'attente

Promettre de se détendre, c'est une chose. Y arriver en est une autre. Les jours passaient et je ne pouvais toujours pas penser à autre chose. Dès que je fermais les yeux, je revoyais ceux de mon père et j'entendais les questions de l'avocat de la défense. Je ne parvenais pas à comprendre comment ma mère et ma sœur allaient faire pour jurer sur la bible et mentir. C'était inconcevable pour moi.

Et mon père, quelle sorte d'homme était-il? Il n'avait manifesté aucune émotion durant tout le temps qu'avait duré l'enquête préliminaire. Pas de colère, pas de larmes, pas de tristesse, pas de honte, pas de remords, rien! Rien d'autre que l'impassibilité. C'était à se demander s'il était humain. Je me demandais aussi si ma mère était capable de sentiments. Comment pouvais-je avoir eu des parents comme eux et être si différente? Moi, je ne pouvais mentir, alors qu'eux y parvenaient de façon tout à fait naturelle. J'avais pourtant été élevée par eux!

Quelques jours après l'enquête préliminaire, Norbert ramena à la maison un adorable petit chiot. Le soin de ce compagnon inattendu me demanda tellement de temps et d'énergie que, naturellement, le procès se mit à prendre moins de place dans mon esprit. Je m'attachai vite au chiot. J'avais un nouvel ami, un inconditionnel qui dormait à la porte de ma chambre et qui japperait si jamais un inconnu cherchait à y pénétrer sans permission. Un nouvel ami qui assurait ma protection et qui m'aidait à renforcer mon sentiment de sécurité.

Il n'empêche qu'à la moindre occasion mon passé refaisait surface et hantait ma pensée. De raconter les sévices subis devant mes amis, et surtout devant le juge, m'avait fait voir l'ampleur des souffrances endurées. C'était comme si tout était passé de l'état d'inconscience à celui de conscience et c'était trop. Je ruminais sans cesse toute cette violence, toute cette haine, et je ne parvenais pas à récupérer l'énergie que cela m'avait demandée. Il n'y avait pas de mots pour expliquer ce que je ressentais. Avant, je regardais mon passé avec les yeux d'une enfant; aujourd'hui, c'était le regard d'une adulte que je jetais sur les événements, qui en prenaient du coup une tout autre dimension.

Je me comparais à quelqu'un qui aurait eu un grave accident de voiture, mais qui s'en serait sorti indemne. C'est lorsqu'elle voit l'état de sa voiture à la fourrière, en se rendant compte qu'elle aurait dû y rester, en mesurant le destin auquel elle a miraculeusement échappé, que cette personne subit le véritable choc. C'était pareil pour moi. Je constatais l'ampleur des horreurs que j'avais vécues durant mon enfance et je n'arrivais pas à absorber le choc émotif qui me frappait. Je me levais dix fois par nuit, et les cauchemars m'assaillaient dès que je m'abandonnais au sommeil. Les symptômes de mon stress post-traumatique étaient amplifiés et plus présents que jamais.

Je rencontrai mon psychologue à plusieurs reprises et je retournai faire une thérapie de groupe dans les Laurentides. Ces initiatives me permirent d'émerger lentement. La thérapeute m'expliqua qu'une blessure profonde était un peu comme un oignon : il fallait s'en libérer pelure par pelure.

Je repris courage et acceptai de m'y reprendre à plusieurs fois pour guérir, d'éplucher patiemment mes blessures, une pelure à la fois.

26

Drôle de son de cloche

—Ta mère nous disait à quel point tu étais une enfant difficile. Particulièrement à l'adolescence.

Je suis restée un bon moment le pinceau en l'air, devant cette remarque que la femme assise à ma droite venait de me lancer. L'œuvre devant moi ne me disait plus rien. J'étais sortie de ma bulle créatrice abruptement pour retomber dans la réalité douloureuse, le cœur comme transpercé d'une flèche. Sur le coup, je ne trouvais pas la réplique qui convenait. En même temps, ma curiosité était piquée fortement.

—Ah oui! Et que disait-elle, au juste, à ce sujet?

—Que tu n'étais pas une enfant facile.

—Ça, je le sais, vous me l'avez dit. Mais en quoi étais-je difficile? Quel exemple ma mère vous a-t-elle donné?

—Dans les faits... aucun. Elle arrivait souvent au travail en colère et nous répétait que tu étais une enfant difficile.

—Ah bon!

Un silence pesant s'était installé entre nous deux. Un silence lourd de sens autant pour elle que pour moi. Pour moi parce que je cherchais en quoi j'avais mérité une telle étiquette. Pour elle parce qu'elle venait de constater que ma mère n'avait jamais défini ce qu'était une enfant difficile.

Cette dame ne m'était pas étrangère. C'était, au moins à une certaine époque, une grande amie de ma mère. Elles avaient enseigné dans la même école secondaire, au même niveau, la même matière. Elles partageaient la même salle de professeurs. Leurs bureaux qui se jouxtaient favorisaient les échanges, particulièrement lors de la correction des travaux des élèves. Cette amie était venue à quelques reprises à la maison avec ses deux fils qui, soit dit en passant, étaient de véritables petits diables. Cinq minutes après leur arrivée, ils avaient déjà trouvé le moyen de briser des livres, de casser des objets. Les discussions entre les deux femmes étaient souvent, pour ne pas dire tout le temps, interrompues par les interventions outrées qu'elle adressait à ses fils. Ma mère avait beau nous investir de la mission de contrôler l'impulsivité de ces deux démons plus jeunes que nous, nous échouions lamentablement.

Les deux garçons ayant connu une adolescence assez houleuse, je trouvais d'autant plus bizarre de me faire servir une telle remarque par cette personne. Je répliquai :

— Si être une enfant difficile veut dire ne jamais avoir consommé ou vendu de drogue, ne jamais avoir consommé d'alcool, ne jamais avoir commis de vol, ne jamais avoir fait de fugue, ne jamais s'être battu avec qui que ce soit, ne jamais avoir eu de plaintes de la part de ses enseignants, ne jamais avoir eu de mauvais bulletins et avoir poursuivi des études jusqu'au deuxième cycle universitaire sans anicroche, alors, oui, j'étais fort probablement une enfant difficile!

— J'avoue, avec le recul, qu'il m'apparaît... Bon, enfin, je ne sais pas pourquoi elle t'avait qualifiée ainsi. Pour être franche, je ne comprends pas très bien pourquoi.

Moi, je ne comprenais que trop bien. Elle avait désespérément besoin que je porte cette étiquette.

Cela faisait partie d'une campagne de diffamation destinée finalement à protéger le clan familial. Je savais tout ça, et depuis longtemps, mais j'avais de la difficulté à me raisonner et surtout à accepter cette réalité. J'avais toujours eu peur de juger ma mère et de me tromper, même si les indices crevaient les yeux. J'avais toujours voulu voir ma mère comme une victime incapable de se défendre et qu'il me fallait protéger. Je m'en étais si bien convaincue que cela m'avait fait garder le silence pendant de très nombreuses années. Moi qui croyais la protéger par mon silence, je me rendais compte que je ne faisais que répondre à son attente. Ces médisances en étaient une autre preuve. Pour ses amies, j'étais tellement une enfant difficile que j'étais de surcroît menteuse et manipulatrice.

—Est-ce que ma mère vous disait autre chose?

—Oui..., ajouta la dame, de plus en plus mal à l'aise. Elle disait que tu aimais le drame, que tu dramatisais tout, que tu avais une imagination débordante et que... tu étais menteuse.

—Ça ne me surprend pas un seul instant. Saviez-vous que j'ai déposé une plainte au criminel contre mon père pour agression sexuelle et inceste?

Cette fois-ci, c'est elle qui garda son pinceau dans les airs. Ses yeux exprimaient tout à coup la panique. C'était la première fois que je lâchais le morceau en dehors du bureau des officiers de justice. Je sentais que mon mari serait fier de moi. Depuis plusieurs mois, il me sommait de cesser de vouloir protéger cette famille qui n'en était pas une et qui, malgré mes espoirs, n'en serait jamais une!

Pour agression sexuelle et inceste. Pendant des années et des années. Il était utile, pratique et même nécessaire que j'aie cette réputation. Cela m'enchaînait davantage dans le silence. J'avais toujours eu cette réputation dans le foyer de mes parents, mais je ne savais pas qu'il en était ainsi dans le réseau d'amis de ma mère. Tout cela était logique, pourtant : elle s'assurait que je ne serais pas crue.

J'étais retournée à mon tableau, calmement. Pour elle, les choses n'allaient pas très bien. Son pinceau restait suspendu dans le vide. Ses yeux étaient dirigés vers son œuvre inachevée.

Je n'étais pas différente des autres victimes ; on m'avait dit que, dans plus de quatre-vingt-dix pour cent des cas d'agression, la mère nie la vérité et abandonne son enfant au profit de l'agresseur. Et elles ont toutes fait courir une réputation de menteuse à propos de leur fille, une réputation que l'agresseur a pris grand soin de nourrir.

Je croyais que la dame assise à ma droite allait se lever et partir avant la fin du cours. Mais elle déjoua mes pronostics.

— Cela explique bien des choses que je ne comprenais pas dans son attitude et dans ses comportements... Sais-tu, cela ne m'étonne pas du tout !

Et elle poursuivit sans plus tarder son travail de création. Tout avait été dit sur le sujet. Ni elle ni moi n'en avons jamais reparlé : là n'était pas notre principale raison de nous retrouver assises côte à côte à la même table, dans la même classe, dans la même école, pour suivre le même cours de peinture.

27

L'IVAC

À cette époque, une bonne nouvelle vint me conforter dans mes bonnes résolutions, tout en me démontrant encore une fois que ma vie n'était pas que négative et qu'il s'y trouvait des raisons d'espérer et d'être heureuse. J'avais reçu au début du mois de mars une lettre de l'IVAC, le service gouvernemental d'indemnisation pour les victimes d'actes criminels. On m'annonçait que ma demande était acceptée et que je rencontrerais sous peu un intervenant psycho-social qui déterminerait l'indemnité à laquelle j'avais droit, compte tenu de ma situation. La lettre stipulait toutefois que la décision pouvait être renversée par la Cour suprême. Je n'osais pas trop croire en ma chance et je préférai attendre la venue de l'intervenant avant de me réjouir.

Je le rencontrai finalement à la fin du mois d'avril. L'entrevue fut extrêmement encourageante. La lumière pointait enfin à l'horizon. Mon salaire serait assuré tout le temps que prendrait ma guérison; toutes les thérapies, médicaments, et traitements de massothérapie seraient défrayés. On m'offrait même la possibilité de suivre des cours d'autodéfense et de faire dresser mon chien pour qu'il me protège, notamment pendant mon sommeil.

Je n'arrivais pas à y croire. Tout cela allait au-delà de mes espérances les plus optimistes. Je débordais de reconnaissance. De mon attitude pendant l'entrevue, l'intervenant avait compris qu'il m'était difficile de croire que je n'aurais rien à payer en retour et que je craindrais sans cesse que ma bonne étoile ne s'éteigne, au point de brûler les étapes de ma convalescence. Il se fit rassurant et m'affirma à plusieurs reprises que je ne devais en aucun cas tenter d'accélérer ma guérison. J'avais le temps et jamais on n'exercerait de pressions pour que je retourne prématurément sur le marché du travail.

C'était bien la première fois qu'on m'offrait du temps, le plus beau des cadeaux dans les circonstances. Je pouvais cesser de songer à retourner travailler et faire tout ce qui était nécessaire pour guérir mes nombreuses blessures. Le miracle était enfin arrivé. Cette conclusion inespérée à mes démarches m'enlevait de sur les épaules un énorme facteur de stress.

Je m'étais promis, si j'obtenais une subvention d'un organisme public, que je ferais du bénévolat pour compenser; j'étais bien déterminée à respecter mon engagement, sans trop savoir encore comment. Mais il fallait d'abord que je prenne soin de moi et que je mette de mon côté toutes les chances de me rétablir. J'étais persuadée que l'occasion de remplir ma promesse se présenterait d'elle-même et qu'il me suffisait de demeurer attentive et disponibles aux signes qui ne manqueraient pas de m'être adressés.

Au début de toute cette aventure, j'étais une flamme presque éteinte. Il y avait à peine une lueur rougeâtre à la racine de la mèche. J'essayais de me protéger des bourrasques malveillantes, mais bientôt je perdrais la partie si rien ne venait m'insuffler de nouvelles énergies. La réponse de l'IVAC rallumait en moi ce que j'avais de plus précieux : ma foi. Et cette flamme prenait de la force et de la vigueur. Un jour, j'en étais convaincue, elle embraserait à son tour l'espoir dans le cœur d'enfants et d'adultes qui ont vécu des violences secrètes, difficilement exprimables.

Avant même d'obtenir une réponse relative aux prestations sollicitées, j'avais déjà décidé de rester à la maison le temps qu'il me faudrait pour guérir, peu importe le prix que cela devait me coûter. Retourner au travail m'eût conduite directement à la mort. La réponse de l'IVAC, dans mon esprit, venait confirmer ma décision comme étant la bonne. Et cette réponse dépassait nettement toutes mes attentes. Je débordais de gratitude.

28

« Maman a de la peine... »

La plus jeune de mes filles fréquentait l'école secondaire La Source, où Lorette enseigne les sciences aux élèves de secondaire deux. Je me présentai à l'établissement avec mon mari pour la remise des bulletins; Norbert m'avait accompagnée précisément parce que je craignais de croiser ma sœur et que j'étais anxieuse. Nous avions plusieurs professeurs à rencontrer, et les files d'attente étaient longues. À un certain moment, par un drôle de hasard, nous avons emprunté un couloir complètement désert pour rencontrer un professeur. En passant devant une classe, je vis Lorette, assise seule à son pupitre. Sans réfléchir davantage, comme par un réflexe mécanique, je lâchai la main de mon mari, entrai dans la classe et fermai la porte.

Lorette me regardait avec des yeux remplis de haine. La colère exsudait de tous les pores de sa peau. Je m'assis pour m'excuser de lui faire de la peine et pour lui dire que mon but n'était pas de me venger ou de détruire qui que ce soit, mais de me libérer. Je ne pouvais plus vivre avec ce secret, j'étouffais et cela me tuait à petit feu.

« Maman a de la peine », m'a-t-elle dit, sans aucune considération pour ma peine à moi ni pour mes souffrances. Elle me parlait de la peine de ma mère avec des reproches dans la voix.

«Maman a de la peine! Elle pleure sans arrêt. Tu as voulu porter plainte et ne pas avoir d'alliés, à toi d'assumer. Si tu nous avais parlé, nous aurions pu régler ça en famille. J'aurais été capable de lui faire avouer. Je possède tous les éléments pour y arriver. Mais tu as voulu tout faire sans nous, tant pis pour toi! Maintenant, nous sommes comme en orbite et nous attendons de voir ce qui va se passer. Nous subissons.»

Elle ajouta qu'elle allait maintenant passer au plan B. Sur le moment, je ne pouvais savoir de quoi il s'agissait, mais j'apprendrais plus tard qu'il s'agissait de témoigner contre moi et de mentir sous serment.

Sa fureur était tangible. Moi, j'étais comme figée, incapable de réagir à ses propos. J'avais essayé de lui faire comprendre ma propre souffrance, mais, décidément, cela ne trouvait pas d'écho chez elle. Lorette était trop blessée pour écouter. J'étais démunie devant cette vague d'amertume qui déferlait devant moi. Je ne pouvais comprendre son attitude.

29

Fausses joies et chantage

Un jour, Anthonin téléphona à la maison pour réclamer une guitare que je possédais et qui avait jadis appartenu à maman. Comme j'étais absente, ne sachant trop comment réagir, mes enfants acceptèrent de lui remettre l'objet convoité et il vint chercher la guitare. Je crus pendant un bref instant qu'Anthonin cherchait à renouer avec moi. À ma grande déception, il ne voulait que récupérer un bien qu'il considérait lui revenir de droit.

Cet épisode somme toute anodin déclencha chez moi un torrent de larmes. Je n'arrivais toujours pas à me convaincre que ma famille ne me supporterait pas et je continuais à espérer obtenir de sa part un peu d'amour et de soutien.

Un mois plus tard, Anthonin téléphona à nouveau. Il souhaitait cette fois récupérer le sac de golf que maman m'avait donné. La conversation fut très brève. Je refusai en affirmant qu'il m'appartenait. Lorsqu'il appela de nouveau, je n'étais pas là; j'avais une activité avec mes deux plus jeunes enfants. Anthonin s'adressa donc à mon mari. Il insistait pour récupérer le sac de golf, soi-disant à la demande de notre mère qui souhaitait recommencer à jouer. Poliment, Norbert refusa à son tour : si maman souhaitait récupérer le sac, elle n'avait qu'à en faire la demande elle-même, lui dit-il.

Piqué au vif, mon frère devint volubile et, en cherchant à justifier sa démarche, il livra diverses informations dont certaines allaient avoir leur importance pour moi.

«Maman a de la peine.» Il répétait les paroles de Lorette. Notre mère souffrait. Tout ce contexte n'était facile pour personne, mais maman et Lorette en étaient davantage affectées. Lui, il se tenait en dehors de toute cette histoire et il s'en tirait relativement bien. «Maman a fait beaucoup de choses pour vous, elle vous a beaucoup aidés.» Mon mari écoutait attentivement; il argumenta que ce n'était pas plus facile pour moi. «Tu ne vas pas croire tout ce qu'elle a dit. Ce n'est pas tout vrai, ce qu'elle raconte! Et elle va avoir besoin d'alliés.» Anthonin expliqua à Norbert que, si j'acceptais d'admettre que tout n'était pas vrai, je pourrais obtenir du support. Que mon père ait abusé de moi c'était possible, mais qu'il ait fait tout ça, non, ça ne se pouvait pas. Je n'avais qu'à modifier ma version des faits et ma famille m'appuierait!

Lorsque Norbert me rapporta cette conversation, je fus à nouveau partagée entre la colère et la peine. Et moi, je ne souffrais pas, peut-être! Dire que je priais pour ma famille tous les soirs avant de m'endormir. Décidément, j'étais bien naïve. Et, pour le coup, j'étais désabusée.

Je demeurais toujours fragile. Les réflexes que j'avais développés dans mon enfance n'étaient jamais très loin et je retombais facilement dans mon sentiment de culpabilité. Les propos d'Anthonin me précipitèrent une fois de plus sous le joug de dominations anciennes: «Tais-toi, fais ce qu'on te dit et tout va bien aller!»

Je réagis immédiatement. Non, je ne me tairais pas. Rien de ce que j'avais dit ou écrit n'était faux et ils allaient devoir y faire face, qu'ils le veuillent ou non.

Couper la poire en deux ne ferait que me retourner à mes souffrances. Et pourquoi au juste chercher à atténuer les agressions? Pour épargner l'image d'une famille complètement disloquée? Après plus de quarante ans sacrifiés à la protection de cette image, je n'allais pas y consacrer une minute de plus.

J'eus beaucoup de difficultés à trouver le sommeil cette nuit-là, mais je priai tout de même pour ma famille. Le lendemain, je me levai plus déterminée que jamais. On ne me culpabiliserait plus de la sorte. Si la famille souffrait, c'était à l'homme qui avait commis toutes ces horreurs qu'elle devrait désormais demander des comptes. Moi, je n'étais pas responsable. Je leur ramènerais cette réalité chaque fois que cela s'avérerait nécessaire. J'apprenais à me tenir debout, à marcher, et rien ne me ferait revenir en arrière. Mais, le plus difficile pour moi, c'était d'apprendre à me défendre.

Je ne pouvais m'empêcher d'éprouver de la compassion pour maman et, chaque fois qu'on me rappelait sa tristesse, j'en étais retournée. Il aurait fallu que je lui parle; j'avais tant de choses à lui dire. J'aurais voulu lui expliquer pourquoi je ne pouvais prendre ses responsabilités ni surtout celles de mon père, lui de qui nous venaient tous ces malheurs. Mais c'était impossible. D'ailleurs, je ne pouvais supporter le regard de culpabilité qu'elle porterait sur moi. Je l'avais bien senti, ce regard, lorsque j'avais croisé maman par hasard, récemment. Il contenait toute la rancune qu'elle me vouait. Tant que je serais décidée à dire la vérité, toute communication demeurerait impossible. Et je n'étais pas prête à changer d'avis, que la vérité soit ou non supportable pour maman.

Je parlai des révélations de mon frère à Joëlle. Son visage s'illumina sur-le-champ et elle m'affirma impulsivement:

— Mais c'est une bonne nouvelle! Cela veut dire qu'ils te croient!

— Non! dis-je, prête à fondre en larmes. Ils veulent que je change ma version des faits. Ce n'est qu'à cette condition qu'ils pourraient redevenir mes alliés lors du procès. Je ne peux pas, Joëlle, changer ma version des faits. Et je ne veux pas! Tout ce que j'ai dit est vrai, et mentir pour obtenir des alliés me retournerait dans mon monde de silence et de souffrance. Je ne veux plus me taire et faire semblant!

— Mais on s'en fout, que ton frère, ta sœur et ta mère ne croient pas tout ce que tu as dit! C'est pas important! L'important, c'est qu'ils admettent que tu as été abusée. Sur le reste, ils ne peuvent pas porter de jugement ni affirmer que c'est vrai ou faux. Toi seule sais ce qui s'est réellement passé! Ils ne peuvent pas dire que tel événement est vrai et tel autre, faux. L'important, c'est qu'au moment de témoigner, ils affirment qu'il est possible que tu aies été abusée! Fais confiance à ta procureure, elle est excellente. Dès qu'ils auront dit qu'ils croient que c'est possible, le reste n'aura plus d'importance. Elle va leur dire merci beaucoup, bonjour et au suivant!

— C'est vrai! Je n'avais pas vu les choses sous cet angle. Je suis trop portée à regarder ce qui se passe avec les yeux de mon passé. Je ne vois que l'enchaînement et le silence.

— Fais confiance, ils sentent la soupe chaude. C'est normal qu'ils aient peur et qu'ils cherchent à se protéger, ils sont intelligents. Mais ils n'ont jamais été assis sur la chaise, devant le juge, à se faire bombarder de questions! Lorsqu'ils feront face à la musique, je serais surprise qu'ils ne disent pas la vérité.

J'obtins le même son de cloche de la part de mon ami prêtre. J'étais portée à juger et à entendre tout ce que ma famille me disait en fonction de ce que j'avais vécu lorsque j'étais enfant. J'avais tendance à ne regarder les choses que sous un seul angle : celui de la culpabilité et des menaces de mon père. Heureusement, mes amis étaient là pour redresser mes fausses interprétations.

Je n'avais pas non plus à trop exiger des membres de ma famille. J'avais mis plus de vingt ans à décider de dénoncer et je leur demandais de m'appuyer et de comprendre d'emblée que ma démarche était inévitable. J'avais accordé beaucoup de poids à ce que me répétait mon père et il en était toujours ainsi. Même si je ne pouvais m'empêcher de nourrir certains espoirs, j'étais convaincue que ma mère, Lorette et Anthonin ne m'aimaient pas et que jamais ils ne m'aideraient ni ne m'appuieraient, parce que mon agresseur me l'avait martelé longtemps. Je croyais qu'ils ne cherchaient qu'à me détruire et à me faire interner, parce que mon agresseur m'avait affirmé pendant de nombreuses années que c'était ce qui m'attendait si je le dénonçais ! J'étais portée à juger tout ce qu'ils disaient ou faisaient en fonction de la seule paire de lunettes qu'on m'avait donnée : celle de la haine, de la manipulation et de la destruction.

Je tentais de me faire croire que j'étais prête à accueillir et à entendre les membres de ma famille, mais c'était faux. Même si je savais que mon père était un homme malade et déséquilibré, un manipulateur et un menteur, je donnais encore du poids à ses paroles et à ses menaces ! Le cercle vicieux se reformait à mesure que je le fracassais et il m'était difficile de regarder les paroles et les gestes avec objectivité, sans laisser le passé déformer mes perceptions.

Pourrions-nous nous retrouver tous un jour comme famille, nous comprendre, nous aimer et nous accepter tels que nous sommes vraiment? Je ne leur en voulais plus, en tout cas. Sans doute, mes vieux réflexes m'habiteraient-ils encore longtemps, mais le fait d'en avoir pris conscience me permettait de m'en méfier.

Au fond, ils avaient le droit de ne pas croire tout ce que je racontais. De croire, c'était déjà bien suffisant, et c'était ça le plus important. Je savais de toute manière où était la vérité. Des gens qui douteraient de moi, qui croiraient que j'exagérais, j'en rencontrerais toute ma vie. Il n'était pas indispensable que mes proches soient moins méfiants que le commun des mortels.

30

Ronger son frein en silence

L'audience pour orientation qui devait avoir lieu le 16 mai 2005 et où devait être fixée la date du procès avait été reportée deux fois. Pourquoi? Je n'en savais trop rien et on ne sentait pas le besoin de me tenir au courant des aléas ou des caprices de la cour de justice. Mais j'étais chaque fois replongée dans les affres de la perplexité et de l'anxiété. Est-ce que ces remises successives signifiaient quelque chose quant à l'issue du procès? Devais-je les interpréter comme de mauvais présages?

La prochaine audience pour orientation devait avoir lieu le 23 août en après-midi. Nous n'étions qu'au début de juillet et je ne parvenais pas à penser à autre chose. Mon esprit était continuellement préoccupé de ce procès qui n'en finissait plus de musarder, de prendre son temps et de me faire perdre le mien, impitoyablement. Moi, j'attendais de savoir ce que serait mon avenir, si je pouvais faire des projets, si j'allais m'en sortir. J'attendais comme si ma vie dépendait de ce procès, mais le système judiciaire, corps sans âme, n'en avait cure. Il semblait se complaire dans les délais administratifs mystérieux.

J'étais comme un arbre plié sous le poids de la neige. Je me demandais si j'allais pouvoir me redresser au printemps, lorsque mon fardeau serait évaporé. Il y avait quarante ans que je vivais courbée. Resterais-je à jamais déformée?

J'entendais les gens parler contre mon père et le pointer du doigt. Je me disais que l'humain est bien cruel. Nul ne connaissait le résultat du procès, mais déjà on le jugeait, on le condamnait. Et s'il était acquitté, sans doute que ces mêmes gens allaient me désigner à mon tour, me pointer du doigt comme celle qui aurait inventé toute cette histoire simplement pour se venger, pour faire mal. Je savais que j'avais dit la vérité, mais ce qu'allait en conclure la justice était proprement imprévisible. Et je craignais de n'être pas capable de supporter le poids des regards accusateurs, d'avoir assez d'estime et d'amour pour moi pour me tenir le dos droit devant l'adversité.

Il me venait régulièrement des bouffées de compassion pour mon père et pour chacun des membres de ma famille qui supportaient en ce moment les regards accusateurs. J'éprouvais de la pitié pour eux, c'était plus fort que moi.

31

Enfin, une date!

Finalement, ce fut le 25 août 2005 que j'appris que le procès avait été fixé aux 8 et 9 décembre. Trois mois encore à attendre. Dans trois mois j'affronterais à nouveau mes obsessions et mes angoisses. Paradoxalement, il me semblait soudain que cette date était trop rapprochée. Non pas que je ne fusse pas prête. Beaucoup d'eau avait coulé sous les ponts depuis l'enquête préliminaire. J'avais évolué, pendant tout ce temps. J'avais appris à lâcher prise, à ne pas me préoccuper des événements que je ne maîtrisais pas. J'avais appris à identifier mes limites et à les accepter. Et, surtout, j'apprenais lentement mais sûrement à m'aimer.

Parallèlement, je prenais davantage conscience que mes forces physiques avaient diminué. Je ne pouvais plus faire autant de choses qu'avant ma dépression, et mon seuil de tolérance à la pression s'était abaissé de façon considérable. Il me semblait que mon corps était usé, que le surmenage l'avait brisé sans retour. Je ne savais pas si je pourrais jamais retourner au travail. Je devrais, en tout cas, respecter mes limites et mes capacités.

Bon! Tant pis si mon niveau d'énergie m'interdisait de quitter la maison pour le marché du travail. J'étais prête à vivre avec ça.

Fragile d'une part, robuste de l'autre! Mon corps était fragile, mais j'étais forte de mes convictions, de mon témoignage que je savais véridique. Mon besoin d'être crue demeurait une de mes faiblesses, même si ma vie n'avait fait que s'améliorer depuis le début de cette aventure et que de nombreuses personnes m'avaient accordé leur confiance et leur foi. J'avais besoin de quelque chose de plus, je ne savais trop quoi. Une reconnaissance officielle, peut-être, un papier, un certificat où serait écrit, noir sur blanc : « Tout ce qu'elle a dit est vrai et, au nom de la société, nous le reconnaissons. » Je pourrais le mettre sous mes propres yeux et me prouver que tout ce que mon père m'avait dit pour m'enchaîner dans le silence était faux. Je pourrais exhiber ce papier aux yeux de tous ceux qui doutaient pour leur prouver que je n'étais pas une menteuse.

Je n'avais plus de soucis financiers depuis que le gouvernement avait accepté de m'indemniser. Je savais comment allait se dérouler le procès. J'en avais eu un avant-goût fort réaliste au moment de l'enquête préliminaire. Mais les témoignages de ma mère et de ma sœur continuaient de me hanter. Elles ne pouvaient rien dire contre moi sans s'installer dans le mensonge, je le savais pertinemment. J'aurais tellement aimé qu'elles me supportent. Je ne voulais pas les juger, mais leur attitude me faisait mal. C'était une brûlure intolérable. Dans un sens, je les comprenais : elles n'étaient pas capables d'affronter la réalité encore; moi-même, j'avais mis bien du temps à y arriver. N'empêche, c'était douloureux d'être reniée ainsi.

32

La chèvre et le chou

«Admettre la vérité, la regarder en pleine face, telle qu'elle est réellement, dans toute son horreur. Cesser de ménager la chèvre et le chou, d'atténuer la réalité de ce qui a été pour préserver ma famille. Cesser de fermer les yeux en minimisant la gravité insupportable de ce que j'ai vécu.» Elles tournent dans ma tête, ces phrases, au cœur de mes nuits sans sommeil. Elles se mêlent à mes prières muettes comme des leitmotiv assourdissants. Elles concluent les cauchemars de mes courts moments d'assoupissement.

J'ai mal au cœur, j'ai mal à l'âme et je n'arrive à trouver le sommeil que lorsque je suis complètement épuisée ou que je vois poindre le jour. Mes nuits se suivent et se ressemblent inexorablement : je ne dors pas. J'ai peur du noir, de la nuit où je ne cesse de voir et de revoir les agressions que j'ai subies. Lentement, je me dissous dans l'ampleur de ce que j'ai vécu, dans la conscience des limites extrêmes d'où je ne suis revenue que par miracle. C'est comme le délire d'une forte fièvre, l'impression de me noyer dans une immensité qui n'est pas à ma mesure, un océan de violence qui me digère sans me laisser aucune chance.

Aujourd'hui, je suis allée voir *Voleurs d'enfance*, un film de Paul Arcand. J'ai entendu plein de témoignages de gens qui ont été abusés sexuellement. Il y avait autant de garçons que de filles et j'ai été stupéfiée par la similitude des événements rapportés avec mes propres tribulations. Nous avons tous vécu la même chose! Nous avons tous entendu les mêmes paroles et les mêmes menaces. Nous avons subi les mêmes violences. Ma réalité m'est revenue comme un grand coup de poing en plein ventre.

Ça me poursuit encore dans le noir. Ma tête va éclater, mon âme se vide de ses énergies. Est-ce qu'on peut se rendre compte, lorsqu'on n'a pas vécu ça? Semblable jusque dans les moindres détails. Le chien assassiné sous leurs yeux, les larmes qu'ils devaient refouler pour éviter que le supplice soit pire! L'interdiction d'avoir des émotions! Les jouets auxquels il ne fallait pas montrer le moindre signe d'attachement sous peine de se les voir retirer ou de les voir détruire devant soi! N'avoir droit à rien, n'avoir pas le droit d'aimer quoi que ce soit : être dépossédé de l'amour et des émotions humaines, dépouillé de tout, dénudé complètement, humilié et bafoué. Se faire uriner dessus sous prétexte qu'on ne vaut rien. Tout, tout n'était que similitude! Y compris même le modèle de milieu familial sourd et aveugle, complice par omission. Similitude de souffrances à tous les niveaux. Mon ventre se révulse. Mais ils sont donc sans cœur, ces parents habités par une violence et une haine aussi destructrices!

Mon âme crie au plus profond de mon être. Je manque d'air, je souffre. Mais il le faut, il faut que je m'impose d'aller jusqu'au bout et d'admettre ce qui me paraît inconcevable : il a essayé de me tuer! Cette nuit, après avoir entendu tous ces témoignages, il me faut affronter cette évidence qui m'effraie tant pour enfin m'en libérer. Cela doit sortir de mon ventre et de mon corps. C'est une réalité trop cruelle, que je ne peux plus garder en moi, mais qui est difficile à faire passer. C'était avec un oreiller. Il a essayé de m'étouffer. Oui, il a essayé de me tuer. J'ai bien cru cette fois que j'y resterais. Ce qui me frappe, maintenant, c'est qu'il n'a pas regardé si j'étais encore vivante avant de retourner dans sa chambre. Il n'a même pas retiré l'oreiller de mon visage. Je ne bougeais plus! J'avais réussi à tourner ma tête, et un filet d'air s'infiltrait sur le côté, mais ça, il ne le savait pas. Je suis convaincue qu'il a cru que j'étais morte et c'est la raison pour laquelle il n'a pas vérifié avant de retourner à sa chambre. Voilà pourquoi je ne veux plus ménager la chèvre et le chou, faire semblant pour éviter de trop grandes souffrances à ma famille.

Depuis que j'ai entendu les témoignages des autres victimes, je doute vraiment de ma mère. Je n'arrive plus à la disculper, bien que je ne puisse déterminer son degré de culpabilité et de complicité dans tout ce que j'ai vécu. J'ai de plus en plus de difficultés à croire qu'elle ne savait pas, qu'elle ne se doutait de rien. Il est dans son tempérament de nier ce qu'elle n'a pas vu, et elle n'a rien vu. Mais, ce que je ne sais pas, c'est jusqu'à quel point elle a voulu ne pas voir ni entendre.

Chaque fois que j'essayais de faire un pas vers la vérité, la même phrase traversait ses lèvres: «Arrête de jouer à Aurore, l'enfant martyre.» Je ne savais même pas à l'époque qui était Aurore. Difficile de jouer à quelque chose que je ne connaissais pas! Comment une enfant peut-elle faire semblant de souffrir lorsqu'elle a à peine trois, quatre ou cinq ans, et pourquoi ferait-elle semblant de souffrir?

Maman n'a rien vu, mais elle a toujours su, je ne peux me sortir cette idée du crâne. Pourquoi a-t-elle fait semblant que tout allait bien? Pourquoi s'est-elle convaincue que c'était moi qui faisais semblant alors que c'était elle qui jouait les ignorantes? C'est terrible, de ne plus croire à l'innocence de sa mère. Le doute, ce doute me dévore.

33

La défense contre-attaque

J'avais fait tout ce qu'il m'était possible de faire et j'avais mis toutes mes cartes sur la table. Si je n'avais pas raconté toutes les agressions subies, ce qui vraiment aurait représenté un volume trop considérable et répétitif, j'avais dit l'essentiel. La suite des choses ne m'appartenait plus; elle était entre les mains de la justice. En principe, je n'étais plus concernée, sauf pour tous ces faits que j'avais déjà rapportés et dont je serais de nouveau appelée à témoigner lors du procès. Et pourtant, je reçus bientôt un autre coup inattendu qui ajouta encore à mes souffrances.

Me Mckenna demanda à me rencontrer et je me retrouvai à son bureau le 21 novembre 2005.

—Voici. J'ai deux raisons de vouloir discuter avec vous. La première concerne la date du procès. Comment réagiriez-vous si jamais le procès devait être retardé? Je sais que vous avez hâte que tout soit réglé. Serait-ce une question de vie ou de mort pour vous si le procès ne devait pas avoir lieu les 8 et 9 décembre prochains?

Je demeurai bouche bée, un peu surprise de la question.

—C'est curieux que vous me posiez cette question, car j'y pensais justement cette semaine. J'y ai beaucoup réfléchi. Depuis le début, tout peut toujours être remis à tout moment et il y a eu des contretemps, déjà. Je ne m'attends à rien, mais je m'attends à tout. Je sais que, la journée même du procès, il est possible qu'il soit remis. Je ne me suis donc créé aucune attente. Pourquoi cette question?

—Je ne peux présumer de rien, mais je tenais à savoir comment vous vous situez face aux imprévus qui peuvent survenir en tout temps. Cela m'amène à vous parler de la seconde raison pour laquelle je souhaitais vous voir. J'ai reçu un appel de l'avocat de la défense. Il a l'intention de déposer une requête pour avoir accès à tous vos dossiers médicaux et psychologiques. Vous m'avez déjà dit que vous n'aviez rien à cacher. Mais l'avocat veut faire évaluer vos dossiers par un psychiatre qui, lui, sera payé pour affirmer que vous avez inventé toute cette histoire et que vous souffrez d'un déséquilibre psychologique.

Ce fut fulgurant comme un coup de fouet en plein visage. Encore ma terreur de passer pour folle qui venait m'obséder! Mais ce n'était pas le pire: il me fallait encore entendre que ma mère soutenait cette hypothèse. Trahison! Mon esprit se brouilla sous l'impact. Je me sentis complètement dépossédée. Comment ma mère pouvait-elle descendre aussi bas! Faire ça à sa propre enfant!

La défense voulait également tenter de prouver qu'il était, à toutes fins utiles, impossible d'avoir des souvenirs en si bas âge et elle avait l'intention de faire témoigner un spécialiste en la matière. Vérification faite, c'était *rare*, que l'avocat avait dit, et non pas *impossible*. J'étais rassurée sur ce point. La justice allait trancher et elle allait trancher en ma faveur. Non, je n'étais pas folle et je ne l'avais jamais été. Mais, pour les membres de ma famille, c'eût été pratique de le croire, car cela leur aurait évité de faire face à leur part de responsabilité dans cette histoire. J'allais enfin me prouver et leur prouver que j'étais une personne équilibrée.

—Au point où j'en suis rendue, je ne peux plus reculer, dis-je. S'il faut donner accès à mes dossiers, eh bien, qu'il en soit ainsi! Cacher tout ça ne m'avancerait à rien, n'est-ce pas?

—Je tiens à vous préciser qu'avant de donner mon consentement je vais m'assurer de l'utilisation réelle que l'avocat veut faire de ces papiers. En tant que victime, vous n'avez qu'un seul droit: celui de garder privés vos dossiers personnels. Je vais donc m'assurer que l'usage en soit limité, mais il faut que vous compreniez que le but poursuivi par la défense est de vous discréditer en affirmant que vous avez fabulé et inventé! Et, croyez-moi, le psychiatre qu'il a choisi est une personne sans scrupules qui dira exactement ce qu'il souhaite entendre. Êtes-vous capable d'affronter ça?

—Oui, je suis prête. Je ne dis pas que cela ne me fera pas mal. C'est ma phobie, de passer pour aliénée mentale, mais j'ai du temps pour me préparer et m'entourer de personnes qui sauront m'aider et m'appuyer dans cette difficile épreuve. Il fallait qu'un jour je guérisse de cette hantise et il semble que le moment soit venu.

L'entretien était terminé. Je devais faire la liste de tous les médecins, intervenants et spécialistes que j'avais consultés. Je retraçai les noms et coordonnées de chacun et remis le tout à l'enquêteur Goupil. Ma vie allait être complètement fouillée. Je ne pouvais pas être plus nue que ça. Tout, absolument tout allait être révélé. Il ne me resterait plus rien de confidentiel! On me dépouillait même de ma vie privée.

Si j'étais la victime, je commençais à ressembler de

plus en plus à une accusée. C'était bien mon procès qu'on s'apprêtait à faire : c'était moi qu'on prétendait accuser de folie. C'était moi, et non pas l'agresseur, qu'on soumettait à toutes les humiliations.

Je me rendis au CAVAC. Chantal eut la bonté et la patience de m'écouter et de me supporter durant tout le long processus de libération de mes émotions. Jamais je n'aurais cru rencontrer une aussi grande solitude. Compréhensive, elle m'expliqua que je venais de vivre la trahison la plus difficile à supporter et qu'il était normal que ma souffrance soit aussi intense. Selon elle, l'attitude de ma famille procédait d'un réflexe de défense : elle n'était pas encore capable d'affronter l'atroce réalité.

C'était un langage que je comprenais. Il m'avait fallu plus de quarante ans pour arriver à affronter ce que j'avais vécu. Mais de comprendre ne suffisait pas à engourdir ma douleur.

Malgré tout, je retins un point positif de cet épisode : je constatais que je me remettais plus rapidement des coups qu'on m'assenait. J'étais de plus en plus capable de rebondir à nouveau face à l'adversité, de retomber sur mes pieds et même de mettre de côté le procès. Je parvenais à ne me créer aucune attente. J'avais changé, j'avais évolué dans le bon sens, et mon espoir de guérir mes blessures un jour s'en trouvait accru. J'étais maintenant capable de vivre au jour le jour. J'avais la patience d'attendre la rivière avant de vouloir savoir comment la traverser.

34

Comme une plaie vive

N'empêche, j'avais encaissé un dur coup, et la plaie que j'avais au flanc n'était pas prête de se refermer. La douleur ne me quittait plus. Je ne répondais plus aux avances de mon mari ni ne prêtais attention à mes enfants. Ma propre souffrance m'accaparait toute. Je ne pouvais comprendre que ma mère veuille me détruire à ce point, en affirmant que j'avais imaginé toute cette histoire, en prétendant même que j'avais l'esprit détraqué. Je ne pouvais imaginer qu'une mère puisse faire ça à son enfant, l'abandonner ainsi, après l'avoir portée dans sa chair pendant neuf mois. Cette pensée plantait des épines de plus dans ma plaie fumante.

Et ma sœur, dans tout ça? Complice elle aussi, complice du silence! Les horreurs de ma vie avaient pris mon enfance, mon adolescence, ma vie de jeune adulte, et maintenant elles voulaient investir ma vie de femme. Non, je ne pouvais pas le supporter! Pourquoi Lorette s'acharnait-elle à nier la vérité?

Le plus déroutant, c'était que si je n'avais pas tout dit de mon histoire, j'aurais eu plus de chances de gagner. Si je n'avais pas affirmé qu'il venait dans mon lit la nuit, on m'aurait crue plus aisément. Le doute raisonnable, il venait de ce que ma sœur avait longuement partagé ma chambre et qu'elle refusait de dire la vérité. Si je n'avais raconté que les agressions ayant eu lieu en dehors de cette maudite chambre, mes chances auraient été meilleures! Je n'en revenais pas. J'avais l'impression d'avoir signé moi-même mon arrêt de mort, et tout ça parce que j'avais été authentique. Comme si la vie cherchait à me dire que l'authenticité et l'honnêteté n'avaient pas leur place dans ce monde.

C'était bien assez pour jeter un doute non seulement sur la justice humaine, mais également sur la justice divine. Je ne croyais plus en rien. Ma cause n'était rien d'autre qu'un jeu parmi tant d'autres. Moi, en tant qu'individu, je ne pesais pas très lourd dans la balance de la justice! L'avocat de la défense ne souhaitait pas vraiment avoir accès à mes dossiers; il ne cherchait qu'à gagner du temps. Un précieux temps qui pourrait faire augmenter sa valeur marchande en tant qu'avocat, défenseur des criminels. Il ne pensait qu'à lui et à sa carrière.

Il n'avait pas déposé sa requête pour obtenir mes dossiers; il attendait, sachant que je consentais. Il attendait jusqu'à la dernière minute pour s'assurer que, lorsqu'il procéderait, le juge n'aurait d'autre choix que de remettre le procès. Il lui était même possible de la déposer le matin même de l'audience. Et, le plus horrible, c'était que tout le monde savait qu'il s'agissait d'une stratégie d'avocat, d'une manœuvre dilatoire, comme on dit dans le jargon, mais on consentait unanimement à jouer cette partie sans se formaliser des tricheries. Et personne ne me consultait: je n'avais pas droit de parole, de toute manière. C'était l'agresseur, qui avait des droits, notamment le droit à une défense pleine et entière. Son avocat pouvait jouer sur cette note jusqu'à trois fois avant que le juge ne décrète que c'était suffisant et qu'il fallait procéder.

Pendant ce temps, moi, je me morfondais et je vivais avec les conséquences des agressions subies durant mon enfance. J'essuyais les pressions de ma famille pour faire avorter le procès, et la justice m'obligeait à revivre mon cauchemar à chaque fois que je devais me préparer au cas où cette fois-ci serait la bonne! Personne n'entendait mes cris de détresse. Le goût me venait de démissionner.

Un procès, c'est comme un jeu, et la partie semble bien inégale aux yeux de la victime. De voir et de savoir que la stratégie de la défense était volontaire et normale me révoltaient. Bien sûr, je comprenais que l'accusé ait droit à une défense pleine et entière et que son avocat doive jouer la partie du mieux qu'il pouvait, mais c'était de moi aussi qu'on se jouait allègrement, et je ne pouvais m'enlever de l'idée qu'il y avait dans ces tactiques quelque chose de déloyal, de malhonnête.

C'est à ce moment précis que je compris pourquoi les victimes demandaient la levée de l'ordonnance de non-publication. Du plus profond de mon être, je ne voulais plus garder le silence et surtout je ne voulais plus que ma famille ou l'agresseur me l'imposent. Je voulais récupérer ma liberté pleine et entière. Je sus que je demanderais, moi aussi, la levée de l'ordonnance. Ma guérison ne pourrait jamais être complète si je n'avais pas le droit de divulguer mon histoire quand bon me semblerait.

L'attente pouvait durer combien de temps encore? Je n'obtenais que des réponses évasives à cette question, mais il m'était facile de comprendre que ce pouvait être long. Le temps que l'avocat fasse faire l'expertise, et la procureure, sa contre-expertise. Le temps qu'un nouveau juge soit assigné, qu'une nouvelle date soit fixée au calendrier. Le temps que le tout soit de nouveau annulé puisque la défense avait droit à trois essais.

Deux ans de procédures, peut-être trois. L'espérance de vie de l'homme est de quatre-vingt-deux ans, celle de la femme de quatre-vingt-quatre ans, et l'agresseur avait déjà quatre-vingts ans. Il serait peut-être mort avant la conclusion des procédures, me privant à jamais de mon droit de parole, de mon droit d'être entendue. Et il resterait toujours un doute dans l'esprit de monsieur Tout-le-monde! C'était là une seconde stratégie contre laquelle je devais me blinder.

Finalement, je finissais par croire que lui tiendrait le coup. Mais moi? La maladie et le stress allaient-ils ronger mon corps jusqu'à ce que mort s'ensuive?

Je n'avais jamais été la gagnante depuis que j'étais petite; pourquoi en aurait-il été autrement maintenant que j'étais grande? Il y avait beaucoup de punitions pour très peu de récompenses lorsque j'étais jeune; pourquoi aurait-ce été différent aujourd'hui? Quand j'étais enfant, il était le roi, et moi, l'esclave. Quarante ans plus tard, le rapport n'avait pas changé. Le roi s'entourait toujours des bons soins de la famille et je restais l'esclave. Pauvre homme! Il était vieux, et moi, si ingrate!

Je continuais d'être en prison. Il m'avait volé ma liberté et j'avais peu d'espoir de la reconquérir. Où était la justice pour les victimes? On me parlait de la justice des hommes et de la justice divine comme si elles étaient différentes l'une de l'autre. Et pourtant, elles sont tellement similaires. La justice des hommes est favorable à l'agresseur, qui a tous les droits, et la justice divine ouvre grandes les portes de son paradis aux criminels. Moi, j'avais connu l'enfer et la prison toute ma vie, et lui, la liberté de pouvoir tuer une âme sans aucune conséquence, et avec en prime le droit de se retrouver au paradis! Accueilli comme un roi, puisqu'il est enfant de Dieu!

Je réalisais à quel point il m'était facile de retomber dans mes vieux réflexes de victime. Les blessures de mon enfance étaient profondes et mes plaies étaient toujours aussi vives. Les paroles de mon père avaient ravagé mon âme et ruiné mon estime de soi. Elles étaient profondément gravées dans ma chair. Il m'arrivait encore de perdre espoir de jamais guérir. Il était urgent que ce procès accouche.

Finalement, le 1er décembre 2005, pendant que Robert Goupil et moi étions réunis pour sélectionner des photos de mon enfance, le téléphone a sonné. La requête était arrivée. Une lueur d'espoir s'est ranimée en moi. Peut-être le procès aurait-il lieu à la date prévue. L'enquêteur s'est rendu immédiatement au palais de justice. Peu après, il m'a téléphoné pour m'apprendre que la défense avait changé sa stratégie. La requête ne concernait que mes dossiers médicaux entre 1963 et 1983 et se limitait aux examens effectués sur mes organes génitaux. La défense souhaitait mettre en doute l'ensemble de mon témoignage en se basant sur un fait rapporté dans mes écrits où je racontais avoir subi un examen gynécologique complet en bas âge. Je m'empressai de signer toutes les autorisations. L'enquêteur Goupil avait pour mandat de retracer les dossiers avant le mardi suivant, date fixée pour la déposition de la requête devant le juge.

Le lendemain, j'appris que les dossiers médicaux des cabinets privés n'étaient jamais archivés à l'hôpital. Les miens avaient donc été détruits après la mort des médecins que j'avais consultés durant la période visée. L'avocat de mon agresseur ne pouvait plus baser sa défense sur cet aspect.

Le 5 décembre, la procureure de la couronne m'a demandé si j'accepterais éventuellement qu'elle dépose mes dossiers psychologiques, même si la défense n'en avait pas demandé l'accès encore. Comme la requête touchant les dossiers médicaux devait arriver le lendemain sur le bureau du juge, elle voulait pouvoir pallier à toutes les possibilités pour éviter que le procès soit reporté. J'ai accepté en indiquant que, si cela s'avérait bon pour ma cause, je ne m'y opposerais pas. J'ai cependant demandé que mes dossiers ne soient utilisés que par l'avocat de la défense, que l'agresseur n'y ait qu'un accès restreint et que ma mère, ma sœur et mon frère ne puissent les voir. Or, le 6 décembre, j'ai appris que le juge avait tout simplement rejeté la requête.

35

Le psy à l'allure du Christ

Non, je ne voulais surtout pas que maman prenne connaissance de mes dossiers psychologiques. Je me souvenais trop bien de nos différends au sujet des thérapeutes. Certains faits, en particulier, ne quittaient pas ma mémoire

Un jour, ma mère m'avait écrit sur papier: «Change de psy!» Avec le recul, je crois qu'elle se méfiait de ceux qui pourraient éventuellement me mener à la dénonciation de ce que j'avais vécu. Elle avait toujours eu un ton autoritaire et directif, un ton qui ne laissait aucune place à la discussion, qui visait à dominer ma moindre pensée.

Question thérapie, j'avais encore tout frais à ma mémoire le fameux psy qu'elle m'avait obligée à rencontrer alors que j'avais treize ans.

— Lève-toi! Ce matin, je t'amène voir un psy! Tu dois apprendre à maîtriser ton impulsivité et ton agressivité!

Quelle agressivité? J'étais docile et j'obéissais à ses moindres caprices. Je répondais à tous ses besoins. Impulsive, oui, peut-être, sûrement. Spontanée et vive, oui, je pouvais le lui accorder. Créative pour essayer de trouver une façon de me faire aimer, de me faire remarquer, de me faire complimenter sans jamais y arriver, oui. Boudeuse, peut-être, à la limite. Mais agressive, non!

—Je ne veux pas y aller. Je ne le connais pas, répliquai-je mollement, tout en sachant que de toute façon la partie était inégale et que je serais bien obligée d'obéir.

—C'est un psychologue réputé qu'une amie m'a recommandé. Il vient de Montréal! Il est très gentil. Je l'ai déjà rencontré. Tu as un rendez-vous ce matin avec lui.

—Où ça? S'il vient de Montréal, où est son bureau?

Ma mère a hésité durant quelques instants avant de répondre.

—Il n'a pas de bureau. La rencontre aura lieu chez mon amie et je serai dans la pièce juste à côté. Mais c'est un excellent psychologue, tu vas voir!

Et pour voir, j'ai vu. Nous sommes arrivées chez l'amie en question qui, indubitablement, compatissait avec ma mère aux prises avec une enfant aussi difficile, elle qui n'avait pas d'enfant et qui n'en aurait jamais. Elle était d'ailleurs célibataire. Mais elle avait sans doute écouté trop attentivement les propos fielleux de ma mère, bien lu l'étiquette que ma famille m'avait apposée sur le front: «Adolescente rebelle, dangereuse, menteuse, manipulatrice et excessivement agressive.»

Le fameux psy est apparu dans l'entrebâillement de la porte de la cuisine, c'est-à-dire des deux petits volets qui en tenaient lieu et qui séparaient la cuisine du salon. Dès le premier abord, l'individu m'a impressionnée de façon négative. Immédiatement, la méfiance m'a envahie. Je n'avais qu'une seule idée, me sauver au plus vite. Mais ma mère et son amie ne me lâchaient pas d'une semelle.

L'homme était grand, il avait les yeux très bleus et de longs cheveux bouclés qui lui descendaient jusqu'à la courbe des reins. Il portait la barbe longue. Le plus curieux, c'est qu'il était habillé comme le Christ, à qui il ressemblait, d'ailleurs. Ou plutôt il ressemblait à tous les Jésus des films dont la télévision nous abreuve durant le temps de Pâques. Et il avait tout l'air, en effet, de se prendre pour le Christ.

Il était évident que les deux femmes adultes vénéraient le personnage, qu'elles trouvaient très beau. Pour ma part, c'était d'un tout autre œil que je le considérais. Je n'avais que treize ans, mais ma relation avec lui ne me faisait voir que l'agresseur potentiel. Sa parole d'or, pour moi, n'était que l'instrument pour endormir les mamans.

La discussion de mon cas s'est amorcée à trois : ma mère, son amie et le psy. Les manipulations qu'il multipliait étaient évidentes comme le nez au milieu de la figure ; comment ne les voyaient-elles pas ? Il faut croire que j'étais vraiment une experte pour détecter ce genre de choses. J'avais très bien appris en observant mon père.

L'homme indiqua bientôt qu'il maîtrisait la situation et que l'heure était venue de me laisser seule avec lui. Et l'entrevue a commencé. Mais les dés étaient pipés. Maman était juste à côté d'une porte qui n'en était pas une ; elle pouvait entendre tout ce que nous disions, et je savais bien, au fond, que j'aurais dû parler d'elle. Tout cela ne mènerait jamais à rien, c'était du temps et de l'argent gaspillés.

Informations de base, pour commencer : nom, âge, mensurations, qu'il nota dans un cahier. Puis vint le temps des questions intimes. Qu'est-ce qui n'allait pas chez moi ? Je ne disais mot. De toute façon, le merveilleux psy, comme le Christ du cinéma, connaissait non seulement les questions, mais également les réponses dont il se faisait prolixe. Une fois l'heure écoulée, il fit un compte rendu fort éloquent à ma mère, devant moi.

—Votre fille souffre d'agressivité refoulée. Son agressivité est coincée au niveau de son ventre. Il faudra travailler cet aspect à la prochaine rencontre. Et blablabla...

Ma mère était aux anges. Enfin, une personne qui la comprenait. Son amie, toujours aussi souriante, était subjuguée devant tant d'efficacité diagnostique.

—Nous allons commencer à débloquer les énergies pour les faire circuler dans tout le corps. Il faut aussi renforcer ses os qui me semblent un peu faibles. Comme elle manque de calcium, son agressivité s'en trouve augmentée. Je vous prescris de la levure de bière et du calcium. Elle devra consommer la levure trois fois par jour avant les repas et le calcium tous les matins. Comme elle doit utiliser des aliments exempts de tout produit chimique, je vous vends ceux que je distribue moi-même...

J'aurais dû me douter qu'il allait se transformer sous mes yeux en vendeur itinérant. Je savais déjà qu'il disposait de bien d'autres talents encore. Ma mère paya sans rechigner, en ajoutant même un pourboire, trop heureuse d'avoir raison. Faire confirmer ses opinions n'a pas de prix. Il fallait qu'il en soit ainsi, car, selon l'impression que j'en avais, ce n'était pas donné. Il fallait payer non seulement pour la consultation, qui avait justement débordé le temps prévu, et pour les produits naturels, mais également pour une partie des frais de déplacement depuis Montréal. Nous quittâmes enfin, armées d'un rendez-vous pour la semaine suivante.

Le matin de la nouvelle rencontre, ma mère paraissait un peu agitée. Il me semblait qu'il se tramait à mon insu quelque chose de louche. Elle me cachait une information essentielle; on aurait dit qu'elle essayait de me parler, mais que les mots ne passaient pas. Évidemment, j'étais inquiète. Ce psy à la manque ne m'inspirait aucune confiance et, plus j'y réfléchissais, plus j'étais convaincue qu'il s'agissait d'un imposteur. Sans doute son diagnostic était-il déjà rédigé à son départ de Montréal, de même que son ordonnance de pilules et la facture.

Dans la voiture, le silence était lourd comme du plomb. Ma mère paraissait aussi tendue que moi. Ma perplexité tournait à l'angoisse. La tension était maximale lorsque maman stoppa devant un hôtel et me dit:

—Chambre 162.

—Quoi?

—Chambre 162. Le psy t'attend dans sa chambre.

—Quoi? Dans une chambre d'hôtel? On ne va pas chez ton amie?

—Non, elle n'est pas disponible. La rencontre aura lieu dans la chambre d'hôtel du psy.

—Je ne veux pas y aller!

—Tu descends immédiatement, tu m'entends! La rencontre ne devrait pas dépasser une heure trente. Je serai de retour et je t'attendrai dans le stationnement.

J'avais le goût de hurler: «Maman! J'ai juste treize ans et tu veux m'obliger à rencontrer cet homme qui se prend pour le Christ, toute seule dans une chambre d'hôtel! Tu es malade ou quoi?» Mais il n'était pas question de négocier.

—Tu descends et je vais attendre que le psy me fasse signe par la fenêtre que tu es bien arrivée avant de repartir. Tu obéis! Sors de la voiture, et grouille-toi!

Au désespoir, je pénétrai dans l'hôtel. Je fus immédiatement abordée par la réceptionniste.

—Puis-je vous aider?

Oh oui, j'avais besoin d'aide. Mais rien à faire. Je m'entendis répondre :

—Oui, je cherche la chambre 162. Un monsieur m'y attend.

La réceptionniste me considéra rapidement de la tête au pied. C'était bien connu, cet hôtel accommodait souvent les hommes importants de la ville et leurs maîtresses. Il avait également la réputation d'accueillir des prostituées pour soulager les clients en mal d'amour. Le regard hésitant de la réceptionniste me criait son sentiment : je faisais partie de la seconde catégorie. Étant donné mon jeune âge, elle hésita. Mais elle finit par hausser les épaules, signifiant que ce n'était pas de ses affaires. Son patron n'aurait pas été content de la voir se mêler de ce qui ne la regardait pas. Elle m'indiqua la direction et me tourna le dos.

J'eus à peine le temps de frapper à la porte que le psy ouvrait, comme s'il était impatient de me voir arriver. Ses yeux bleus me scrutaient de la tête aux pieds. Il avait troqué son invraisemblable tunique pour une chemise blanche vaporeuse entièrement ouverte, qui me laissait voir son torse nu, et un pantalon blanc tout aussi léger que la chemise, retenu à la ceinture par un petit cordon. Si j'avais tiré sur la boucle, le pantalon serait tombé sur ses pieds. Il n'avait pas de sous-vêtements et je pouvais apercevoir son sexe légèrement gonflé qui se dandinait à chaque pas qu'il faisait. La chambre était trop sombre, éclairée par une seule petite lampe posée sur le sol. Un immense lit double semblait occuper tout l'espace disponible. Tout était rouge : le couvre-lit, les rideaux opaques et le tapis. Le psy se dirigea vers la fenêtre et fit un signe de la main à ma mère, avant de dire :

—Détends-toi et enlève ton gilet et ton pantalon.

—Non.

—Viens t'étendre sur le lit, je vais débloquer tes énergies.

—Non.

Il ne souriait plus. La patiente était réticente. Il aurait certainement quelque chose de consistant à consigner dans son rapport. Quelle aubaine! Je me montrais en effet une enfant difficile car je refusais de collaborer.

—Bon. Puisque tu refuses de t'étendre sur le lit, tu vas t'étendre sur le plancher. Vois-tu, ton agressivité est refoulée au niveau de ton ventre et je dois le masser pour la débloquer.

Je n'avais aucune porte de sortie. Le psy avait mis la chaîne de sécurité sur la porte. Le temps que j'aurais mis à la dégager, il m'aurait déjà rattrapée et maîtrisée. Il avait même pris la peine de m'informer, sans que j'aie rien demandé, qu'il n'y avait personne d'autre sur l'étage Je n'avais que le choix de me résigner, même si la panique montait en moi. Mais je me promettais déjà qu'il n'y aurait pas d'autre rencontre. Sans dire un mot, je m'étendis sur le sol. J'étais plus raide que toutes les planches qui le composaient. Mes muscles étaient tendus au maximum et je sentais mes forces décuplées. S'il voulait me violer, il avait intérêt à bien s'armer, car il y aurait bataille. Si je ne gagnais pas, j'allais certainement lui rendre la tâche difficile.

—Retire ton chandail. Ce sera plus facile pour moi.

—Non.

—Bon!

Il m'enfourche, coince mes hanches entre ses genoux et s'assoit sur mes cuisses. Il relève mon chandail et observe mon ventre. Il scrute ma respiration, plisse les yeux pour mieux voir, puis pose ses mains et commence son massage. Je domine mon impulsion. Je dois attendre et être patiente, canaliser mes énergies, ne pas les gaspiller inconsidérément. Ses doigts palpent mon ventre et remontent le long de mes côtes. Le massage se fait plus vigoureux au niveau du plexus solaire. Finalement, le bonhomme affirme, sur un ton catégorique :

— Tu as un réel problème. Tu respires comme un homme, et non pas comme une femme. Une femme doit respirer avec son ventre, qui doit se gonfler comme un ballon à chaque inspiration et se dégonfler doucement à chaque expiration. Toi, c'est ton torse qui se gonfle. C'est le propre de l'homme de respirer par le haut du corps. Je dois te masser pour débloquer les énergies masculines responsables de l'agressivité qui te fait respirer ainsi.

Il abaisse la fermeture éclair de mon pantalon. Je réagis avec l'agilité d'un singe. D'un seul mouvement décidé, je repousse le chien sale de psy qui se retrouve empêtré dans son pantalon : il l'avait sournoisement détaché... Vive comme l'éclair, je lui lance, sur un ton tranchant en me dirigeant vers la porte :

— La séance est terminée!

Une colère noire m'habite pendant que je parcours le corridor qui me sépare de la sortie en réajustant ma tenue. Mais ce n'est pas contre ce foutu psychologue, que j'en ai. Ma colère contre ma mère est trop forte pour que j'en veuille à qui que ce soit d'autre. Elle ne m'a jamais aimée, soit! Cette fois, je le lui rends bien.

Je respire l'air chaud de cette belle journée d'été sans pourtant réussir à calmer la rage et l'agressivité coincées dans mon ventre qui respire comme un homme. Et l'homme en moi a sauvagement été réveillé. Il est prêt à frapper tout ce qui bouge ou s'approche de moi. Ma mère est étonnée de me voir attendre sur le trottoir.

—La séance est déjà terminée? s'informe-t-elle.

Pas un mot, je ne suis pas capable de prononcer un seul mot. L'orage risque d'éclater pour un rien, et cette fois ma mère pourrait bien constater qu'elle a lourdement sous-estimé le potentiel de rage qui habite mon petit corps de treize ans. Tout le long du voyage de retour, ma mère essaie de me faire parler. Elle s'informe, elle ausculte, elle a peur. Oui, je sens qu'elle a peur. Elle sait qu'elle a commis une lourde bévue. Elle a peur que je parle, que je constate tout haut son incompétence, que je découvre et dise qui elle est vraiment. Je garde la bouche résolument close et je refuse de la regarder. Qu'elle reste avec son problème! J'ai l'impression que je n'arriverai jamais à lui pardonner cette trahison.

Son inquiétude manifeste grandit à mesure que nous approchons de la maison. Elle craint que je parle à son mari de cette aventure. Pourtant, elle n'a rien à redouter : son mari abuse déjà de moi depuis l'âge de trois ans. Simplement, il m'agressera de façon plus violente s'il vient à apprendre ce qui s'est passé. Il est jaloux et possessif, et je suis sa chose, son objet, le joujou de son plaisir. Juste avant de quitter le véhicule, je tourne le regard vers ma mère. Mes yeux lancent des éclairs, mais ma voix est calme et posée lorsque je dis fermement :

—Je n'y retournerai jamais. Si tu m'obliges à le rencontrer une autre fois, je te jure que tu ne me reverras plus!

Ma mère ne m'a plus jamais reparlé du psy qui se prenait pour le Christ.

36

Le jour J, enfin!

8 décembre 2005. Le procès, Dieu merci, n'avait pas été reporté. Nous y étions enfin. J'avais le cœur qui palpitait et le souffle court, mais j'avais confiance. Je priais depuis le matin. C'était la fête de l'Immaculée Conception au calendrier liturgique, une fête de la Vierge Marie. Je priais pour elle et avec elle. Je priais également pour ma famille, ma mère, ma sœur, mon frère et, aussi surprenant que cela puisse paraître, pour l'agresseur.

Mon intervention commença le 8 décembre et se termina le 9 à midi. Au cours de l'avant-midi de la première journée, je racontai à nouveau dans le détail les agressions qui m'avaient le plus marquée. Une fois de plus, je m'en tins à l'essentiel, puisque tout ne pouvait être dit dans un temps aussi court et qu'il était inutile de répéter jusqu'à plus soif les mêmes événements cent fois vécus.

En même temps que je les racontais, je revivais les assauts, encore et encore, et la douleur était intense. Une fois je m'effondrai, toujours au moment de raconter l'affaire du petit lapin bleu en peluche qui, décidément, m'a particulièrement stigmatisée. J'eus des larmes, des sanglots et des cris de douleur involontaires, et le juge ordonna une pause pour me permettre de reprendre mes esprits.

J'étais heureusement bien entourée. Les deux thérapeutes des Laurentides étaient venus me supporter, de même que Norbert, Chantal, Joëlle et une autre de mes amies. Je pus bientôt retourner à la barre et compléter mon témoignage. Lorsque j'en eus fini, j'étais complètement épuisée. Je tremblais de froid.

Il me restait pourtant le plus difficile: affronter l'avocat de la défense qui me terrorisait. L'après-midi était consacré au contre-interrogatoire. Pas moyen d'y couper, ni de me reposer avant la reprise des audiences.

J'étais de nouveau à la barre des témoins et mon cœur battait à un rythme affolant. Dès la première question, la panique m'envahit. J'avais l'impression que tout m'échappait: «Mon Dieu, je vais perdre! Que vais-je devenir? Je n'ai aucune chance!» Je pris de grandes respirations et je parvins lentement à m'isoler dans mon monde intérieur, en contact direct avec la souffrance qui m'avait habitée.

L'avocat de la défense ne m'épargna pas. Il cherchait la faille qui ne se manifestait pas. Je ne pouvais me tromper, je ne disais que la vérité. Chaque fois que l'avocat suspendait son tir pour relire ses notes et que le silence s'installait autour de moi, je priais pour avoir la force de continuer jusqu'au bout.

Le contre-interrogatoire se poursuivit tout l'après-midi, sans interruption, sans non plus vider le dossier. À seize heures trente, l'audience fut ajournée au lendemain.

Je dormis assez mal à la suite de cette journée épuisante de stress intense. La peur de l'avocat de la défense me poursuivait jusque dans mon lit, et je craignais de ne pas parvenir à faire transparaître la vérité. Et si l'agresseur était déclaré non coupable? Allais-je souffrir encore? Ah! Que j'étais fatiguée de ce carrousel inextricable! Me reposer, ne plus penser à tout ça!

Je sentais malgré tout qu'il se passait quelque chose en moi. Le poids qui m'oppressait s'allégeait à mesure que le procès avançait vers son terme. Le sang circulait mieux dans mes veines, l'air entrait plus facilement dans mes poumons. J'avais l'impression de me libérer enfin.

Le matin du 9 décembre, l'avocat reprit ses attaques avec une agressivité renouvelée, mais je compris vite qu'il ne maîtrisait pas la situation. Il cherchait toujours dans mon témoignage une incohérence, une contradiction qui n'existait pas et il n'avait aucune prise. Les questions étaient répétitives et l'interrogatoire tournait en rond.

Ce fut pour moi un grand soulagement lorsque j'entendis le juge me dire que je pouvais disposer. C'était terminé. Je me sentais si légère que je me dis que j'avais laissé mon sac à dos sur le bureau du juge. Mes épaules étaient douloureuses, mais combien soulagées! J'avais fait ce que je pouvais. La suite appartenait maintenant à la procureure de la couronne. Mais l'évaluation que je faisais à la fois de l'interrogatoire et du contre-interrogatoire auxquels j'avais été soumise concluait très positivement. L'accouchement avait enfin eu lieu et je pressentais que le bébé était beau, même si je ne le verrais sans doute que dans quelques mois.

L'audience fut suspendue jusqu'à quatorze heures. J'étais trop heureuse pour pouvoir manger. J'étais émue et je n'avais pas faim. La veille des audiences, Norbert et moi avions disposé autour de nous des photos de moi à des âges différents, allant de deux à vingt-deux ans. C'était pour nous une sorte de rite; je voulais libérer par le procès toutes ces personnes que j'avais été successivement. Et, aujourd'hui, je revoyais dans ma tête une photo de moi lorsque j'avais deux ans. Je pensais à cette petite fille qui avait affronté autant d'épreuves et qui retrouvait enfin sa dignité.

L'audience reprit avec l'interrogatoire de mon agresseur. Tout d'abord, je ne compris pas ce qui se passait. Il ne répondait pas du tout de façon adéquate aux questions posées par son propre avocat, et souvent il se mettait dans une situation difficile et périlleuse. Tout ça n'avait pas l'air sérieux. Il tentait ici et là une plaisanterie du genre: «Je ne suis tout de même pas l'homme invisible!» et il en riait tout seul. Il recherchait la complicité du juge et tentait de le faire rire. Le magistrat, toutefois, n'avait pas l'âme à la blague.

Il laissa échapper d'autres incongruités dont certaines me blessèrent. Ainsi, il disait «faire l'amour avec une enfant» plutôt que «agresser une enfant», ce qui me semblait relever de la plus totale inconvenance, de l'irrespect.

Lorsqu'on l'interrogea sur le fait rapporté dans mon témoignage où j'affirmais qu'il avait uriné dans mon vagin, ce fut le clou. Après un moment d'hésitation, il dit: «Je me suis longtemps demandé si c'était possible d'uriner en même temps, en érection.» Un vent glacial souffla sur l'assistance. Sa réponse équivalait à un aveu. Voyant qu'il en avait trop dit, il ajouta aussitôt: «J'ai même fouillé dans les livres pour savoir si cela était possible!» Quel homme pouvait se poser une telle question? Il fallait avoir un goût prononcé pour la perversion!

L'accusé, cependant, n'avoua jamais avoir commis les agressions. Mais, ce qui me frappa surtout, c'est ma corrobation, bien malgré lui, de tous les faits que j'avais rapportés. Il confirma mes descriptions des lieux et les dates des événements auxquels j'avais fait référence. Je me réjouissais d'avoir démontré l'excellence de ma mémoire. J'avais décrit de façon précise la maison dans laquelle nous avions habité lorsque j'avais deux ans!

Il était quinze heures et le contre-interrogatoire de l'agresseur n'avait toujours pas commencé. L'impatience me gagnait, assaisonnée d'une pointe d'angoisse. Jamais la couronne n'aurait assez de temps! La contrariété de M^e McKenna se sentait, mais il n'y avait rien à faire. Il n'était pas question de brûler quelque étape que ce soit et de risquer de compromettre l'issue du procès.

Le contre-interrogatoire débuta finalement à quinze heures trente. Dès le départ, je compris que je n'avais plus à m'inquiéter. La procureure était à la hauteur. Le silence était complet. Toute la salle était fascinée par ce petit bout de femme dont la présence rayonnait. Elle jouait la carte du charme et de la compréhension. L'agresseur était tombé dans le panneau. Cherchant à la flatter, il lui dit: «Vous avez de très beaux yeux bruns.» «Merci!» répondit-elle en penchant légèrement la tête de côté. Lentement, elle tissait sa toile autour de l'accusé et son étau se resserrait. Il perdait pied et s'enlisait dans ses mensonges. Il trébuchait sur les questions impitoyables qui le bombardaient sans répit.

Je ne pus m'empêcher de l'exhorter tout bas: «Avoue! disais-je. Avoue! N'attends pas d'être tout à fait déshonoré, cela fait trop mal. Avoue! Plaide coupable! Essaie de sortir la tête haute. Ne va pas jusqu'à te détruire!» Malgré toutes les souffrances qu'il m'avait fait subir, je ne me résignais pas à le voir s'écrouler de la sorte sans compassion.

Mais je n'étais pas maître de son sort et je ne pus qu'assister au pénible et grotesque spectacle de sa dégringolade. Sous l'avalanche de coups que lui assenait Me McKenna, il ne fut bientôt plus qu'une chiffe, une vieille paire de chaussettes abandonnée dans un coin. Il n'avait pas eu besoin d'avouer; il s'était condamné.

Je pus enfin voir sous son vrai jour l'homme qui m'avait inspiré tant de terreur durant mon enfance. Aucun remords n'avait transpiré dans son regard ni dans ses paroles. Fidèle à lui-même, il avait utilisé les tactiques qu'il dirigeait contre moi lorsque j'étais enfant. Il pouvait pleurer sur commande, passer en un seul instant des larmes à la colère ou à l'indifférence totale. Il s'était montré mielleux avec la procureure de la couronne. Il avait tenté d'utiliser le charme et la flagornerie face à la justice. Il avait essayé d'établir une complicité entre le juge et lui.

À plusieurs reprises, il avait imité mes gestes et mes paroles, en répétant ce que j'avais dit dans mon témoignage. Mais là, le regard que je portais sur lui demeurait indifférent. Ses attaques ne me troublaient plus. Je ne voyais plus en lui qu'un manipulateur et un fort mauvais menteur. Je réalisais que ma frayeur avait exagéré le pouvoir réel qu'avait mon père sur les autres. Mon agresseur était en réalité un peureux, et non pas l'homme fort et invincible que j'avais cru voir en lui. La puissance qu'il avait représentée pour moi s'était volatilisée en quelques instants de façon spectaculaire. Ce n'était qu'un lâche, un couillon.

Le procès fut ajourné à seize heures vingt-cinq. Il se poursuivrait les 19 et 20 décembre 2005 avec l'interrogatoire et le contre-interrogatoire de maman et de Lorette. Me McKenna était confiante. Il n'y avait plus de doute raisonnable après le témoignage de l'agresseur. Les chances étaient excellentes et sa joie débordait. L'enquêteur Goupil et le policier chargé de ma protection sautèrent au cou de la procureure. Elle avait très bien travaillé, nous en convenions tous. Les dés étaient jetés. Selon elle, le reste n'était que stratégie pour gagner du temps dans un procès dont l'issue était désormais prévisible.

J'avais les larmes aux yeux. Je voyais une lueur tenace au bout de ma longue, très longue errance dans la nuit. Bientôt, je serais libre et mon agresseur serait à son tour en prison. Plus de quarante ans d'attente pour enfin voir poindre la lumière. La vie commençait déjà à circuler plus vigoureusement dans mes veines.

37

Guerre fratricide

19 décembre. Le procès se poursuit.

«Mon Dieu, mon Dieu, je ne vois plus rien! Où es-tu? Je ne vois plus le soleil. Je n'entends que des cris, des coups de canon. Il y a de la fumée partout! Je suis au beau milieu de la guerre et je n'ai pas d'arme pour me défendre. Je n'ai que la vérité qui est soudain offensée, bafouée, faite prisonnière! Seigneur, les obus explosent partout autour de moi! Et cette odeur de sang et de mort qui me monte à la gorge!»

L'audience avait commencé par une victoire de la couronne. La défense souhaitait une fois de plus avoir accès à mes dossiers médicaux. La requête avait été déposée auprès du juge le 12 décembre, et ce matin-là le juge devait décider s'il y faisait droit ou non. Je ne m'opposais pas à ce que mes dossiers soient remis, mais la couronne ne voyait pas les choses du même œil. La victime n'avait qu'un seul droit, celui d'avoir une vie privée, et M^e McKenna entendait défendre ce point jusqu'au bout afin de ne pas créer de juris-prudence embarrassante. Il s'avéra finalement assez facile de régler la question sans qu'il soit besoin d'une décision motivée. Comme la défense ne souhaitait avoir accès qu'aux dossiers médicaux d'avant 1977, la couronne n'eut qu'à prouver que ces dossiers n'existaient plus. Ils avaient été détruits, soit parce qu'ils avaient été inactifs durant une période variant entre cinq et dix ans, soit parce que le médecin traitant était décédé. Dans mon cas, tous les médecins consultés étaient décédés. La requête fut rejetée sur ces considérations.

L'avocat de la défense appela ma mère à la barre. C'est à ce moment précis que les premiers obus ont explosé. Il me semblait soudain que ma vie volait en éclats.

Ma mère, manifestement en colère, m'accusait d'avoir ruiné vingt ans de sa vie, parce qu'elle avait quitté son mari sur les seules allégations d'inceste de sa fille. Aujourd'hui, elle constatait que ladite fille avait inventé toute cette histoire. Sa haine et sa rancœur me transperçaient. Si elle l'avait pu, elle m'aurait abattue froidement.

Ma mère, toutefois, corrobora l'ensemble des faits que j'avais rapportés, mais les dates ne correspondaient pas. Elle avait peut-être des difficultés avec sa mémoire. Entre autres, elle ne se souvenait plus de la disposition de la dernière maison qu'elle avait habitée.

Au cours du contre-interrogatoire, Me McKenna lui demanda: «Durant la nuit, vous est-il déjà arrivé de constater l'absence de votre mari dans le lit conjugal?» J'appris qu'effectivement maman avait fait le tour de la maison à la recherche de son mari durant la nuit. Il arrivait même parfois qu'elle le voyait entrer dans la chambre lorsqu'elle y revenait. La procureure lui demanda alors d'où l'agresseur pouvait venir si elle avait fait le tour de la maison. Spontanément, maman répondit: «Des chambres ou de la salle de bain.» «Et, lorsque vous sortiez de la salle de bain?» Elle répondit qu'il ne pouvait alors venir que des chambres!

J'étouffais sous la révélation. Toujours, la même

question s'imposait : ma mère avait-elle été la complice silencieuse depuis le début de ce que j'avais vécu ? Ses paroles, si besoin était, levaient encore de mes doutes quant à son innocence. Elle n'avait pas voulu voir et voilà qu'elle m'accusait d'avoir menti. Elle n'avait jamais posé à son mari aucune question qui aurait pu l'amener à se compromettre ! Pourquoi ?

Pourquoi n'avait-elle rien cherché à élucider, alors qu'elle savait qu'il ne pouvait provenir que de ma chambre ? Pourquoi n'avait-elle rien dit lorsqu'elle était allée à une réunion syndicale et que la maison montrait à son retour des signes évidents qu'une soirée s'y était tenue avec mon cousin et sa femme ? C'était vraiment beaucoup de discrétion. Car l'aveu des silences continuait. Maman est même allée jusqu'à dire qu'elle ne voulait pas que mon frère sache la vérité pour protéger l'agresseur ! Elle n'avait pas cherché à protéger ses enfants, mais son mari, l'agresseur !

Du coup, je compris qu'il m'aurait été impossible de m'en sortir si j'avais parlé lorsque j'étais enfant. Je n'aurais pu rien démontrer et sans doute n'aurais-je pas survécu. Mon père m'avait dit la vérité sur un seul point : « Si tu parles, ta mère ne t'aimera pas et elle te fera enfermer ! » Il avait dit vrai ! J'étais même stupéfiée de voir que les choses se passaient exactement comme il me l'avait prédit des décennies auparavant. Je compris aussi pourquoi je me retrouvais si souvent seule avec lui et pourquoi j'étais une proie aussi facile. J'avais été abandonnée. Peut-être pas de façon volontaire ou consciente, mais j'avais tout de même été abandonnée à mon sort. La loi du silence était beaucoup trop forte pour qu'on me protège. Et je me demandais jusqu'où on aurait pu me sacrifier pour l'équilibre douteux de ce clan bancal.

À ce moment-là, malgré les bombes et la fumée qui

continuaient à créer un brouillard dans ma tête, j'ai commencé à me réconcilier avec moi-même, à faire la paix avec mon comportement. Si j'avais mis autant de temps à dénoncer mon père, c'est que je ne pouvais tout simplement le faire avant et que ce n'était pas moi qui étais en cause. Je faisais face à une volonté plus forte que la mienne. Une volonté collective qui avait cassé ma résistance et qui avait continué de me terroriser longtemps après la fin de sa domination.

J'appris encore que la famille s'était réunie à plusieurs reprises pour élaborer une stratégie. Il s'agissait de détruire l'ennemi et, l'ennemi, c'était moi. Au fil de la progression de son témoignage, ma mère cherchait à anéantir ma crédibilité. Mais elle n'avait rien voulu voir ni entendre! Le reste n'avait plus d'importance pour moi. Maintenant, je savais la vérité : ma mère m'avait livrée aux instincts lubriques de son mari, que, peut-être, elle connaissait fort bien! Une vraie histoire d'horreur!

Le témoignage de Lorette débuta dans le même esprit de destruction. Dès les premiers mots, elle énonça des inexactitudes. Elle se présenta comme une intervenante d'expérience au fait de la problématique des enfants abusés; de son point de vue, je ne présentais aucun des symptômes. Elle affirma que, vingt ans auparavant, elle m'avait crue et aidée et qu'elle avait même, avec son amie Joëlle, tenté de me convaincre de porter plainte, ce qui était totalement faux!

Elle affirma que les relations familiales étaient harmonieuses et que nous nous entendions bien. Pourtant, un peu plus tard, elle indiqua qu'il lui était impossible de partager une chambre au cégep avec moi, parce que la tension qui existait entre nous deux était invivable! Sans broncher ni même rougir, elle dit froidement qu'il était impossible que notre père m'ait donné mon bain, puisqu'elle se souvenait que maman nous avait lavées dans l'évier de la cuisine jusqu'à sa troisième année du primaire; elle avait alors huit ou neuf ans...

Elle ne négligea rien. Les lits craquaient tellement, même lorsqu'ils étaient neufs, qu'il lui était impossible ou presque de dormir! Sa sœur était très intelligente et c'était grâce à cette intelligence qu'elle avait pu inventer toute cette histoire. Elle n'utilisa pas le mot manipulatrice, mais elle eut de la difficulté à le contenir. Non, sa sœur n'était pas manipulatrice, mais excessivement intelligente! Elle fut toutefois complètement désarçonnée lorsque la procureure lui demanda: «Voulez-vous me dire comment votre sœur si intelligente a pu affirmer que vous étiez à côté d'elle dans son lit pendant les agressions?» Il n'y eut pas de réponse. La procureure venait de toucher un point sensible.

Le témoignage de Lorette prit fin le 20 décembre en matinée. Enfin, les bombardements prendraient fin. Au moment où je pensais pouvoir reprendre mon souffle, la défense appela mon frère à la barre. «Seigneur, me dis-je, Anthonin, le seul en qui j'avais mis un peu d'espoir! Mais il a assisté à tout le procès! Il n'a pas le droit de témoigner!»

—Je sais qu'en temps normal, je n'ai pas le droit d'appeler ce témoin à la barre puisqu'il a assisté à l'ensemble du procès, enchaîna l'avocat de la défense comme s'il avait entendu mes protestations muettes. Mais, Votre Honneur, je crois que c'est essentiel à la preuve. Le témoin possède des photos du matelas de la victime. Je souhaite l'interroger sur ce point exclusivement.

M^e McKenna demanda au juge cinq minutes de réflexion avant de donner son consentement. Ce délai écoulé, elle exprima son acceptation.

—Posez votre main droite sur la bible. Jurez-vous de dire la vérité et rien que la vérité? Dites : « Je le jure. »

—Je le jure.

Anthonin affirma avoir en sa possession le lit que j'utilisais lorsque j'habitais à Beaudry. Le matelas, prétendait-il, était d'origine. Il était en parfait état et il n'avait jamais été nettoyé. De ce fait, il ne pouvait y avoir eu aucune agression dans ce lit! Personne ne parla du piqué qui couvrait le matelas! Personne ne releva que mon séjour à Beaudry avec la famille remontait à plus de trente ans et qu'il était peu vraisemblable que le matelas n'ait pas été changé! Non, le clan pointait du doigt la menteuse de la famille.

La couronne avait maintenant le droit de poser toutes les questions qu'elle désirait. Anthonin s'objecta. Il ne voulait parler de rien d'autre que du matelas qu'il avait photographié et dont il avait pris soin d'apporter à la cour les clichés! Sèchement, la procureure le somma de répondre à toutes ses questions; si le juge considérait qu'elle outrepassait ses droits, il se chargerait de la remettre à sa place.

Par ses propos, mon frère confirma à son tour l'existence d'une loi du silence dans la famille. On aurait préféré que ce léger problème soit réglé entre nous. Il y avait eu concertation entre tous les membres sur ce point, sauf moi, bien entendu. Il eût mieux valu que je ne porte pas plainte et que le sujet ne sorte pas du milieu familial. Voilà : tout était dit. La famille formait un clan contre moi depuis le tout début. Tout s'expliquait, mais l'ampleur de cette conspiration me secouait fortement.

Un poids s'était abattu sur moi. Les rôles étaient inversés. Ma mère, mon frère et ma sœur étaient devenus les juges, mon père était la victime et c'était moi l'agresseur. Le doigt des juges était pointé sur moi et le verdict tombait, tranchant comme une lame de rasoir : coupable de tous les chefs d'accusation! Coupable de diffamation, d'avoir causé le divorce de deux êtres qui s'aimaient, d'avoir brisé les liens familiaux, d'avoir menti et inventé des atrocités. Coupable d'avoir abandonné le clan, d'avoir parlé, de vouloir sortir de son enfer. Coupable d'être née. Le verdict ne se fit pas attendre : exclusion du clan jusqu'à ce que mort s'ensuive!

En deux jours, j'avais perdu tous mes repères familiaux. De ce qui avait été la lignée dont j'étais issue, il ne restait que des cadavres tout autour de moi. La moindre chance de réconciliation avait volé en poussière. L'agresseur avait quitté le palais de justice en héros, accompagné et supporté par ma sœur, mon frère et mon beau-frère. Du haut des escaliers, je les regardais s'évanouir lentement dans le lointain. Il ne restait plus rien de ma vie passée. Tout avait été dynamité, tout avait explosé!

« La guerre est finie. Les bombardements ont cessé et la poussière s'est dissipée. Les cadavres se fondent avec le décor. Je vois bien encore quelques jambes et quelques mains, mais lentement ils s'engouffrent dans un sable blanc. Le soleil est éclatant. Je suis vêtue d'une robe blanche. Il n'y a plus de sang. Je suis seule au milieu d'un grand désert. Il n'y a ni arbre, ni maison, ni même une montagne pour m'indiquer un chemin ou un point cardinal. Je n'ai pas peur, je me sens bien. Je m'assis sur le sable chaud et j'attends. Qu'est-ce que j'attends? Je ne sais pas. Ce que je sais, c'est que je goûte la sérénité. Tout est maintenant devenu clair. Il ne reste plus qu'à attendre le verdict pour savoir quelle direction je prendrai, et je ne me sens pas pressée. Le calme, je goûte enfin le calme. »

Jamais je n'aurais cru que des membres de ma

famille, issus du même milieu que moi et évoluant dans un même système de valeurs, pouvaient mentir sous serment. Mais toutes ces péripéties m'avaient donné une leçon et elles ont constitué dans mes bagages une expérience essentielle. J'ai cessé de nourrir l'espoir d'être aimée et comprise par ma famille. J'ai appris une fois pour toutes que la distance entre nos deux mondes était infranchissable. Il aurait fallu que chacun admette et assume sa part de responsabilité dans ce qui s'était passé. De toute évidence, aucun d'eux n'était encore arrivé à cette étape. Ma mère avait dit au cours de son interrogatoire que son casse-tête avait volé en éclats au moment de la dénonciation. Lorsque j'ai entendu cette affirmation, j'ai su que mon casse-tête à moi était désormais complet. Les pièces qui me manquaient étaient maintenant toutes là. Je pouvais enfin voir ma vie dans son ensemble et comprendre certains comportements et certaines réactions que j'avais lorsque j'étais enfant.

Pourrions-nous un jour rétablir les liens qui nous avaient unis tant bien que mal? À ce sujet également je ne gardais que peu d'espoir. L'énormité de leur trahison me laissait tant d'amertume au cœur que je me voyais mal initier un rapprochement, ou même répondre à leurs improbables tentatives. Je pouvais pardonner, j'avais même déjà pardonné. Mais c'était une autre paire de manches que d'oublier tout ça et de faire comme si rien n'avait eu lieu. Chose certaine, il me faudrait du temps.

Et d'ailleurs, de leur propre point de vue et selon la conception qu'ils se faisaient de notre image en tant que famille, peut-être ma mère, Lorette et Anthonin voyaient-ils eux aussi ma dénonciation comme une trahison inexpiable...

QUATRIÈME PARTIE

Le jugement

1

Noël 2005

Le procès et les témoignages que j'avais entendus avaient apporté des réponses à plusieurs de mes nombreux pourquoi. Il était notamment précieux pour moi de savoir que je n'aurais jamais rien pu faire lorsque j'étais petite, même si j'avais réussi à dénoncer les abus. La peur profonde qu'éprouvait le clan familial d'être confronté à la réalité était décidément trop grande. Aujourd'hui encore, on avait choisi de m'exclure plutôt que de m'aider, alors que chacun savait que j'avais dit la vérité. Une vérité trop douloureuse à admettre.

Ma mère, ma sœur et mon frère étaient profondément secoués par la situation que j'avais créée en révélant tout et, pour eux, la seule façon de maintenir leur équilibre précaire était de nier. Pas étonnant que l'agresseur ait eu autant de facilité à abuser de moi. Il n'avait guère à se cacher; on ne voulait rien voir et on me laissait seule avec lui aussi souvent qu'il en avait envie. Même ceux qui étaient là, comme Lorette, fermaient les yeux plutôt que de risquer de découvrir des choses compromettantes ou dérangeantes.

C'était tout ce que j'avais besoin de comprendre pour que ma culpabilité envers moi-même pâlisse et disparaisse. Je n'étais pas victime de mon seul agresseur. Ce dernier pouvait tabler sur la complaisance de tout l'entourage qui ne pouvait tolérer la vérité et qui s'était en conséquence fait complice des abus.

Le procès m'avait laissée nue devant Dieu et les hommes, devant le juge, l'avocat de la défense, ma famille et mon agresseur, nue devant l'assistance présente au tribunal. J'avais été dépouillée de toute vie privée. La justice est gourmande, et elle ne s'était pas gênée, cette fois-ci. Elle ne s'était pas contentée d'investiguer mon passé d'incestes répétés, en en fouillant les moindres détails, comme motivée par une curiosité malsaine; même mes dossiers médicaux avaient été lus, et toute ma vie, personnelle ou professionnelle, avait été scrutée à la loupe par des yeux qui étaient loin d'être toujours bienveillants. Comme le nouveau-né, je me sentais nue, vulnérable et fragile.

Le verdict était prévu pour le 27 mars 2006, et c'est en ruminant ces pensées que je l'attendais. J'y accordais encore, évidemment, beaucoup d'importance. Question de justice, sans doute; je voulais que justice soit faite. Mais surtout question de crédibilité; je voulais récupérer mon droit de parole plein et entier. Je voulais qu'on reconnaisse publiquement que j'avais dit la vérité, une vérité dont je pourrais témoigner au profit d'autres victimes sans qu'on puisse douter de mon autorité pour le faire. Pour cela, il fallait que l'agresseur, le vrai coupable, soit déclaré effectivement coupable.

Encore plus de trois mois à attendre. Bien que je fusse beaucoup mieux qu'avant le procès, l'angoisse ne m'en tiraillait pas moins les entrailles au fil des jours trop longs et des nuits interminables.

N'empêche, le moment était à l'optimisme. Noël arrivait, mon premier vrai Noël, me semblait-il. À cette occasion, j'écrivis une lettre dont j'adressai une copie à tous mes amis. J'aurais aimé pouvoir écrire personnellement à chacun, mais je n'avais ni le temps ni l'énergie de composer autant de missives plutôt consistantes et élaborées.

Certains avaient suivi d'assez près les procédures, alors que d'autres en avaient été empêchés pour toutes sortes de raisons principalement liées à leur disponibilité. Il me semblait important de faire en sorte que tout mon entourage partage les mêmes informations. Cet exercice d'écriture était aussi pour moi une occasion de réflexion, une façon de dresser le bilan du procès, de mettre mes idées en ordre et de tirer certaines conclusions.

Le contexte qui prévalait au moment où j'avais déposé ma plainte avait sans doute influencé positivement le déroulement du procès et il exercerait peut-être aussi une certaine pression sur ses conclusions. Bien que j'aie initié ma démarche quelques mois après qu'une personnalité très connue eut fait l'objet de poursuites pour agression sexuelle[1], ce n'était aucunement à cause de cette affaire que j'avais résolu de poursuivre mon agresseur. Force m'était pourtant de constater que, d'une part, cette affaire avait beaucoup apporté aux victimes, alors que par ailleurs elle avait très probablement fait en sorte que ma cause à moi soit traitée plus rapidement et avec davantage de sérieux de la part du système judiciaire. Les juges étaient très sensibles aux sévices sexuels infligés aux enfants du fait que les médias en avaient beaucoup parlé. En temps normal, j'aurais dû attendre près de deux ans après l'enquête préliminaire, avant que ma

---

1. Le 25 mars 2004, le producteur Guy Cloutier était arrêté et accusé d'agressions sexuelles sur une personne d'âge mineur. Il fut condamné à quarante-deux mois de prison le 20 décembre 2004.

cause ne soit entendue. Mais un juge à la retraite avait été rappelé pour moi.

Le témoignage que j'avais rendu les 9 et 10 décembre avait été éprouvant, et le contre-interrogatoire m'avait littéralement épuisée. Si l'avocat de la défense n'était pas parvenu à me piéger ni à faire en sorte que je me contredise, c'est que je m'en étais tenue à la seule vérité, sans jamais en déroger d'un iota. De ce fait, j'avais laissé bien peu de chair autour de l'os. Je ne pouvais me contredire en ne disant rien de plus ou de moins que ce que j'avais vécu. À l'inverse, les mensonges qui avaient été proférés devant le tribunal avaient tous fini par trouver leur contradiction.

Après ma comparution, je m'étais vraiment sentie libérée. Il était urgent que mon secret soit révélé : j'étais en train de mourir avec. Trop longtemps, j'avais vécu comme en coulisse de ma vie et je trouvais euphorisant de me montrer au grand jour, telle que je suis. De pouvoir parler de mon passé ouvertement, ça me faisait du bien.

J'étais chanceuse de pouvoir compter sur une avocate telle que M^e McKenna. Au moment du contre-interrogatoire de mon agresseur, elle s'était montrée très compétente et elle avait tiré le meilleur parti possible de la situation. Elle ne pouvait affirmer qu'elle allait gagner cette cause; la justice est trop imprévisible; mais les chances étaient plus qu'excellentes. Elle m'avait dit que c'était dans la poche, à moins que la défense ne trouve quelque chose d'inattendu. Je n'osais tout de même me réjouir trop vite. Tant qu'il ne serait pas déclaré coupable, je ne voulais pas me bercer d'illusions. J'aurais eu trop mal, en cas de défaite. Je faisais face à un problème fort courant dans les cas d'agressions sexuelles : il n'y avait pas de témoin. C'était ma parole contre celle de mon père. Selon la procureure, il n'y avait plus de doute raisonnable, mais encore!

Quant à maman et à Lorette, le fait d'avoir témoigné en faveur de l'agresseur les mettait dans une position fort inconfortable. Toutes deux avaient affirmé à l'enquêteur que je disais la vérité. Pourquoi avaient-elles changé leur fusil d'épaule lorsqu'elles avaient lu ma déposition avec l'avocat de la défense? Je n'avais pas de réponse, sauf peut-être qu'on croyait que j'avais exagéré, ce qui n'était pas très convaincant et ne disculpait surtout pas l'accusé. J'aurais bien voulu sauver ce qui restait de mes liens avec ma famille, mais je ne pouvais changer ma version pour ça et retomber dans le mensonge.

Anthonin, mon frère, avait choisi la position la plus confortable. Il n'avait rien vu ni rien entendu. Dans son cas, ce n'était pas impossible. Pouvais-je maintenir un lien avec lui? Une fois de plus, j'aurais aimé, mais la réponse était non. Je comprenais qu'il lui fût difficile de voir son père sous les traits d'un criminel, car j'éprouvais la même chose. Mais il considérait que l'agresseur et moi étions égaux dans la balance. Il avait dit à mon conjoint: «Elle exagère, elle en a trop mis et l'agresseur a menti. Ils sont quittes. Elle devrait renoncer.» Là, ça ne passait pas. Non seulement je n'avais pas exagéré, jamais je n'aurais pu admettre qu'on puisse considérer les sévices que j'avais subis comme si peu de chose.

Avais-je pardonné à ceux-là qui m'avaient accompagnée depuis ma plus tendre enfance? C'est une question sur laquelle j'avais longuement réfléchi. En fait, j'y réfléchissais depuis de nombreuses années.

Au fil des procédures judiciaires, j'avais compris que je n'avais rien à pardonner à l'agresseur ni même à ma famille. C'est à moi qu'il me fallait pardonner de m'être si longtemps abandonnée, et je considérais que j'y étais assez bien parvenue. Mais je n'aurais pu énumérer toutes les absolutions que j'avais à m'accorder, car elles étaient trop nombreuses. Le processus qui mène au pardon; est d'abord et avant tout une démarche intérieure; il doit tendre' le plus possible vers l'équilibre et le bien-être de la personne.

Ma famille, et même l'agresseur, n'avaient pas à me demander pardon; ils avaient à se demander pardon à eux-mêmes. Mon expérience m'avait enseigné qu'il est beaucoup plus facile de demander pardon à quelqu'un que de s'absoudre, soi.

Pour ce qui est du pardon tel qu'on le conçoit ordinairement, je dois avouer qu'il me venait encore des poussées de fureur depuis les témoignages de ma mère, de ma sœur et de mon frère. Mais je crois que je leur avais pardonné. Je réussissais à prier pour eux et j'éprouvais de la compassion pour eux, surtout en raison des souffrances qu'ils avaient encore à endurer pour se sortir de leur enfer de silence. Ce que j'avais vu, finalement, au cours du procès, c'était des êtres profondément blessés à qui je ne pouvais véritablement en vouloir.

Une chose dont j'avais tout lieu de me réjouir, c'était que, à travers ce maelström qui bouleversait mon existence, je parvenais à sauvegarder la vie familiale qu'il me restait : celle que je menais avec mon mari et mes enfants. De ce côté, le stress intense n'avait pas compromis l'harmonie. Mes enfants allaient très bien, ils étaient fort beaux et intelligents, et je me considérais chanceuse d'avoir autour de moi des êtres aussi épanouis.

Pourtant, ils trouvaient difficile de faire le deuil de gens qui vivaient toujours. Ni moi ni Norbert ne leur avions imposé ce choix. Au moment de dénoncer, nous leur avions expliqué que, ce qui se passait, c'était entre moi, leur grand-mère, leur tante et leur oncle. Eux avaient le droit de leur parler ou de les voir en tout temps. Mais ils avaient de leur propre chef décidé d'agir autrement, après avoir été victimes, selon eux, d'une certaine forme de chantage émotif. Depuis plus d'un an, les communications étaient coupées. C'était mon troisième enfant qui était le plus à plaindre, car Lorette et Anthonin étaient respectivement sa marraine et son parrain. Il se sentait abandonné. Malgré cela, il ne voulait pas les revoir.

Quant à leur grand-père, ils ne l'avaient jamais connu ni même vu. C'était le seul pour qui le mot d'ordre était toujours resté le même; je demeurais inflexible à cet égard. Je ne voulais pas qu'ils soient exposés peu ou prou aux perversions et à la méchanceté de cet homme monstrueux.

La présence de Norbert auprès de moi me comblait. C'est un homme compréhensif et attentionné, qui m'avait accompagnée à toutes les étapes de cette pénible démarche. Non seulement il n'avait jamais freiné mes initiatives, il les avait encouragées et il aurait foncé beaucoup plus tôt si les choses n'avaient tenu qu'à lui. Mais je n'étais pas prête. Notre couple s'était consolidé davantage dans cette épreuve. Décidément, j'avais épousé un bien grand homme, autant d'esprit que de corps, et je l'appréciais de plus en plus.

Question travail, j'étais toujours en congé pour invalidité et je ne savais pas si un jour je pourrais reprendre mes activités. J'étais passée bien près de la mort. Sans le support constant de mon mari, de mes enfants, de mon médecin et des divers thérapeutes qui gravitaient autour de moi, je ne suis pas certaine que j'aurais fêté un autre Noël. J'étais vraiment descendue jusqu'au fond du baril et la remontée était lente et laborieuse : les nombreuses agressions subies m'avaient laissé de nombreuses cicatrices. Il me fallait aussi apprendre à vivre avec mes nouvelles limites physiques.

Mon plus grand problème était toujours le sommeil. Je dormais trop peu pour pouvoir tenir une journée au travail, et ce handicap ne pourrait être corrigé que difficilement. J'avais toujours été confrontée à l'insomnie. Lorsque j'étais plus jeune, je pouvais tout de même tenir le coup. Mais ma réserve d'énergie était maintenant complètement épuisée et je devais faire de nombreuses siestes durant le jour pour compenser mes nuits pratiquement blanches. Et j'avais beaucoup de difficultés à supporter le stress. Il faut dire que j'en avais eu plus que ma part dans mon dernier travail et que ma santé en avait été profondément altérée. J'avais cessé de produire de la progestérone, premier signe précurseur du cancer de l'utérus. J'avais fait de l'hypertension. J'avais eu des palpitations et de l'arythmie. J'avais aussi fait des crises d'angoisse, et des maux de dos et de tête à me lancer sur les murs m'avaient affectée. Tout ça se résorbait lentement, mais je devais prendre soin de moi, en faisant très attention de ne pas retomber dans les mêmes travers. Le surmenage, assurément, ne me convenait plus.

Je faisais en sorte de demeurer active physiquement : ski de fond l'hiver, roller l'été. Je m'adonnais à l'aquarelle et me plaisais beaucoup dans ce travail de création. Mes sujets préférés étaient les oiseaux et les enfants. Je me disais qu'un jour je pourrais peut-être écouler mes œuvres et récupérer ainsi une part de mon investissement. J'écrivais également beaucoup. J'avais déjà un premier livre dans mes tiroirs que j'avais intitulé

Le Compostelle des pauvres et que je comptais faire publier sous peu. J'étais fière de moi. J'étais capable d'imaginer une bonne histoire qui tienne la route. J'en étais à préparer un second livre.

Lorsque, rétrospectivement, je considérais cette année 2005, elle m'apparaissait avec toutes les difficultés qu'elle m'avait occasionnées : les longues attentes entre les phases du procès, les angoisses, les déchirures et les doutes. Les jours de nuages avaient certes été plus nombreux que les jours de soleil. J'avais toujours de la difficulté à comprendre les émotions qui m'habitaient, souvent contradictoires, et je ne parvenais pas à être totalement heureuse et bien. Le halo de quiétude dans lequel je me trouvais à la fin du procès s'était passablement estompé. Néanmoins, l'état de la situation que je dressais en ce Noël s'avérait fort positif et j'avais tout lieu d'être optimiste quant aux lendemains.

2

Cruelle attente

Les trois semaines qui précédèrent le 27 mars me furent particulièrement éprouvantes. À mesure que la date fatidique approchait, le temps s'était mis à ralentir et on aurait dit que j'entendais chacun des tic-tac de l'horloge qui n'en finissaient plus de s'égrainer. L'appréhension me tourmentait sans cesse et j'avais des moments de pure panique où mon cœur s'accélérait et battait à mes tempes en une chamade désordonnée.

Fuir le temps, m'occuper l'esprit! Tricoter jusque tard dans la nuit, me lever pour écrire un mot, dessiner pour ne plus penser, faire du ski, même dans les pires conditions. Fuir, pour ne plus penser!

Mais chaque jour était pire que le précédent. J'avais tant souhaité ne plus éprouver cette sensation désagréable qui minait mes énergies! Mes vieux réflexes remontaient à la surface plus vite que je ne les avais noyés. La honte de ce que j'avais vécu m'assaillait à nouveau : celle d'avoir enduré la violence aussi longtemps. La peur, aussi, non pas du verdict lui-même, mais de l'après. Qu'on me donne raison ou non, j'allais devoir m'assumer.

Si mon agresseur était reconnu coupable, j'étais déterminée à demander la levée de l'interdiction de publication, pour que jamais plus ma famille ou quiconque ne m'impose le silence. Je ne voulais plus jamais me taire, mais cela m'obligeait à étaler une partie de ma vie qui me déshonorait.

Lors de la dernière agression sexuelle, j'avais dix-neuf ans. La dernière fois que mon père avait essayé de me forcer, j'en avais vingt-deux. J'étais majeure, mon Dieu! Est-ce qu'on n'allait pas me pointer du doigt? Les circonstances atténuantes allaient-elles suffire à me disculper? La dernière fois, je sortais des soins intensifs; j'étais étique, faible et sans défense aucune. L'autre fois, j'avais choisi de mourir plutôt que de lui céder et j'avais gagné. Quelle emprise avait-il donc sur moi pour que la honte continue de me poursuivre ainsi, sans jamais me laisser de répit?

Douloureuse attente! Des jours et des jours de supplice.

J'avais mis tous mes œufs dans le même panier. Je n'avais misé que sur la victoire. Tous mes plans d'avenir, tous mes espoirs avaient été reconstruits en fonction d'un verdict de culpabilité. Et s'il me fallait tout recommencer...

Au moins, je détenais une partie des clés de mon avenir: je savais ce que je ferais s'il était reconnu coupable et je me réconfortais en caressant mon projet. Je voulais publier un livre dans le but de venir en aide aux victimes, de leur donner l'espoir de s'en sortir même si personne ne témoigne en notre faveur. Je souhaitais faire voir aux victimes les étapes à franchir si elles décidaient de porter plainte. Je souhaitais leur faire comprendre que les émotions, les peurs, les angoisses qu'elles vivent sont normales, afin de les sortir de leur isolement en partageant mes sentiments avec elles. Je voulais les sécuriser et les consoler. Le récit de mon cheminement, me semblait-il, ne pouvait que les aider, même s'il ferait état de bien des difficultés. Mieux vaut savoir à quoi s'attendre. Oui, ce qu'elles vivent et ressentent est normal! Oui, durant tout le processus, on se sent souvent banalisée, isolée et même bafouée. Dans le système judiciaire, la machine se donne constamment l'air d'avoir plus d'importance que les personnes qu'elle a mission de protéger.

' Je rêvais aussi de venir en aide de façon plus directe, plus concrète aux victimes d'abus. Comment? Ça, je ne le savais pas encore.

Mais, s'il était reconnu non coupable, c'était le néant! Je ne pourrais pas publier mon livre. Je ne me sentirais pas apte à aider les victimes. Je n'aurais pas de message d'espoir à leur transmettre. Comme si j'étais certaine que l'agresseur serait reconnu coupable. Je n'avais jamais envisagé de solution de rechange!

Il fallait que le verdict soit en ma faveur. Non pas pour prouver à la terre entière que j'avais raison, non pas par orgueil ou par vanité. Pour retrouver ma dignité. Pour me prouver que je ne suis pas une personne méchante ni une moins que rien; que Dieu n'a pas mis mon agresseur sur ma route pour me punir ou parce qu'il ne m'aimait pas. Je me disais que, s'il était reconnu coupable, je relirais le verdict à chaque fois que je douterais de moi... ou de Dieu.

Trois jours... deux... plus qu'une journée! Le souffle me manquait. Je n'arrivais plus à respirer. Il fallait que je lâche prise, que je laisse aller les choses avant de me rendre malade à force d'anxiété. On aurait dit que le temps allait trop vite, tout à coup. Je n'étais pas prête. J'avais vu le soleil se lever et se coucher et, pour une fois, la journée m'avait paru trop courte! Que voulais-je donc, à la fin?

Le soir du 26 mars, je m'en fus marcher avec ma fille de quatorze ans. Elle me dit:

—Maman, moi, je ne suis pas inquiète pour demain. Je suis convaincue qu'il sera reconnu coupable.

—Tu sais qu'il est possible qu'il soit reconnu non coupable. On ne peut pas prévoir ce que le juge va décider. J'ai peur que tu aies mal...

—Non, maman, je sais depuis le début qu'il va être reconnu coupable. Lorsque tu nous as dit, il y a deux ans, que tu avais vécu l'inceste et que tu nous as parlé de ton intention de porter plainte, je n'ai jamais douté. Je sais que tu dis la vérité et je sais que lui, il ment. Depuis ce jour, je ne m'inquiète pas: il sera reconnu coupable! Je n'ai jamais eu le moindre doute depuis ce temps.

Je fus émue de la grande confiance que ma fille manifestait en la vie et en la justice. Cela me rassurait. Les enfants sont proches du pouvoir divin!

—Merci, répondis-je. Garde cette belle énergie positive autour de toi et continue de croire que tout est possible. Cela me fait du bien d'entendre ça. Merci beaucoup.

De retour à la maison, je mis mon plus jeune au lit. Le lendemain, il n'irait pas à l'école, mais il devait être bien reposé pour venir au palais de justice. Lorsque je l'embrassai, il me dit:

—J'ai confiance, maman! Je suis certain que c'est toi qui as raison. Je t'aime!

—Je veux voir le visage de celui qui t'a fait souffrir, m'avait dit mon fils de dix-neuf ans. Je veux qu'il sache que moi, je te crois, et que je sais où est la vérité. Je tiens à ce que grand-maman, ma tante et mon oncle voient de quel côté je suis. Je vais affronter leur regard et leur signifier ma position, peu importe le résultat.

Ma fille de vingt ans avait tenu sensiblement les mêmes propos, mais j'avais senti son inquiétude. Elle avait peur pour moi, peur qu'un verdict défavorable ne me détruise. L'amour qu'elle me portait rayonnait dans son regard.

Enfin, mon fils de dix-sept ans vint me parler. L'émotion faisait vibrer légèrement sa voix.

—Maman, je voulais te dire... peu importe le verdict..., je... je t'aime et je sais que c'est toi qui dis la vérité. Moi, je te crois et je serai avec toi. C'est les autres qui ont tort. Toi, tu es franche et honnête, et je suis fier de toi.

J'avais vraiment réussi ce qu'il y avait de plus grand. J'avais des enfants extraordinaires; ma famille était unie et harmonieuse; ce constat me porterait jusqu'au matin. Il me restait à m'armer de tout le courage possible, à ne pas m'effondrer, peu importe ce qu'il adviendrait le lendemain.

Je fis du lavage une bonne partie de la nuit. Je n'avais pas sommeil, et de m'occuper m'aidait à chasser l'angoisse qui me torturait.

Le matin arriva plus vite que je ne m'y étais attendue. Je me levai tôt afin de bien me préparer. Respirer m'était de plus en plus difficile. J'avais la sensation de manquer d'air. En fait, est-ce que j'avais, depuis mon enfance, jamais eu assez d'air pour ne pas ressentir la détresse?

Le verdict

Lorsque j'arrivai au palais de justice avec mon mari et mes enfants, l'enquêteur Goupil m'attendait. De le revoir me fit réellement plaisir et me réconforta. Il avait été la première figure d'autorité masculine à me croire et à vouloir m'aider, et jamais je ne pourrais l'oublier. Beaucoup de monde était là pour m'appuyer et me supporter. La salle d'audience était pleine : mon mari et mes enfants ne pourraient s'asseoir tous ensemble.

En faisant du regard un rapide survol de la salle, je vis que deux membres de la parenté étaient là; il s'agissait du frère de ma mère, accompagné de son épouse que je ne connaissais pas, et de mon beau-frère; ils étaient venus appuyer et supporter l'accusé. Ni ma mère, ni Lorette, ni Anthonin n'étaient présents. J'étais tendue et mes jambes tremblaient. Même assise entre deux intervenantes du CAVAC, dont Chantal, je n'arrivais pas à maîtriser ma nervosité. On ordonna à toute la salle de se lever pour accueillir le juge. Le silence était à glacer le sang.

—Veuillez vous asseoir, dit le juge. Accusé, veuillez vous lever, s'il vous plaît. J'ai écrit plusieurs pages que je vais vous lire, mais je vous ferai grâce des chefs d'accusation. Vous les connaissez déjà. La preuve : la présumée victime témoigne qu'elle est la fille de l'accusé. Âgée de quarante-quatre ans, elle a vécu son enfance au...

Non, pas encore! Le juge allait donc raconter mon témoignage dans ses grandes lignes! On ne m'avait pas dit ça! Fallait-il absolument que je revive toutes ces horreurs encore une fois? Qu'est-ce que mes enfants allaient dire ou penser? Jamais je ne leur avais raconté les détails de mon histoire. Comment allaient-ils réagir? Seraient-ils traumatisés?

—Elle raconte que, dans la salle de bain, son père lui a demandé de se pencher sur le bord de la baignoire et de mettre ses mains dans le fond. L'accusé a sorti son pénis et l'a frotté sur ses parties génitales.

Ce n'était plus seulement mes jambes qui tremblaient; tout mon corps était secoué. En plus, je n'avais pas pu regrouper mes enfants autour de moi.

—Le lendemain de la première pénétration, elle a eu de la difficulté à s'asseoir...

Là, je ne pensais plus à mes enfants, je revivais mes souffrances. Je parvenais à retenir mes sanglots, mais les larmes roulaient sur mes joues malgré moi.

—... pour lui montrer un lapin en peluche qui était pour elle. Mais elle a dû le payer par une relation sexuelle complète...

Je n'arrivais plus à relever la tête. La honte m'accablait.

—... il a uriné sur elle...

Je n'en pouvais plus, tellement j'avais mal. Comment avais-je pu traverser autant de souffrances? C'était une chose, que de parler des sévices que j'avais endurés, mais de les entendre de la bouche de quelqu'un d'autre me terrorisait rétrospectivement. Je n'aurais jamais dû m'en sortir! Je prenais conscience avec une acuité nouvelle de l'intensité des tortures que mon agresseur m'avait fait subir.

—La défense : l'accusé est arrivé...

D'un seul coup les tremblements cessèrent.

—Il nie toute agression...

En quelques phrases le juge avait résumé les témoignages de tous les membres de ma famille.

—Le droit..., continuait-il.

Durant de longues minutes, il résuma tous les textes de loi pertinents à l'affaire. Il y en avait tellement, me disais-je, accablée, qu'il me semblait impossible que mon tortionnaire soit reconnu coupable.

—Mais... mais il va être acquitté, soufflai-je à Chantal.

Elle hocha la tête pour me signifier qu'elle n'en savait rien. Le magistrat poursuivait sa lecture.

—Application : il faut d'abord statuer sur la crédibilité de l'accusé et des témoins de la défense... L'accusé a fait des affirmations difficiles à croire.

Avais-je bien entendu? Le juge mettait en doute la crédibilité de l'accusé? Je n'en croyais pas mes oreilles.

Il dit ensuite que ma mère corroborait plusieurs des événements rapportés par la victime.

—Lorsque tous les détails de la preuve lui ont été révélés... elle a cessé de croire la victime... Elle a toujours voulu éviter le sujet... Elle voulait protéger son mari...

Au tour, maintenant, du témoignage de ma sœur.

—Elle affirme avoir pris son bain dans l'évier de la cuisine jusqu'en troisième année. Elle ne pouvait avoir moins de huit ans. Une enfant de huit ans dans un évier de cuisine, ce n'est pas très vraisemblable... Il est évident qu'elle ne voulait pas qu'elle et ses enfants soient éclaboussés par le scandale d'un père agresseur ou incestueux. Elle aurait voulu que l'affaire se règle en famille.

Le juge ne fut pas plus indulgent pour le témoignage de mon frère.

—Devant une preuve contradictoire, le tribunal n'a

pas à choisir entre les deux versions présentées. Il fait face à trois possibilités : s'il croit l'accusé, il l'acquitte. S'il ne le croit pas, il doit se demander s'il a un doute; si oui, il doit prononcer l'acquittement. Il ne doit le déclarer coupable que s'il est convaincu que la preuve de culpabilité a été faite hors de tout doute raisonnable.

Ce long préambule pour en venir au verdict n'était pas sans créer du suspense, et toute l'assistance retenait son souffle. Pour ma part, j'étais angoissée au-delà de toute mesure. Y avait-il un doute raisonnable, à la fin?

Imperturbable, le magistrat s'était de nouveau lancé dans une nomenclature identifiant les divers textes de loi et les éléments de jurisprudence touchant la crédibilité des témoins.

— Le tribunal a eu l'occasion d'entendre et de voir témoigner la victime. Il s'agit d'une personne intelligente et bien articulée. Il est apparu au tribunal que la victime s'est adressée à la cour pour dire la vérité. Elle a répondu aux questions directement, sans détour, sans jamais tenter de les éluder... Sa mémoire est excellente... La fiabilité de sa mémoire d'enfant est confirmée...

À propos de l'agresseur, il affirma :

— Il s'est avéré un prédateur rusé, intelligent et opportuniste...

Et la conclusion tomba enfin :

— Après avoir évalué tous les éléments de la preuve, le tribunal considère que le témoignage de la victime est tout à fait crédible et doit être retenu. Il rejette le témoignage de l'accusé pour les motifs déjà invoqués et conclut que celui-ci a commis, hors de tout doute raisonnable, les crimes reprochés aux chefs...

Coupable! Personne dans la salle n'osait bouger ou parler. Il était reconnu coupable! J'étais restée saisie par la nouvelle. Aucune émotion ne montait en moi : ni joie, ni peine, ni souffrance... Rien que le vide. Je regardais l'agresseur. Lorsqu'il a tourné la tête vers moi, j'ai vu la haine dans ses yeux, une haine inextinguible. Aucune once de remords. Je me disais qu'il ne regrettait sans doute qu'une chose : de ne pas m'avoir tuée lorsqu'il en avait eu l'occasion. Mais son hostilité ne provoquait plus en moi aucun sentiment de peur ni émoi d'aucune sorte.

Lorsqu'il quitta la salle, je me retournai vers mes amis qui commençaient déjà à me serrer dans leurs bras et à me féliciter. Ce fut lorsque je vis s'approcher mon fils aîné que mon émotion explosa. Je ne l'avais pas sentie monter et elle se manifesta avec d'autant plus de violence et de soudaineté. Je me mis à sangloter et à hurler. Des cris de soulagement montaient malgré moi. J'avais enfin été entendue. Le cauchemar prenait fin, même si le combat, lui, ne faisait que commencer. Enfin, l'air se rendait jusqu'au fond de mes poumons ; je savais ce que voulait dire respirer librement.

- 4 -

Les séquelles de la violence

La justice avait encore une dernière étape à franchir dans ce procès, celle de la sentence. Car, si mon agresseur avait été reconnu coupable, il demeurait en liberté jusqu'à ce que le tribunal ait statué sur la peine qu'il aurait à purger.

De mon côté, j'espérais bien ne plus jamais avoir à raconter dans leurs détails les plus scabreux les sévices endurés. Mais je n'en avais pas encore fini, loin de là. En ce qui a trait à la préparation à la représentation sur sentence, où j'aurais à nouveau la possibilité de témoigner, il me fallait informer le juge des conséquences des agressions sur ma vie, afin de lui fournir des balises pour décider d'une sentence juste. Dans son jargon, le milieu judiciaire désigne cette étape comme la déclaration d'impacts aux victimes.

En principe, ce n'était pas un problème que de rédiger quelque chose à ce sujet. La liste de mes cicatrices était longue. Mais, en même temps, je ne savais quoi dire et je trouvais fort difficile de me soumettre à cet exercice. J'étais vidée. J'en avais un peu assez également de parler de moi, d'autant qu'il me restait des doutes sur l'accueil qu'on ferait à mes propos, sur ma crédibilité, tout compte fait. De plus, j'hésitais toujours à faire confiance, même à l'appareil judiciaire. Quand votre vie a été remplie d'injustices, il est bien malaisé de croire que tout a changé. Et je craignais, comme je l'avais fait si souvent, de banaliser les contrecoups des agressions.

Mais, puisqu'il fallait que ce soit fait, je pris une grande respiration, fermai les yeux un moment pour me concentrer et commençai à écrire à l'intention du juge une longue lettre. Il y en eut des pages et des pages. L'inspiration me venait au fur et à mesure que j'écrivais, et mes malaises étaient suffisamment importants et nombreux pour que je puisse en témoigner abondamment.

Lorsque j'en eus terminé, en me relisant je constatai que c'était le mot peur qui revenait le plus souvent, un sentiment qui faisait partie intégrante de ma vie, qui me poursuivait sans cesse depuis mon enfance, qui m'avait empêchée de fonctionner norma-lement un peu partout, qui m'avait volé mes jours et mes nuits, mon sommeil, surtout, et mes joies les plus innocentes. Pour surmonter mes phobies, j'avais suivi nombre de thérapies, et je devrais en suivre encore beaucoup, sans doute, si je voulais retrouver le plus important : ma confiance en moi.

Ma peur, elle, concernait l'ensemble de mon rapport avec le monde.

Je n'avais jamais su ce que c'était que d'être une enfant. Je ne pouvais jouer en toute quiétude, posséder quoi que ce soit sans arrière-pensée, vivre dans l'insou-ciance ; il me fallait payer tout de ma dignité et de ma candeur. Je devais penser à mille et une stratégies pour éviter de vivre le cauchemar et, la plupart du temps, j'échouais. J'étais un animal traqué.

Toute ma vie, mon sommeil avait été peuplé de monstres et de cauchemars menaçants, et mes nuits avaient toujours été meublées d'insomnies. La fatigue était mon lot quotidien. Personne ne pouvait entrer dans ma chambre sans que mon pouls s'accélère et que je hurle de terreur. Même adulte, je m'étais organisée pour que mon conjoint se couche avant moi pour éviter cette émotion. Pas question, bien entendu, de me toucher par-derrière, surtout au niveau du cou. Je ne pouvais non plus rien supporter sur mon visage. Je devais limiter les ébats sexuels de mon couple au chapitre des caresses et des positions, et je ne pouvais satisfaire totalement les attentes de mon époux

La hantise d'être forcée m'avait précisément fait renoncer à bien des activités, à bien des projets. En voyage, le conducteur allait bifurquer dans un petit chemin, me violer ou m'abandonner. En ski, le hors-piste m'angoissait, même en compagnie de mon mari, qui n'avait jamais fait mine d'abuser de moi de quelque manière. Les cabanes qu'on pouvait croiser dans le bois me causaient de l'anxiété : on pouvait m'y séquestrer et m'imposer des contacts sexuels. Depuis plus de dix ans, nous avions comme projet de construire une cabane dans notre érablière, mais j'étais toujours incapable d'en envisager la réalisation, pour les mêmes motifs. Je ne me résignais pas à mettre des rideaux aux fenêtres de ma maison pour ne pas assombrir les pièces et évoquer ainsi les agressions.

Même l'air que je respirais m'était compté, dans mon esprit, et je devrais peut-être le payer de mon corps. En novembre 2005, j'ai été référée par mon médecin à une clinique du sommeil. Je fais de l'apnée. Je dois dormir avec un masque sur le visage qui pousse de l'air dans mes poumons, mais je n'arrive pas à effectuer le traitement correctement. J'ai tendance à arracher le masque.

L'idée de la mort m'obsède sans arrêt. Je reste avec la croyance que je vais aller en enfer. Mon agresseur me l'avait trop répété, en m'assurant que tout ce qui arrivait était de ma faute. Ce sentiment de culpabilité qu'il m'avait inculqué, il avait été pour beaucoup dans ma décision de porter plainte; je voulais m'en débarrasser à tout prix, retrouver confiance. Par contre, j'ai toujours éprouvé une certaine fascination devant la mort, celle qui pourrait abolir mes souffrances.

Les médecins, les psychiatres, les psychologues que je consulte ne vont-il pas m'interner? La folie me hante, et je me dis que je ne suis pas crue lorsque je leur parle. Je n'en finis plus d'analyser mes paroles et mes réactions, pour ne pas donner prise à un diagnostic de maladie mentale. Que vont-ils écrire à mon dossier qui pourrait me porter préjudice? Lorsqu'on me donne une ordonnance, je suis convaincue que le pharmacien me ridiculisera et me dira que je suis une malade imaginaire.

Au chapitre des peurs, il faut encore compter celle de déranger, qui me tient en général isolée des autres. J'ai de la difficulté à croire aux relations équitables d'amitié et je me sens facilement exploitée, utilisée. Là encore, faire confiance ne m'est pas facile. S'isoler, c'est aussi éviter le rejet, un autre sentiment dont je tiens à me protéger; je l'ai trop vécu, et le récent abandon de ma famille n'a rien fait pour guérir ma blessure. Au travail, dans les situations de relations interpersonnelles, pour être aimée et acceptée, je supportais l'inacceptable, jusqu'à ce que je n'en puisse plus et que je sois contrainte de changer de fonction ou d'emploi. Mais la même situation se répétait bientôt.

Je dois éviter les foules, où j'ai l'impression de perdre la maîtrise de ma vie et de me mettre à la merci d'un éventuel agresseur, ou de laisser la menace planer sur mes enfants. Si on marche derrière moi, je deviens nerveuse et je longe les murs en progressant de côté. La plupart du temps, incapable de me raisonner, je m'arrête pour laisser la personne me doubler.

Partout où je suis, je me dis qu'on va rire de moi, on va parler dans mon dos, on va me trouver laide; on va regarder mes fesses ou mes seins, ces parties de moi que je porte dans la honte. Pour sortir, je dois me faire violence, parce qu'on va m'observer et que je ne puis le supporter.

À tous ces complexes, je devais ajouter tous les renoncements que je m'impose pour éviter toute rencontre avec mon tortionnaire, et ce depuis des années, depuis bien avant les poursuites judiciaires. Le terrain de golf, les salles de quilles, de nombreuses épiceries, le cinéma et divers lieux publics me sont interdits, à moins que je ne sois accompagnée de mon conjoint.

Ma lettre au juge faisait état, en plus de mes peurs, de divers tracas que je crois toujours consécutifs aux agressions. J'y expliquais que j'avais perdu confiance en tout, et surtout en moi-même, en mes capacités et en mes talents. J'y indiquais à quel point je ne m'aime pas, comment je suis incapable de me regarder dans le miroir, comment j'y vois une vieille femme plissée, ratatinée et usée par cette vie qui ne veut pas de moi. Il me déplaît souverainement qu'on regarde mon physique. Je me sens sale et indigne. J'ai honte d'être une femme, d'avoir enduré toute cette violence durant de si nombreuses années, de n'avoir pas su me défendre lorsque j'étais une enfant. J'ai honte de mon sexe et de tout de qui peut l'évoquer. J'ai honte d'avoir mis mes enfants au monde parce qu'ils ont dû passer par mon vagin. J'ai l'impression de les avoir souillés, d'avoir compromis leur pureté.

Je n'avais jamais compris pourquoi mon mari m'avait

épousée. Je ne le méritais pas. De mon point de vue, je n'étais pas digne de lui, j'étais trop sale. Cette attitude avait engendré de nombreuses tensions entres nous.

J'évoquais les interventions chirurgicales entreprises pour corriger une déviation de ma mâchoire, que je n'avais jamais complétées parce que mon père profitait de ma faiblesse pour m'agresser. Chaque fois que je me regarde dans le miroir, je vois cette malformation qui ternit davantage mon image de moi-même et qui me rappelle des souvenirs pénibles.

Problèmes de digestion, brûlures d'estomac, maux de dos et de tête fréquents, ou plutôt continuels : la liste de mes ennuis physiques s'allongeait. Je n'avais pu faire autrement que de somatiser mes tourments émotifs et psychologiques, alors que certains de mes comportements obsessifs avaient fragilisé ma santé.

À cet égard, ma lettre au juge décrivait dans le détail le syndrome de stress post-traumatique dont je souffrais et qui avait convaincu l'IVAC de m'accorder des indemnités. J'expliquais comment les représentations mentales de mes agressions me suivent partout, lorsque je conduis, que je travaille, que je dors ou que je mange ; comment une odeur, une couleur, une parole, une poignée de porte d'armoire déclenchent sans prévenir des séries d'images d'abus et de violence, des cauchemars éveillés qui me déroutent et me désorientent, et qui provoquent une fuite en avant dont les conséquences ont été désastreuses : surcharge de responsabilités qui m'a acculée au surmenage, changements réguliers de travail, insécurité, déficit d'attention et de concentration au point de ne pas toujours pouvoir conduire un véhicule, insomnie, fatigue chronique, perte de l'estime de soi et, finalement, dépression majeure.

Parmi les conséquences des agressions, il fallait

encore prendre en compte que je ne fais pas un métier que j'aime, n'ayant pu obtenir au cégep des notes qui m'auraient donné accès à tous les champs d'étude. J'avais de la facilité à l'école, mais je dormais trop peu la nuit et, le matin, j'avais encore son odeur sur moi qui me rendait malade. Encore aujourd'hui, je suis incapable de supporter les parfums d'homme, notamment les après-rasages qui suscitent en moi des images de violence.

Ma lettre décrivait les difficultés pécuniaires et les privations que j'avais endurées pendant mes études, pour ne rien devoir à personne. En outre, depuis ma dépression, je n'avais pu seulement envisager de retourner au travail sans me sentir épuisée, de sorte que j'avais dû renoncer à une carrière prestigieuse. J'avais beaucoup perdu en matière de revenus, ce qui me ramenait à l'insécurité du temps de mes études, à cette différence près que j'avais maintenant des enfants à faire vivre et à faire instruire.

Sans doute ne pourrais-je plus réintégrer le marché du travail en raison de tous les réflexes inappropriés que les sévices m'avaient amenée à développer. Lorsque j'étais enfant, rien de ce que je pouvais dire ou faire n'était acceptable, et chaque fois je méritais une correction sexuelle. Je n'avais jamais réussi à satisfaire mon père ni ma mère, et mes relations avec mes supérieurs au travail en étaient altérées, dénaturées. Toute intervention, même insignifiante, de l'autorité me jetait dans le désarroi, et je ne voyais plus que du négatif, certaine que j'allais être réprimandée ou même congédiée. Si la punition ne venait pas, j'étais prête à accepter n'importe quoi pour couper court à la rencontre. C'est là une attitude que je transpose partout et qui ne facilite pas mes relations avec les gens.

Enfant, on aurait dit que je ne prenais jamais la bonne décision aux yeux de ma mère. Elle avait toujours quelque chose à redire, et cela renforçait le sentiment de supériorité de mon père, de sorte que la manipulation verbale devenait inévitable. J'étais une moins que rien. Aujourd'hui, je garde de cette époque une méfiance instinctive qui me fait voir partout des situations propices à la manipulation. La nécessité de prendre des décisions, notamment, me rend nerveuse et me fait craindre les reproches ultérieurs.

Oui, des séquelles, il y en avait des flopées, allant des tourments psychologiques aux souffrances physiques, en passant par les malaises nerveux ou émotionnels qui ne pouvaient prendre leur source que dans l'anxiété.

On m'en avait informée dès le début des procédures : au-delà de la rédaction d'une déclaration d'impacts aux victimes, je pouvais témoigner afin d'aider le juge à rendre sa sentence. Mais, pendant plusieurs mois, j'avais refusé de faire face à cette possibilité. J'avais revu M^e McKenna pour en discuter. En fait, si j'hésitais tant à intervenir lors de la représentation sur sentence, c'était à cause du contre-interrogatoire qui me terrorisait. Il aurait beau jeu de me tourner le fer dans les plaies, l'avocat de la défense, quand il connaîtrait toutes mes infirmités et mes blessures.

Témoigner des faits n'avait pas été une mince affaire, mais au moins je connaissais l'histoire depuis fort longtemps. Parler des séquelles que j'en avais gardées me rendait vulnérable. De me montrer ainsi diminuée m'humiliait et il fallait que je démontre mes faiblesses, que j'étale ma déchéance. Je devais dire devant tous, en public, que j'étais incapable de dominer mes phobies, mes cris, mon anxiété, que je ne pouvais plus travailler ni supporter le stress. C'était comme si je n'avais plus de valeur aux yeux de la société, que je n'étais plus qu'un fardeau pour elle. Passe encore d'avoir été agressée, mais de s'avouer incompétente... Même mes proches, comme mon conjoint et mes enfants, ne voudraient plus de moi lorsqu'ils comprendraient que j'étais à ce point handicapée.

Mais l'épreuve était incontournable, non seulement pour l'exercice équitable de la justice, mais également pour ma propre croissance. Je devais apprendre à m'accepter et à m'aimer avec mes limites, si je voulais que mon entourage m'accepte et m'aime, si je voulais apprendre à vivre avec ma vérité. Oui, je m'armerais de courage et je témoignerais encore une fois!

5

À propos d'idées noires

La défense avait demandé un rapport présentenciel. Il s'agit d'un document dressé par un agent de probation après évaluation de l'accusé, destiné à aider le juge à imposer la peine appropriée. L'agent de probation a à déterminer, entre autres, le degré de remords du condamné et les risques de récidive. Le rapport présentenciel s'ajoute à la déclaration de la victime sur les conséquences du délit commis. Il devait être remis au juge au plus tard le 1er mai, alors que l'audience pour l'établissement de la sentence était fixée au 4 mai.

Lorsque je rencontrai la procureure de la couronne pour me préparer à l'interrogatoire, elle me posa l'inévitable question : « Avez-vous des idées noires ? » Je ne fus pas capable de lui donner la vraie réponse. Je répondis : « Non. » C'était un énorme mensonge, puisque la mort hantait mon esprit sans arrêt. Oui, j'avais des idées sombres, mais comment l'avouer, alors que j'étais si bien entourée ? Avouer mes idées sombres, n'était-ce pas trahir tous mes proches, considérer comme rien l'affection dont ils m'enveloppaient comme dans un cocon ? J'avais tout pour être heureuse et je faisais la fine bouche ! Il me fallait me libérer de ce dernier non-dit et j'allais y procéder. On allait encore une fois, la dernière sans doute, m'en donner la chance.

Le jeudi 4 mai 2006 arriva plus vite que je ne m'y étais attendue. Je n'avais pas connu les affres qui m'avaient torturée à l'approche du procès. Mais, le matin même, au réveil, l'angoisse me saisit à nouveau. Au moins, il ne me restait que peu de temps à attendre et j'avais plein de choses à faire qui me distrairaient tant soit peu.

Lorsque j'arrivai au palais de justice, mon père y était déjà et il était accompagné de plusieurs personnes, dont mon frère Anthonin et le mari de ma sœur, mon beau-frère. J'en eus un pincement au cœur, mais je choisis de les ignorer. Qu'est-ce que je croyais donc encore, après les parjures édifiants du procès?

L'interrogatoire débuta à neuf heures trente précises. J'avais la gorge serrée, mais il fallait que je parle, que je saisisse cette dernière chance de dire à mon prédateur ce qu'il m'avait fait, à quel point il m'avait blessée et comment il m'avait volé ma vie. C'était ma dernière chance de récupérer une parcelle de ce qu'il m'avait pris. J'étais déterminée à laisser mes paroles me libérer et exprimer la vérité.

—Veuillez poser votre main droite sur la bible. Jurez-vous de dire toute la vérité et rien que la vérité? Dites, je le jure.

—Je le jure.

—Veuillez, s'il vous plaît, décliner votre identité et votre adresse.

—Votre Honneur, s'objecta aussitôt Me McKenna, ma cliente ne souhaite pas que son adresse soit divulguée à son agresseur.

L'interrogatoire commença. La procureure de la couronne posait les questions une à une, selon un scénario dont elle m'avait informée à l'avance.

—Pouvez-vous dire au juge les raisons qui vous ont poussée à porter plainte?

— Pour retrouver ma dignité. Pour rendre à l'agresseur ce qui lui appartient. Vous savez, Votre Honneur, je n'ai jamais consommé de drogue ou d'alcool, mais je suis tombée dans d'autres pièges tout aussi pernicieux. J'ai notamment noyé mes problèmes dans le travail. Je m'en suis tant mis sur les épaules, pour fuir les souvenirs qui m'assaillaient sans cesse, que j'ai fini par épuiser toutes mes énergies.

— Mais quel a été l'élément déclencheur? Que s'est-il passé en 2004?

— J'ai fait une dépression majeure.

La procureure m'avait suggéré de décrire avec autant de précision que possible les symptômes de stress post-traumatique que je subissais. Bien qu'il me fût laborieux de tout dire, à cause des pleurs qui étouffaient mes paroles, je tâchai de donner une bonne idée au tribunal des images qui m'habitaient. Sommairement, je parlai de mes angoisses, de mes insomnies, et en général de tous les sentiments et de tous les maux que j'avais consignés dans ma déclaration d'impact. J'élaborai même sur la honte que j'avais vue dans les regards de ma mère, de ma sœur et de mon frère, alors que pour eux c'était moi la coupable, et non pas l'agresseur.

Lorsque j'en eus terminé, la procureure me posa sa fameuse question:

— Avez-vous des idées noires ou avez-vous déjà eu des idées noires?

— Oui. Je ne vis pas pour moi, Votre Honneur. Je vis parce que j'ai des enfants et que je ne veux pas qu'ils souffrent et qu'ils soient humiliés du fait d'avoir un parent qui se soit donné la mort. Mais il y a bien longtemps que je suis morte. Mon âme est morte. J'attends, j'attends que la mort vienne chercher ce qu'il reste de moi: mon corps. Le reste est déjà mort.

Parfois, lorsque je me promène seule dans mon véhicule, il m'arrive de me dire : « Je pourrais foncer dans un arbre ou avoir un accident! Comme ça, ce serait enfin fini. Je pourrais me reposer. »

Et ce fut la débâcle. D'un trait, sans presque reprendre mon souffle, sans chercher non plus à retenir mes larmes, je décrivis avec véhémence toutes les cicatrices que j'avais au cœur et à l'âme, celles qu'on ne voit pas, qui ne s'affichent pas sur le corps, mais qui n'en causent pas moins une extrême détresse. Je racontai comme j'étais fatiguée, usée, comme je me sentais sale, toujours sale, laide et indigne d'amour. Je dis à quel point j'étais malheureuse malgré ma famille qui aurait dû me consoler de tout, à quel point j'avais perdu l'estime de moi-même, comme je me battais contre moi-même et faisais à chaque jour et à chaque instant un effort pour respirer, pour continuer à avancer, épuisée par la souffrance intérieure et le mal à l'âme incurable qui bouchait mes horizons. Ma tirade impétueuse se prolongea, alimentée par toute l'amertume dont mon cœur débordait et par toutes les pensées que j'avais trop longtemps refoulées pour protéger mes proches. Je conclus :

—J'aurais juste le goût de m'étendre dans un grand champ blanc et de dormir. Dormir pour l'éternité!

—En aviez-vous parlé avant à d'autres personnes?

—Oui, à vous, hier, lorsque je vous ai téléphoné. Je n'en avais parlé à personne avant vous.

—Pourquoi?

—Parce que j'étais certaine d'être internée, dis-je. Il m'a toujours dit qu'un jour je serais internée et que personne ne me croirait!

—Je n'ai plus de questions, Votre Honneur.

6

L'heure des plaidoiries

Les sanglots m'empêchaient presque de respirer. L'avocat de la défense prit à son tour la parole, mais il ne me posa que deux questions.

—Avez-vous été battue par votre agresseur?

—À part la fois où il a introduit la boucle de sa ceinture dans mon vagin, non.

La procureure de la couronne intervint:

—Il faut tout de même rappeler que l'agresseur a essayé d'étouffer la victime avec un oreiller pour l'empêcher de crier et de pleurer! Qu'il l'a brutalisée lorsqu'il est revenu saoul à la maison, et qu'il a un jour fait semblant de l'abandonner dans un chemin isolé...

Le juge l'interrompit:

—Oui, mais, ce que l'avocat de la défense souhaite savoir, c'est s'il vous a battue. Frappée.

Il cherchait ses mots pour essayer de nuancer des gestes qui étaient inacceptables, peu importe leur nature.

—La réponse est non, dis-je.

—Depuis que vous avez révélé à votre mère les gestes de votre agresseur, vous devez admettre qu'il a fait des efforts pour ne pas vous croiser.

—Oui, peut-être, mais il ne faudrait pas oublier que moi aussi j'ai fait d'énormes efforts. Je ne vais pas jouer au golf parce qu'il est membre du club. Je ne vais pas jouer aux quilles parce que j'ai peur de le rencontrer. J'évite les endroits qu'il fréquente... Je...

—Oui, m'interrompit l'avocat. Mais vous devez admettre que vous ne l'avez pas vu souvent en vingt-trois ans.

—Je l'ai vu quelques fois, mais il est vrai que je ne l'ai pas vu fréquemment.

—Je n'ai plus de questions, Votre Honneur.

—Moi, j'aimerais ajouter autre chose, coupai-je.

Immédiatement les sanglots étouffèrent ma voix. Il me fallut un énorme effort pour dire au juge :

—Il n'y aura aucune sentence au monde assez sévère pour me rendre ce qu'il m'a pris !

—Il est évident qu'aucune sentence ne pourra rendre justice à ce que vous avez vécu. Mais vous comprendrez que la cour est liée aux lois et à un système judiciaire.

—Je le sais, Votre Honneur. Ce n'est pas à vous, que je m'adresse, c'est à lui. Je veux qu'il entende que rien, aucune sentence ne pourra équivaloir à ce qu'il m'a fait subir.

—Je suis heureux de voir que vous comprenez, ajouta le juge.

Les plaidoiries des deux parties durèrent près de deux heures. Le juge lut une partie du rapport pré-sentenciel qui me permit d'apprendre que, non seulement mon agresseur n'avait pas avoué ses torts, mais qu'il avait affirmé avec aplomb qu'il était prêt à faire de la prison si cela permettait à sa fille de guérir de sa maladie mentale. Dans ses communications avec l'agent de probation, il avait déployé les mêmes tactiques qu'il avait utilisées avec moi lorsque j'étais enfant. Il était la victime et moi, la coupable !

Dans sa plaidoirie, l'avocat de la défense mentionna les liens solides qui unissaient son client avec ses deux autres enfants et les petits-enfants issus de ceux-ci. Selon lui, j'étais la source des souffrances et de la dissolution de la famille. Une fois de plus, c'était moi le problème.

Quant à l'agresseur, son attitude était tout à fait semblable à celle qu'il avait affichée tout le long du procès et que j'avais connue durant mon enfance. Une impassibilité mélangée de suffisance et d'arrogance, un air de dire qu'on ne pouvait rien contre lui, surtout pas moi.

À la fin de la plaidoirie, le juge annonça que la séance était ajournée jusqu'à quatorze heures trente et qu'il rendrait sa décision la journée même. Une vague de soulagement me submergea immédiatement : je ne passerais pas la fin de semaine à attendre le verdict en me rongeant les sangs. J'avais résolu, déjà, de quitter la région avec mes enfants si jamais la sentence n'était pas édictée immédiatement et si l'agresseur n'était pas emprisonné ce jour-là. J'avais peur de lui, et son attitude ne faisait que confirmer mes craintes. Non, je ne l'avais pas injustement jugé lorsque j'étais enfant. C'était un homme méchant, dangereux et cruel.

7

La sentence

Lorsque la séance reprit, le juge relata une fois de plus les agressions que j'avais subies. Les larmes me brûlaient les yeux encore une fois. Était-il nécessaire de répéter encore ce récit qui me mettait au supplice invariablement?

Le juge répéta la phrase qu'il avait prononcée déjà au moment de rendre son jugement, en ajoutant, à la fin, un quatrième qualificatif: «L'accusé s'est avéré un prédateur rusé, intelligent, opportuniste et... cruel.»

La sentence tomba. Il était condamné à sept années de prison.

Sept années! Je n'en revenais pas! J'étais abasourdie! J'avais été entendue! Et crue! Il allait en prison! Je voyais enfin la sortie du tunnel, et je n'arrivais pas à y croire.

Tout au long des procédures, j'avais prétendu en toute sincérité que la sentence n'avait pas d'importance pour moi, que seul le jugement comptait. J'ai été moi-même surprise de constater l'impact que la sentence avait sur moi. Je voulais tout savoir, soudain. Où s'en allait-il? Avait-il le droit de retourner une dernière fois chez lui? Qu'arriverait-il? Était-il déjà parti? L'enquêteur Goupil, qui était présent, répondit aimablement à toutes mes questions. Non, il ne pouvait pas retourner chez lui une dernière fois. Il était présentement conduit à la prison d'Amos en attendant son transfert dans une prison fédérale. Le transfert des prisonniers s'effectuait une fois par semaine, le lundi. Lundi le 8 mai 2006, il allait être transféré à la prison fédérale de Sainte-Anne-des-Plaines où il séjournerait un mois, dans le bâtiment principal, afin qu'on l'évalue et qu'on décide dans quelle prison fédérale il allait finalement purger sa peine.

Durant le procès, lorsqu'on utilisait le mot accusé pour désigner mon agresseur, cela m'écorchait les oreilles. Je n'arrivais pas à comprendre qu'il soit traité comme un coupable, même s'il l'était sans l'ombre d'un doute. En fait, ni l'accusation ni le jugement n'avaient eu de conséquence. Il était toujours libre.

Là, c'était la réalité! Il allait en prison. Je voulais le voir entrer dans la voiture de police pour m'assurer que c'était bien vrai et que je n'avais pas rêvé. Mon souhait fut exaucé. J'eus la chance de le voir rendre tous ses effets personnels aux policiers et prendre place à l'arrière du véhicule de fonction qui démarra et disparut bientôt. Et c'est là que le déclic s'est fait. C'était bel et bien fini! J'ai su à ce moment que ma liberté était directement liée à la sienne. L'heure de sa condamnation était arrivée; la fin de la mienne commençait.

Le spleen de la victoire

Le soir, lorsque je fus rentrée chez moi, je ressentis pour mon agresseur une vague de compassion qui montait en moi en dépit de ma volonté. Non pas que j'aie eu du remords ou que je me sois sentie coupable d'avoir initié des poursuites. Justice avait été rendue. Tout de même, j'avais pitié du vieillard qu'il était devenu. Il serait dépouillé de tout ce qui lui appartenait et tout lui serait fourni par le système carcéral. Il devrait désormais prendre sa douche, manger, boire et vivre son quotidien avec les autres prisonniers, avec d'autres criminels. Il ne dormirait pas ce soir dans son lit, mais dans une cellule, peut-être pas très propre, peut-être malodorante, dans les relents de ses compagnons de peine et les réverbérations amplifiées par l'écho des longs corridors. Je priai pour lui. Je demandai au ciel qu'il puisse admettre enfin ses torts, pour qu'enfin son âme puisse se libérer.

Pour la première fois de ma vie, pour la première fois en quarante-quatre ans, je pourrais poser la tête sur mon oreiller sans craindre qu'il vienne me torturer. Chaque fois que je me réveillerais, je regarderais autour de moi en me disant: «C'est bien vrai, il ne peut pas revenir pour me faire du mal ou pour faire du mal à mes enfants! Il est en prison!» Je venais de quitter la mienne, ma prison, et un souffle de liberté m'emportait.

Je n'étais pourtant pas aussi légère que je l'avais espéré. Ma libération prenait un visage fort différent de ce que j'avais imaginé. J'étais toujours la même, je portais toujours mes blessures, des séquelles que rien, sans doute, ne pourrait jamais laver complètement. Certes, le tribunal m'avait donné raison et c'était pour moi une grande victoire, en qui j'avais mis tous mes espoirs. J'avais gagné une nouvelle liberté de mouvement, de la crédibilité pour aider d'autres victimes, un champ d'action élargi qui m'ouvrait des horizons neufs. Mais, du côté des pertes, le bilan était lourd, aussi. La rupture de mes liens familiaux continuait à m'affecter profondément et rongeait mon enthousiasme. Ma victoire, à certains égards, était amère, et je ne la savourais qu'à travers des parfums persistants de mélancolie

En outre, pour rebâtir ma vie, pour reconstruire mon estime de soi et cicatriser les plaies de mon âme, j'avais un long chemin encore à parcourir. J'avais une évolution intérieure à amorcer et à mener à son terme, avec toute la patience requise. La justice n'avait pas balayé d'un geste mes responsabilités. Elle m'avait fourni des outils pour me refaire, mais il m'appartenait d'en user avec perspicacité et détermination.

Il me fallait corriger des attitudes, des façons d'être, des travers et des réflexes. Je n'étais pas responsable des abus, mais j'avais une part importante de culpabilité dans les préjudices qu'ils m'avaient causés, parce que je n'avais pas su détecter à temps les comportements obsessifs que je développais pour compenser mes lacunes. Dieu merci, j'avais trouvé le temps, pendant qu'à tout petits pas se déroulait cet interminable procès, de réfléchir sur mon sort, sur les responsabilités qui étaient miennes et sur ce que je devais faire pour les affronter.

Il m'était difficile de connaître la voie à suivre. La prière avait toujours été pour moi un réconfort aussi bien qu'une occasion de réflexion. Une fois de plus, je m'adressai au Seigneur. Au fil des années, j'avais réussi beaucoup de choses; ma carrière professionnelle était enviable et le noyau familial que j'avais créé autour de mon mari et de mes enfants était tout à fait satisfaisant. Je n'en avais pas moins à reconstruire de larges pans de mon âme, à définir qui j'étais et ce que je voulais faire de mon avenir. Je priai pour obtenir de l'aide, pour que le ciel me guide à travers les carrefours et les dédales de mon avenir.

Ma résolution de me mettre au service des autres n'avait pas fléchi, mais par quel chemin y arriver? Il me semblait que j'avais beaucoup erré depuis que j'étais sur terre et je ne voulais plus m'éparpiller, m'acharner sans résultats et gaspiller mon énergie qui, j'en avais la conscience très nette, m'était comptée comme jamais auparavant. Assurément, ma prière me vaudrait des signes qui m'indiqueraient le chemin le plus court.

Je tenais aussi, avec les moyens même modestes mis à ma disposition, à me prendre en main, à être l'artisan de ma reconstruction. «Seigneur, tu m'as longtemps portée sur ton dos. Maintenant, je peux marcher fièrement à tes côtés et je peux enfin me dire que non, je n'irai pas en enfer, et que le paradis, c'est aussi pour moi. Nous irons côte à côte; il y aura deux traces de pas dans le sable et je me sentirai libre, libre, libre de voler un peu plus haut et un peu plus loin. Je peux enfin tourner la page et regarder droit devant...»

9

Des signes qu'on choisit d'ignorer

Quelquefois, il me semblait que mon univers se tapissait des anciennes amies de ma mère. Ce fut l'une de celles-là, qui avait enseigné dans la même école secondaire et au même niveau, qui me donna quelque temps après l'occasion d'exprimer mes réflexions sur une incohérence dans la démarche de ma mère qui m'avait longtemps intriguée.

— Peux-tu m'expliquer pourquoi ta mère a témoigné contre toi? me dit-elle. Je n'arrive pas à comprendre. Elle a pourtant quitté son mari après que tu lui as parlé des agressions!

Mais oui, pourtant, et j'avais vraiment voulu croire, à l'époque surtout, que c'était pour moi. Comme j'aurais voulu que cela soit vrai! Mais ma mère ne fait jamais rien qui ne soit en fonction d'elle-même et de sa réputation. Sauver la face! Pour arriver à ses fins, rien ne semble l'arrêter et elle peut détruire toute personne qui se trouve sur son passage.

Quand on y pense, c'est vrai que son témoignage était paradoxal. J'avais dit à ma mère, il y avait de ça plus de vingt ans, que j'avais été abusée sexuellement par mon père. J'attendais alors la venue de mon premier enfant et je ne voulais pas qu'il soit en contact avec son pédophile de grand-père. Un thérapeute bien intentionné m'avait convaincue d'en parler avec ma mère. Moi, mon option était de ne plus avoir de contact avec elle. Je n'arrivais pas à lui faire confiance et surtout, intuitivement, j'étais convaincue qu'un jour ou l'autre elle ferait souffrir mes enfants. Bref, je m'étais laissée une autre fois leurrer par l'espoir que ma mère m'aimait. Coup de théâtre, elle avait quitté mon père.

Là, j'avais été soufflée! Elle m'avait choisie! Je n'en revenais pas. Les premiers pas l'une vers l'autre n'avaient pas été faciles, mais, lentement, nous avions repris contact tout en évitant soigneusement le sujet de l'inceste. L'enfant était venu au monde et, après moi et mon mari, ma mère avait été la première à tenir notre poupon. Lorsque j'avais vu cette petite fille dans les bras de ma mère, tout mon être m'avait crié de la reprendre. En sage fille bien élevée, je n'avais rien dit et j'avais étouffé ma petite voix qui criait *danger*!

Deux mois plus tard, j'ai surpris ma mère qui sortait d'un restaurant en bonne compagnie: mon père! Ils étaient avec des parents de Montréal et ils partageaient le même véhicule. Mon père aidait ma mère à s'installer sur le siège arrière en lui ouvrant la portière et en lui tenant la main. J'aurais dû le savoir! Elle le fréquentait encore! Elle ne m'avait pas choisie comme je le croyais! Comme d'habitude, je m'étais laissée berner et endormir par mes espoirs fous d'avoir une mère qui m'aime. La réalité était qu'elle ne l'avait pas quitté pour moi. Et cette personne me donnait enfin l'occasion de dévoiler la vérité.

Mon père avait des problèmes d'alcoolisme. Ma mère m'avait dit un jour qu'elle se verrait dans l'obligation de le quitter ou de cesser de travailler pour contrôler ses abus lorsqu'il prendrait sa retraite. Et sa retraite arriverait bien avant celle de ma mère, qui avait quatorze ans de moins. Rien de surprenant à tout ça. Mon père était alcoolique bien avant son mariage, mais il avait su se dominer plus ou moins durant de nombreuses années grâce au mouvement Lacordaire. Il avait doucement recommencé à boire en cachette au fil des déménagements successifs. Il avait même entraîné ma mère dans ses habitudes. Au retour du travail, ils se versaient un whisky. Ma mère n'a jamais été alcoolique et elle savait s'arrêter, mais mon père ne se satisfaisait que lorsqu'il voyait le fond de la bouteille.

Pour camoufler les travers, ma mère n'avait pas son pareil. Elle avait toujours affirmé qu'elle avait épousé l'homme idéal, qui n'avait aucun défaut, faisait la cuisine, aidait au ménage, s'occupait des enfants, prenait des vacances avec sa famille et surtout embrassait toujours sa femme avant de partir! Il n'hésitait pas à manifester son amour devant tout le monde, ce qui, à cette époque de grande pudeur, était très rare.

—Cela me fait comprendre bien des choses, me dit l'amie de ma mère, lorsque je lui eus donné ces informations. Je me souviens des rencontres sociales qu'on tenait chez toi et, là, je comprends certaines attitudes et certains comportements. Je comprends mieux aussi les choses qu'elle nous racontait à l'école.

—Peut-on en parler? Je cherche désespérément à comprendre mon passé.

—Il s'agit plutôt d'impressions, de non-dits, de feelings. Mais tout ce que tu me dis concorde avec ce qu'on pouvait constater de l'extérieur. Je te crois lorsque tu affirmes qu'elle ne l'a pas quitté pour toi. Cela m'apparaît même évident, maintenant.

Elle n'était pas disposée à m'en dire plus, même si j'aurais aimé qu'elle parle encore, qu'elle précise ses perceptions. Quelque chose me disait qu'elle se débattait soudain avec sa propre culpabilité face à ce que j'avais vécu. Ses yeux interrogateurs se demandaient si elle aurait pu faire quelque chose pour moi lorsque j'étais enfant. Sans doute, les morceaux du puzzle que je lui avais fournis lui permettaient-ils de faire le lien avec l'abus, qui devenait évident. La culpabilité devait la ronger.

Ce n'était pas la première personne qui réagissait ainsi, devant moi. C'est fou comme après avoir ouvert la valve j'avais pu constater que de nombreuses personnes savaient la vérité, ou du moins s'en doutaient sans oser se prononcer de peur d'avoir mal jugé la situation. Je pouvais comprendre, tout de même.

10

Le vent dans les ailes

Le procès était terminé depuis à peu près trois semaines. Accompagnée de mon aînée, je m'en fus me promener en ville. Il faisait beau; un resplendissant soleil nous réchauffait autant l'âme que le corps et nous passions une journée des plus agréables. Nous avions magasiné un peu avant de chausser nos rollers et de nous engager sur le circuit prévu à cet effet. Il y avait toujours eu une grande complicité entre ma fille et moi, et cette sortie ensemble nous rapprochait encore, si c'était possible. Nous avions le temps et le goût de vivre chaque instant.

L'heure du dîner étant arrivée plus rapidement que prévu, nous décidâmes d'aller pique-niquer. Nous avons acheté des sandwiches et une salade, et nous nous sommes installées dans le parc le plus près. Ma fille me dit:

—Veux-tu bien me dire ce qui t'arrive? Depuis le début de la journée tu es d'une bonne humeur que je qualifierais de contagieuse. Tu chantes et tu danses sans raison apparente!

Je m'arrêtai net. Pensive, je regardai longuement le sol avant de lever les yeux vers ma fille.

—Je m'aperçois que, pour la première fois de ma vie, je peux venir magasiner sans arrière-pensée. Peu importe où je me trouve, je ne le verrai pas. Il est en prison! Je peux aller où je veux! Je goûte enfin le moment présent. Je suis avec toi! Je me sens bien! Je ne crains rien. Je peux apprécier pleinement le bonheur de vivre.

—Tu sais, maman, il m'arrive parfois d'hésiter, de me demander si je vais mettre au monde des enfants.

Mon cœur se coinça. Avais-je transmis mes frayeurs à ma progéniture?

—Allons! Rien ne dit que tes enfants vivront ce que j'ai vécu!

—Ce n'est pas ça, m'interrompit-elle. Mais tu nous as tellement aimés que je crois que je ne serai pas capable d'aimer autant mes enfants.

—Ne t'inquiète pas, ma fille, cela viendra naturellement.

Je l'enlaçai tendrement. Et à ce moment précis je sus que j'avais réussi. Mon cauchemar était bel et bien derrière moi. Le plus grand miracle de ma vie, c'était mes enfants! Oui, je me sentais libre et heureuse. Pour la première fois de ma vie, je goûtais le bonheur d'être encore vivante, le bonheur du moment présent. Comme tout être humain, j'allais encore souffrir, mais plus jamais comme avant, me semblait-il, d'une souffrance insupportable. La vie coulait dans mes veines. La sérénité et la paix s'installaient dans mon âme... de façon durable.

CINQUIÈME PARTIE

Épilogue

La puissance des regards bienveillants

Il y a plus de deux ans, maintenant, que l'eau coule sous les ponts, depuis la fin du procès qui m'a opposée à mon agresseur, celui que je ne peux appeler mon père qu'à mon corps défendant. L'ensemble des procédures a couvert une période de tout près de deux ans.

Mon passé ne s'oublie pas, et je ne l'ai pas oublié. Il est toujours présent dans mon esprit, dans les images que mon cerveau se repasse sans cesse. Il s'impose à moi par diverses manifestations de mon corps et de mes nerfs. Chaque fois que j'y suis confrontée, je me demande comment il se fait que je sois encore là, après tout ce que j'ai traversé.

En rapport avec le procès lui-même, je me rends de plus en plus compte que j'ai été privilégiée de pouvoir compter sur des gens qui m'ont supportée tout au long de ce processus. Norbert, mon époux, de même que mes enfants m'ont vaillamment soutenue. Mes amis m'ont entourée de leur affection et de leur fidélité positive. Plusieurs personnes attachées au CAVAC, et notamment Chantal, m'ont littéralement enveloppée de leur sollicitude. C'est beaucoup dans le soutien indéfectible de tous ces proches que j'ai puisé le courage de tenir jusqu'à la fin et de nourrir ma détermination. J'étais entourée d'une bulle de protection. Je ne voulais ni trahir ni décevoir ceux qui croyaient en moi.

Mais ma chandelle la plus fière, je la dois à deux personnes dont l'intervention a eu un effet majeur sur le résultat du procès. L'enquêteur de la Sûreté du Québec, Robert Goupil, a été le premier à entendre ma déposition et il a su abaisser ma plus grande barrière : ma certitude de ne pas être crue. Son accueil affable m'a permis de surmonter ma pudeur. Ma rencontre avec la procureure de la couronne, Me Nancy McKenna, a également été un moment fort, une des clés maîtresses de ma réussite. Lorsqu'elle a accepté de me défendre, elle savait que tout ne serait pas facile, mais elle a foncé en mettant toutes les ressources de sa compétence à mon service. Ces gens ne me devaient rien, et leur générosité compatissante m'a profondément touchée.

2

La pointe de l'iceberg

Depuis longtemps, depuis mon entrée dans l'âge adulte, en fait, je me prenais à craindre que mon père ait fait d'autres victimes que moi, et la culpabilité n'avait cessé de me poursuivre. Si je l'avais dénoncé à vingt ans, me disais-je, j'aurais limité les dégâts qu'il pouvait faire encore. J'avais expérimenté de très près la profondeur de sa déviance, ainsi que son haut niveau de cruauté. Cet homme ne connaissait ni la compassion ni l'empathie. Seule sa satisfaction personnelle comptait et il était prêt à tout pour l'obtenir, sans jamais être touché par le remords. Je considérais comme impossible qu'il n'ait fait qu'une seule victime. Au surplus, l'individu capable de faire à sa fille ce qu'il m'avait fait ne pouvait guère éprouver de scrupules à s'attaquer à une parente éloignée ou à une étrangère.

Ce fut le 11 avril 2006 qu'on m'informa que trois autres victimes avaient porté plainte contre mon agresseur pour les mêmes crimes. Cependant, une seule d'entre elles avait accepté de se rendre jusqu'au tribunal; l'une est décédée et l'autre a trop peur des représailles et des conséquences pour procéder. Ce fut pour moi un moment d'émotions intenses, mais contradictoires. J'en éprouvais à la fois de la joie, de la peine, de la colère, de la haine et de la honte.

J'étais contente de savoir que je n'étais pas seule dans mon cas. Cela me réconfortait à deux niveaux : ce n'était vraiment pas moi le problème, et l'existence d'autres victimes du même criminel ajoutait de la crédibilité à mes assertions. De même, j'éprouvais de la joie pour ces femmes qui avaient pu enfin se libérer d'un si lourd secret.

Mais les souffrances qu'elles avaient endurées me causaient de la peine. Quant à ma colère et à ma haine, elles étaient dirigées contre l'agresseur. Je le connaissais trop bien et il était vraiment égal à lui-même : méchant, cruel, insensible, aveugle à tout ce qui n'était pas lui. Il m'écœurait intensément.

Mais la honte était pire que tout. D'avoir un père comme lui, d'être la fille d'un criminel, c'était le déshonneur le plus indélébile. Être de la même chair et du même sang qu'un homme qui avait si peu de cœur, c'était l'avilissement total, une tache originelle qui ne s'effacerait jamais.

À ce moment-là, la conscience de la trahison de toute ma famille, aussi bien de mes parents que de mon frère et de ma sœur, a été si forte que durant un certain temps, j'ai eu de la difficulté à supporter que quiconque me touche. Je ne faisais plus confiance à mon mari qui ne m'avait pourtant jamais trahie. J'avais juste le goût de me cacher loin de tous pour ne pas souffrir... ou pour me replier sur ma douleur. J'ai dû, une fois de plus, me battre contre moi-même. J'ai réalisé la profondeur des blessures qu'on m'avait infligées. La guérison serait longue et difficile.

Ma honte me concernait également. Elle se confondait avec le remords de n'avoir pas dénoncé plus tôt les crimes de mon géniteur, exposant ainsi des enfants vulnérables à sa pédophilie. Mais le ciel avait-il voulu m'épargner, cette fois ? Les trois autres victimes étaient toutes plus âgées que moi! Elles devaient éprouver les mêmes remords que moi et se demander si elles n'auraient pas pu m'éviter la souffrance. Moi, en tout cas, je n'avais aucune rancune contre elles, mais plutôt une grande, une très grande compassion, et beaucoup d'amour. Je les aimais farouchement. Elles étaient devenues pour moi beaucoup plus que des sœurs.

Oui, ces autres victimes auraient peut-être pu faire quelque chose pour moi, mais j'étais certainement la mieux placée pour comprendre qu'elles n'avaient pas pu, prises elles-mêmes dans les mêmes doutes, les mêmes filets de silence tressés par la manipulation des sentiments et des peurs. Elles n'avaient pas été pour autant complices du crime; elles l'avaient subi, ce qui était fort différent. Si la complicité demeure un manquement grave, les victimes ne sont jamais que des victimes.

3

Les procédures d'appel

Avant même que la sentence ne soit rendue, j'avais eu des palpitations en imaginant encore une fois le pire. Le condamné avait toujours la possibilité d'en appeler du jugement. C'était une enclume suspendue sur ma tête, et la durée des procédures pouvait en être prolongée considérablement, avec encore une fois la possibilité que la culpabilité de l'agresseur soit infirmée.

Et, précisément, le 26 avril 2006, j'appris qu'il avait interjeté appel du jugement. Les procédures risquaient une fois de plus d'être très longues. Le 4 mai 2006, c'est-à-dire au moment où allait débuter la séance du tribunal en vue de rendre la sentence, on m'indiqua que l'agresseur souhaitait négocier sa peine hors cours. Si j'acceptais moins de cinq ans, il s'engageait à retirer sa demande d'appel. Sa démarche n'avait-elle été entreprise que pour servir de monnaie d'échange? À tout événement, sur les conseils de Me McKenna, je refusai.

Deux semaines plus tard à peine, soit le 11 mai 2006, c'est avec surprise que j'appris que l'agresseur avait renoncé à son droit d'aller en appel du jugement. Toutefois, il en appelait de la sentence. Je ne craignais pas grand-chose de ce côté. La procureure de la couronne allait plaider à ce niveau et j'avais la conviction que le verdict resterait le même, d'autant plus que d'autres victimes s'étaient manifestées 'et s'apprêtaient à porter plainte.

Pourquoi avait-il changé son fusil d'épaule? Je n'en savais strictement rien, mais, d'après les informations qui m'ont été communiquées par Robert Goupil, ma sœur Lorette a pu avoir sur sa décision une influence mystérieuse. L'enquêteur me rapporta qu'elle avait téléphoné en prison et qu'elle avait parlé à mon agresseur durant une bonne heure. Comme il est interdit d'enregistrer ou d'écouter une conversation téléphonique, je n'ai pu connaître le contenu de leur discussion. Cependant, immédiatement après avoir raccroché, Lorette a communiqué avec Goupil pour l'informer que le prisonnier renonçait à son droit d'en appeler du jugement. Comme un document officiel devait être rédigé et signé à cet effet, elle a immédiatement rappelé à la prison et, quinze minutes plus tard à peine, le désistement est parvenu à l'enquêteur par télécopieur.

Les services de la police croient que Lorette dispose d'une arme pour menacer mon agresseur et lui imposer ses volontés, mais ils n'en savent pas davantage. Chose certaine, elle m'avait affirmé avec beaucoup de conviction, lorsque je l'avais rencontrée par hasard à l'école secondaire de ma fille, qu'elle aurait pu convaincre notre père d'avouer, ce qui corroborait la thèse des policiers.

Heureusement que je m'en faisais moins à cette étape des procédures, car j'aurais dû encore une fois faire face à mon angoisse pendant de longs mois. L'appel de la sentence n'a été entendu qu'un an plus tard. Trois juges ont considéré la question et écouté les arguments de la couronne et de la défense. Il s'agissait d'une comparution devant juge seulement, c'est-à-dire que je ne pouvais y assister. Par contre, mon agresseur, lui, pouvait. Pourquoi? Je ne l'ai pas très bien compris, mais je présume que je n'étais pas directement partie au procès, y étant représentée par la couronne qui, une fois la dénonciation faite, prenait fait et cause de ma plainte. La décision du tribunal a été confirmée. Pour qu'un appel soit rejeté il faut que les trois juges, qui ne peuvent se consulter, rendent un verdict unanime. Ce qui est très rare et que j'ai obtenu.

4

Des balises pour mon avenir

Mon père, mon agresseur, purge actuellement sa peine de sept ans dans une prison fédérale. Il a refusé toutes les thérapies qui lui ont été proposées et il a aussi renoncé à une libération conditionnelle. Dans deux ans, il sera de nouveau éligible à une libération conditionnelle, à la condition qu'il accepte la thérapie proposée.

J'ai demandé dès la fin du procès la levée de l'ordonnance de non-publication, que j'ai obtenue. Cela m'était nécessaire, si je voulais entreprendre vraiment mon cheminement vers une guérison complète et retrouver ce qui m'avait si cruellement manqué : mon droit de parole, mon droit à la liberté et ma dignité.

Car, tout au cours des procédures judiciaires, je n'avais pas du tout eu l'impression d'exercer ces droits. Le pire, tout ce temps-là, avait été mon fort sentiment d'impuissance. Une fois qu'elle a déposé sa plainte, la personne lésée n'a plus d'emprise sur les événements. Elle a très peu de droits et ce n'est pas elle qui détermine le type de procès, mais l'accusé. La plaignante passe souvent, sinon tout le temps, du banc de la victime à celui de l'accusée. En outre, dans les causes d'agression sexuelle, les possibilités d'établir la preuve des événements hors de tout doute raisonnable sont si minces que la victime ne peut faire autrement qu'être assaillie par le découragement. Mais, mon histoire le prouve, il n'est pas impossible d'obtenir justice.

Aujourd'hui, je suis toujours en thérapie. J'éprouve encore bien du mal à reconstruire mon estime de soi. J'apprends lentement à m'aimer et à m'accepter telle que je suis. J'ai toujours de la difficulté à dormir la nuit. Je fais encore de l'anxiété, mais cela s'atténue et je maîtrise davantage mes émotions. Et, en général, tout va un peu mieux qu'avant. J'ai une forte tendance à devenir victime, mais je travaille pour me délivrer de cette propension et je m'en sors. Je suis encore portée à élaborer des scénarios et à prévoir tout ce qui pourrait arriver devant une situation, mais j'apprends à me corriger et à vivre de plus en plus dans l'ici et l'aujourd'hui. Je vis avec mes nombreuses images d'agressions, mais je les domine davantage et elles ne me terrorisent plus. La gestion de mon stress m'est toujours laborieuse, mais je sais qu'un jour j'arriverai à combattre tous mes démons.

Je rencontre régulièrement un prêtre afin de me guérir de ma blessure face à Dieu. J'ai perdu ma foi en cours de route et j'essaie de la réapprivoiser. Je pense que l'être humain ne peut pas vivre sans foi, sans espoir et sans rêves. Il me faut réapprendre à croire que tout est possible. Mais je tiens à ce que les fondations de ma foi soient solides. Je ne veux plus d'un Dieu vengeur et punisseur; je veux croire en un Dieu d'amour. Eh oui! Malgré les nombreux signes que j'ai eus durant ces dernières années, je doute encore que je mérite son amour.

Que vais-je faire de ma vie, à partir de maintenant? Je ne le sais pas encore. À cet égard aussi, j'attends les signes qui me guideront. Mais j'ai beaucoup d'activités. J'écris des contes que j'espère un jour avoir la chance de publier. Je fais de l'aquarelle. Je fais également du ski de fond l'hiver et, enfin, je regarde la nature avec sérénité et je suis bien. Je goûte enfin le bonheur d'être libre. Je ne crois pas que ma vie sera parfaite et qu'il n'y aura plus jamais d'épreuves, mais je ne les envisagerai plus jamais de la même façon.

Même si mon énergie n'est pas toujours au rendez-vous et que je ne puis faire dans une journée tout ce que j'aimerais réaliser, je suis disponible pour apporter mon aide à la société. Je projette de faire du bénévolat pour divers organismes. Je souhaite donner des conférences dans les écoles afin de venir en aide aux enfants victimes d'agressions sexuelles, physiques ou psychologiques, de leur donner un message d'espoir, puisque je suis la preuve vivante qu'il est possible de s'en sortir. J'aimerais surtout travailler avec les autorités policières.

Je n'ai pas eu de communication récente avec ma mère, mon frère et ma sœur. Je pense que, pour le moment, c'est bien ainsi. Il y a trop de barrières entre nous, et la réconciliation ne saurait être envisagée à court terme. Nous avons tous de nombreuses plaies à cautériser, et seul le temps nous permettra d'y parvenir. Ma famille, aujourd'hui, elle est en aval; c'est celle que je forme avec mon époux et mes enfants. Je me suis aussi constitué une famille sur le plan spirituel, sur la compréhension de laquelle je puis compter en tout temps.

Le chemin parcouru m'a fait découvrir que nous portons tous une croix. Pour certains, elle est plus lourde que pour d'autres. Nous faisons tous, à un moment ou à un autre, notre chemin de croix. Pour certains, c'est l'inceste, pour d'autres, c'est la disparition d'un enfant, ou la mort d'un être cher, la guerre, la violence, la maladie, une séparation ou tout autre chose. Nous avons tous à renaître à la vie, peu importe l'épreuve.

J'ai longtemps banalisé ce qui m'était arrivé en me disant qu'il y avait pire que moi. Je pense que, ce qu'il y a de pire, c'est de se banaliser soi-même. Nous méritons tous le respect, la justice, l'amour et la liberté, et nous devons, par amour pour soi, dénoncer l'inacceptable. Chacun doit analyser sa vie et avoir l'audace de dire la vérité, sans crainte et sans culpabilité. La façon d'y arriver n'a pas d'importance, mais le résultat, lui, en a.

Le réseau d'aide

CAVAC

CENTRE D'AIDE AUX VICTIMES
D'ACTES CRIMINELS

Formé pour vous épauler

Les CAVAC, un réseau d'aide disponible partout au Québec

Des milliers de demandes d'aide sont acheminées à chaque année aux Centres d'aide aux victimes d'actes criminels (CAVAC) dans toutes les régions du Québec. Les CAVAC sont là pour offrir des services spécialisés aux personnes victimes de tout âge, à leurs proches ainsi qu'aux témoins, qui se sentent démunis et ne savent pas où s'adresser à la suite d'un acte criminel.

Le fait de subir un crime entraîne des réactions et des conséquences qui peuvent affecter la vie quotidienne. L'intensité des émotions varie d'une personne à une autre. Il n'en demeure pas moins que les réactions et conséquences vécues par les victimes sont **normales**.

Les Centres d'aide aux victimes d'actes criminels (CAVAC) sont là pour aider les victimes à surmonter les conséquences physiques, psychologiques et sociales d'un crime et pour les aider à obtenir une indemnisation auprès de différentes instances telles l'IVAC, la SAAQ ou la CSST, pour les préjudices subis à la suite d'un acte criminel.

Le Réseau des CAVAC dessert les 17 régions administratives du Québec. Chaque CAVAC est un organisme communautaire qui offre des services spécialisés de première ligne aux personnes qui en ont besoin, que l'auteur du crime soit ou non identifié, arrêté, poursuivi ou reconnu coupable.

L'équipe des CAVAC est composée essentiellement de professionnels en intervention sociale, notamment en travail social, en psychologie et en criminologie. Leur action vise à donner les outils qui permettront aux victimes de retrouver leur équilibre le plus rapidement possible.

Les CAVAC prêtent leur aide à **toute personne, quelle qu'elle soit, qui a été victime d'un crime commis au Québec** - par geste, menace ou omission - contre sa personne ou contre ses biens. Le crime peut, par exemple, prendre la forme de taxage à l'école, de menaces, de vol par effraction, de harcèlement, d'agression ou autres.

Pour bénéficier de l'aide des CAVAC, il n'est pas nécessaire que le crime ait été dénoncé aux autorités ni que le criminel ait été arrêté, jugé et condamné.

L'action des CAVAC envers les victimes se fait dans le respect de leurs besoins et à leur rythme, en s'appuyant sur leur capacité à gérer leur propre vie et à prendre les décisions qui les concernent.

- Le CAVAC dispense ses services, sans discrimination, à toute personne victime d'un acte criminel, à ses proches ainsi qu'aux témoins.

- Le CAVAC intervient rapidement pour prévenir l'aggravation et la détérioration de l'état de la personne victime.

- Le CAVAC postule que la situation vécue par la majorité des personnes victimes est temporaire et qu'avec une aide adéquate, elles retrouveront leur équilibre, à court et à moyen terme. Les victimes nécessitant une thérapie à long terme sont dirigées vers les ressources appropriées.

- Le CAVAC prend pour acquis que ce sont les personnes victimes elles-mêmes qui sont responsables de la reprise de leur autonomie. Par conséquent, l'approche retenue par le CAVAC vise à épauler la victime en misant sur les ressources de cette dernière.

- Le CAVAC traite la personne victime avec courtoisie, équité et compréhension, dans le respect de sa dignité et de sa vie privée.

Des services pour répondre aux besoins

Les CAVAC offrent des services de première ligne gratuits et confidentiels. L'action des CAVAC vise à doter les victimes d'actes criminels d'outils qui leur permettront de retrouver leur équilibre le plus rapidement possible.

Les formes d'aide disponibles dans les CAVAC sont :

- L'intervention post-traumatique et « psychosociojudiciaire »

- L'information sur les droits et les recours

- L'assistance technique

- L'accompagnement

- L'orientation vers les services spécialisés

L'intervention post-traumatique et « psychosociojudiciaire »

L'intervention post-traumatique et « psychosociojudiciaire » consiste à évaluer les besoins et les ressources de la personne victime d'un acte criminel. À la suite de l'évaluation, une intervention est offerte dans le but de réduire les conséquences de la victimisation et de permettre à la personne de poursuivre son cheminement.

L'information sur les droits et les recours

Le personnel du CAVAC dispense de l'information sur les droits et les recours de la victime d'un acte criminel, aussi bien sur les grandes étapes du processus judiciaire, le programme d'indemnisation des victimes, INFOVAC-Plus, ou les indemnités auxquelles elle peut avoir droit.

L'assistance technique

Le personnel du CAVAC offre l'assistance technique nécessaire pour que la victime puisse remplir différents formulaires, et pour qu'elle soit en mesure de respecter les formalités inhérentes à sa situation.

L'accompagnement

Le personnel du CAVAC accompagne la victime dans ses démarches auprès des ressources médicales et communautaires et à travers l'appareil judiciaire pendant tout le cheminement du dossier.

L'orientation vers les services spécialisés

Le personnel du CAVAC oriente la victime vers des services spécialisés tels que les ressources juridiques, médicales, sociales et communautaires capables de l'aider à résoudre les problèmes qu'elle doit affronter.

Foire aux questions

Voici quelques questions qui sont souvent posées par les personnes à propos des services du CAVAC :

Q. J'ai ete victime d'un acte criminel dans mon enfance. Puis-je recevoir de l'aide du CAVAC?

R. Oui. La victime peut s'adresser au CAVAC en tout temps, même si le crime a été commis il y a plusieurs années.

Q. Mon fils a ete victime d'un acte criminel. Puis-je obtenir des services du CAVAC?

R. Oui. Les proches de la victime ou les personnes dont elle a la charge ainsi que les témoins d'un crime peuvent bénéficier de l'aide du CAVAC.

Q. Si les procedures judiciaires enclenchees à la suite d'un crime se prolongeaient pendant des mois, pourrais-je toujours compter sur l'aide du CAVAC pendant tout ce temps?

R. Oui. Tant et aussi longtemps que se poursuivent les procédures judiciaires, la victime peut recevoir l'aide du CAVAC, et même par la suite.

Q. L'aide dispensee par un CAVAC est-elle toujours individuelle?

R. Non. Le CAVAC intervient auprès de la victime, du couple, de la famille ou du groupe selon la demande exprimée.

Q. Pour rencontrer un intervenant professionnel du CAVAC, ai-je à defrayer des coûts de consultation?

R. Non. Les services du CAVAC sont gratuits et confidentiels.

Q. Dois-je attendre que les procedures judiciaires soient terminees pour entreprendre une demarche auprès du CAVAC?

R. Non. Aucun délai ne s'applique pour s'adresser au CAVAC. À la suite d'un crime, la victime peut recevoir des services du CAVAC en tout temps.

Q. En m'adressant à un intervenant du CAVAC, puis-je avoir un avis juridique?

R. Non. Seuls les membres du Barreau du Québec peuvent émettre un avis juridique. Les membres de la Chambre des notaires peuvent agir comme conseillers juridiques, mais ils ne peuvent faire de représentation devant les tribunaux.

Q. Un intervenant du CAVAC peut-il m'aider à remplir le formulaire de demande de prestations de la Direction de l'indemnisation des victimes d'actes criminels (IVAC)?

R. Oui. Le CAVAC informe la victime sur l'indemnisation des victimes d'actes criminels et l'aide à remplir le formulaire requis pour en faire la demande.

Q. Est-ce que le CAVAC peut m'informer des dates d'audience à la cour dans la procedure judiciaire me concernant?

R. Oui. Le CAVAC a accès à l'information judiciaire. L'intervenant peut donc informer la victime sur le processus judiciaire en cours, incluant les dates d'audience, et lui dire, par exemple, si elle est assignée ou non.

Q. Si je n'ai plus de revenus à la suite d'un acte criminel, puis-je obtenir une compensation financière du CAVAC?

R. Non. Les services offerts par les CAVAC ont trait à l'aide et non à l'indemnisation ou à toute autre forme de compensation financière. Il appartient à l'IVAC (Indemnisation des victimes d'actes criminels) d'indemniser les victimes qui sont admissibles. Toutefois, le CAVAC peut aider la victime en l'informant de ses droits et recours et en la dirigeant vers les organismes appropriés.

Q. J'ai ete victime d'une introduction par effraction. Est-ce que le CAVAC peut m'indemniser pour les dommages materiels?

R. Non. La victime d'une introduction par effraction doit s'adresser à sa compagnie d'assurances personnelles. Toutefois, le CAVAC peut l'informer des autres recours possibles.

Vous vivez des moments difficiles, nous sommes là pour vous épauler...

Entre les moments de détresse, de peur et d'oubli, vous vous accrochez à ce que vous aimez : les êtres chers, les choses qui vous tiennent à cœur, les rêves que vous avez faits et qui peuvent tout à coup ressurgir avec un pressant besoin de les accomplir. Vous avez vécu une expérience éprouvante qui vous a peut-être confronté(e) à l'angoisse de mourir. Quand on est entraîné(e) aussi loin, le sens de la vie se trouve profondément remis en question.

La guérison est un processus qui vous amènera à retourner à l'essentiel : un puissant goût de vivre et de surmonter les peurs.

Le parcours peut parfois vous révolter, vous décourager parce qu'il vous semble long. Alors, parlez-en à quelqu'un qui peut vous écouter et aussi vous aider à retrouver en vous l'espoir. Le CAVAC est là pour vous épauler.

Pour avoir accès aux services d'un CAVAC, il suffit de contacter celui qui est le plus près de chez vous en composant le :

1 866 LE CAVAC – 1 866 532-2822

Vous pouvez également consulter le site internet au :

<u>www.cavac.qc.ca</u>

Les Centres d'aide et de lutte contre les agressions à caractère sexuel (CALACS) offrent également des services d'aide individuelle ou de groupe, d'information et d'accompagnement. Par contre, ceux-ci s'adressent exclusivement aux femmes victimes d'agressions sexuelles.

Sources :
Site internet du réseau des CAVAC

CAVAC de Montréal, livret « *Un jour bascule* », reproduction autorisée par le Centre d'intervention et de recherche sur la violence (C.I.R.V.) Inc.

CAVAC - Dossier de presse 2008

DISTRIBUTEURS EXCLUSIFS

Distributeur pour le Canada et les États-Unis
LES MESSAGERIES ADP
MONTRÉAL (Canada)
Téléphone : (450) 640-1234 ou 1 800 771-3022
Télécopieur : (450) 640-1251 ou 1 800 603-0433
www.messageries-adp.com

Distributeur pour la France et autres pays européens
HISTOIRE ET DOCUMENTS
CHENNEVIÈRES (France)
Téléphone : 01 45 76 77 41
Télécopieur : 01 45 93 34 70
www.histoire-et-documents.fr

Distributeur pour la Suisse
TRANSAT S.A.
GENÈVE
Téléphone : 022/342 77 40
Télécopieur : 022/343 46 46

Dépôts légaux
Bibliothèque nationale du Canada
Bibliothèque et Archives nationales du Québec, 2008
Imprimé au Canada